南北決戰 × 內憂外患……
東晉與前秦的興亡抉擇，割據時代的悲劇性結局

譚自安 著

晉朝權謀錄

—— 北伐夢與淝水劫 ——

帝國夢碎——北伐失利與南征敗局

從桓溫北伐到淝水決戰，東晉與前秦在權力爭奪下的悲壯史篇

目錄

內容簡介

第一章　桓溫初試北伐

　　第一節　殷浩謝幕……………………………010

　　第二節　北伐的序幕…………………………021

　　第三節　功虧一簣……………………………026

　　第四節　苻健的致命昏招……………………033

　　第五節　廣固激戰……………………………041

　　第六節　姚襄殞命……………………………047

　　第七節　苻生的暴行…………………………053

　　第八節　苻堅的登基之路……………………061

第二章　雙雄對峙

　　第一節　兄弟的宿命之爭……………………070

　　第二節　新手北伐初體驗……………………078

　　第三節　慕容恪的無敵風采…………………082

　　第四節　王猛初露鋒芒………………………091

　　第五節　洛陽爭奪戰…………………………100

　　第六節　孤膽英雄的壯舉……………………108

　　第七節　五公紛亂……………………………112

目 錄

第三章　桓溫再起兵

第一節　北伐燕國⋯⋯⋯⋯⋯⋯⋯⋯⋯⋯⋯⋯⋯⋯⋯⋯⋯124

第二節　再度功虧一簣⋯⋯⋯⋯⋯⋯⋯⋯⋯⋯⋯⋯⋯⋯129

第三節　慕容垂的逃亡之路⋯⋯⋯⋯⋯⋯⋯⋯⋯⋯⋯⋯136

第四節　秦國進攻燕國⋯⋯⋯⋯⋯⋯⋯⋯⋯⋯⋯⋯⋯⋯145

第五節　王猛的智謀⋯⋯⋯⋯⋯⋯⋯⋯⋯⋯⋯⋯⋯⋯⋯150

第六節　凱旋之路⋯⋯⋯⋯⋯⋯⋯⋯⋯⋯⋯⋯⋯⋯⋯⋯158

第七節　燕國覆滅⋯⋯⋯⋯⋯⋯⋯⋯⋯⋯⋯⋯⋯⋯⋯⋯167

第四章　桓溫的落幕

第一節　失勢的隱祕原因⋯⋯⋯⋯⋯⋯⋯⋯⋯⋯⋯⋯⋯174

第二節　清除異己的代價⋯⋯⋯⋯⋯⋯⋯⋯⋯⋯⋯⋯⋯181

第三節　皇位的殘酷遊戲⋯⋯⋯⋯⋯⋯⋯⋯⋯⋯⋯⋯⋯191

第四節　盧悚的最後一擊⋯⋯⋯⋯⋯⋯⋯⋯⋯⋯⋯⋯⋯200

第五節　爭鬥不休的結局⋯⋯⋯⋯⋯⋯⋯⋯⋯⋯⋯⋯⋯208

第六節　桓溫之死的唏噓⋯⋯⋯⋯⋯⋯⋯⋯⋯⋯⋯⋯⋯214

第七節　謝氏家族的崛起⋯⋯⋯⋯⋯⋯⋯⋯⋯⋯⋯⋯⋯221

第八節　東山再起的契機⋯⋯⋯⋯⋯⋯⋯⋯⋯⋯⋯⋯⋯229

第五章　苻堅的險途

第一節　首場試探之戰⋯⋯⋯⋯⋯⋯⋯⋯⋯⋯⋯⋯⋯⋯238

第二節　第二場試煉⋯⋯⋯⋯⋯⋯⋯⋯⋯⋯⋯⋯⋯⋯⋯244

第三節　襄陽之役⋯⋯⋯⋯⋯⋯⋯⋯⋯⋯⋯⋯⋯⋯⋯⋯255

第四節　名將謝玄⋯⋯⋯⋯⋯⋯⋯⋯⋯⋯⋯⋯⋯⋯⋯⋯265

第五節　符堅的錯誤選擇……………………270
　　第六節　北伐晉國的決心……………………276

第六章　淝水大戰
　　第一節　危機中的謝安……………………286
　　第二節　勝負的不可理喻……………………291
　　第三節　慕容垂的關鍵一擊……………………303
　　第四節　苦果之始……………………310
　　第五節　苦果再續……………………319
　　第六節　苦果終結……………………323
　　第七節　謝玄的反攻北伐……………………328
　　第八節　符堅的又一次錯失……………………332
　　第九節　長安風雲……………………339

目錄

內容簡介

　　這一卷桓溫北伐寫到淝水之戰。桓溫數度北伐，初戰皆捷，勝利在望，但都誤判形勢，而功敗垂成。外戰不成功，便轉而向內奪權，清除異己，欲逼司馬氏行禪讓之事，為謝安所敗。與此同時，苻堅發動政變，登上前秦皇帝寶座。他在王猛的輔佐之下，一統北方，虎視江南。王猛死後，苻堅發動攻晉之戰。謝石謝玄率軍在淝與苻堅對壘，利用前秦內部矛盾，抓住戰機，以少敵眾，大破前秦大軍，取得淝水之戰的勝利，又保住了搖搖欲墜的東晉王朝。苻堅一潰千里之後，為姚萇所乘，一代雄主，死於非命。鮮卑諸燕捲土重來，北方再次四分五裂……

內容簡介

第一章
桓溫初試北伐

第一章　桓溫初試北伐

第一節　殷浩謝幕

　　馬上就到了著名的永和九年。當然這個著名，並不是司馬氏高層出現了什麼重大的歷史事件，而是因為王羲之的那個《蘭亭序》。

　　從王羲之的那篇文章看，現在司馬氏高層仍然心情愉快得很，雖然北方亂得天天打仗，今天死人一大片，明天一大片死人，統一大業的機會天天都有，可他們就是不把這些機會放在眼裡，繼續趁著人家大亂沒有精力干擾他們時，全身心投入吃喝賭嫖中，努力開創名士事業的新局面。

　　不過，如果都不做點動作，吸引一下人家的目光，也有點不像樣，於是，在這年的正月初一，朝廷突然宣布大赦。理由是什麼？誰也說不清。就像他們對待謝尚那樣，去年剛提拔，現在又接著提拔，那張任命書都還新鮮地壓在桌面上，第二張任命書又送到他的眼前，提拔他為尚書僕射。謝尚有什麼能力？為什麼提拔他？同樣說不清理由。

　　倒是在這個時候，出現了個差點可以改寫歷史的事件。

　　事件的主角就是張遇。

　　張遇在晉國這邊，老被謝尚看不起，最後氣憤起來，做了投降的事。可不久他就發現，他的這個投降實在是件蠢事。

　　時間是永和九年的六月。

　　張遇投降之後，立了幾次功，提拔得也很迅速，現在已經當上司空，是國家高級公務員，比謝尚在晉國的職務高多了，按理說，他應該滿足得睡夢中都咧著大嘴露著門牙在笑。可有一件事，讓他不爽到了極點。

　　他有個繼母，長得很上鏡，在被他老爸看上之後，又被他的老闆苻健看上。苻健是什麼人？是大秦國的皇帝啊，只要是大秦國土地上有的，他都可以歸為自己所有，因此他很快就做出決定，把張遇那個漂亮的繼母調

第一節　殷浩謝幕

到宮裡，讓她當了個昭儀。

本來，張遇也不覺得可惜，苻健調過去正好，免得還要為這個女人養老——而且這個女人還年輕得很，等把她養老了，自己也老了。

可苻健這傢伙的嘴巴太壞，一點也不顧人家的感受，多次在很多人面前指著張遇說：「你是我的養子！」

張遇每聽到一次，心頭就多一層氣憤，後來實在吞不下這口氣了，就咬起牙來，你還讓人活下去嗎？老子拚死也要搞定你。

不過，張遇絕對不是李逵那樣的莽漢，一股血氣上來，舉起兩把板斧就砍過去，而是把這個氣憤藏在心底，到處去結交朋友，準備連繫一切可以聯合的力量，一舉把苻健家族搞定，然後帶著苻家的全部資產投降晉國。

苻健當然一點沒有發覺，繼續跟張遇的繼母韓氏上床，繼續把張遇叫著養子。

這時，張遇已經買通了苻健身邊的工作人員黃門劉晃。

他到底如何收買這個劉晃，過程我們已經無從知道。但劉晃確實成了他最親密的死黨。兩人決定在深夜裡向苻健發動襲擊。他們的計畫是這樣的，張遇帶著部隊前來，而劉晃在宮裡開啟大門，像開門迎闖王一樣迎接張遇的部隊進宮，執行誅殺苻健的光榮任務。

他們約定在七月的某一天晚上舉事。

兩人的密謀好像沒有漏洞，但好像沒有就是有。

漏洞不直接出現在他們兩個人的身上，而是因為這兩個傢伙做這事實在沒有經驗，沒有在制定這個行動方案時，也制定一個備案——像電影裡的地下黨員那樣，在窗戶那裡放一把掃把之類的東西，表示事情緊急，不可亂來，請趕快灰溜溜地撤退。

第一章　桓溫初試北伐

也是苻健命不該絕。

在兩個人採取行動要拿他人頭的這個晚上，苻健碰到一件比較重要的事情，派他最相信的黃門劉晃去辦。而這件事還得去外地辦。

劉晃接到這個任務，當時就傻了眼，先是說母親有病，不能遠行。

可苻健說：「這事非你去不可，要馬上出發。」

劉晃又說：「身體不適，怕無法完成任務。」

苻健說：「我相信你能完成，你就能完成。趕快去，工作是不能討價還價的。領國家的薪資就得為朝廷賣命。」

劉晃知道，除非自己當場吐出鮮血來，苻健才會取消他的這個任務。可血也不是想吐就吐的。這傢伙不知是什麼原因，在這個關鍵時刻到外地出差，也不找個時間，偷偷通知一下張遇：請不要過來，來了沒人幫你開門，那是很危險的。

他領了這個任務，馬上就哭喪著臉出發。

張遇當然不知道，他的內線已經成了外線，還是嚴格按照約定的時間，準時地帶著突擊隊來到指定地點，個個舉著鋼刀，滿臉殺氣，等著宮門一開，一場歷史性的軍事政變就要拉開序幕。

哪知，大家舉刀的手都發痠了起來，臉上的殺氣也都僵硬了，大門還是沒有吱呀一聲開啟。

事情就這樣敗露了。

張遇就這樣，連個抵抗的機會也沒有，就被抓住砍頭，完事。

可事情還沒有完，由此引起的反抗活動，頻頻出現。

較具規模的主要是：孔持在池陽宣布不做秦國的下屬；劉珍、夏侯顯在戶縣宣布自立；喬秉在雍城，呼延毒在灞城也起兵作亂，這些造反勢力加起來，也有幾萬人，而且都宣布接受晉國的領導，派人去跟晉國取得聯

繫——你從這些人把希望都寄託到沒一點血性的司馬氏身上的做法，就可以知道，這些人再怎麼能折騰，到頭也只會以失敗告終。

九月，苻雄帶著二萬部隊回到長安，然後與苻法、苻飛一起去討伐孔持。

在秦國忙於在國內到處滅火的時候，晉國的殷浩也跟姚襄產生了重重矛盾。

姚襄的能力和眼光絕對比晉國那幾個高層強多了。他現在駐紮在歷陽，很清楚地知道，秦國和燕國現在強大得很，以現在晉國的實力以及管理階層配置的現狀來說，他就是有心北伐，估計也得不到強而有力的支持，最終除了失敗，還是失敗，因此就打消了北伐的念頭，開始為自己著想起來。他在淮河兩岸開墾荒地，大力發展農業，然後訓練部隊，用心經營自己的地盤。

殷浩這傢伙對別的東西沒多少敏感性，可最看不得其他人的強大。他對桓溫的強大沒有辦法，只能在心裡鬱悶。現在看到姚襄的勢力又成規模，眼紅得要命。如果光眼紅一下，然後在心裡罵幾句粗話，當然不會有什麼事。

可他眼紅起來，就想除掉姚襄。

本來，姚襄現在已經看穿了晉國高層這幾個人，知道跟這些人混下去，只有越混越不像話，因此就有了自立的想法，現在的所作所為，完全是想借用晉國的地盤，做自己的生意。

從這方面來看，殷浩要除掉姚襄並沒有錯。

錯就錯在，他根本沒有除掉人家的本事。對付姚襄這樣的人，沒有一點有水準的陰謀詭計，是不會成功的。而殷浩根本就沒有進行一番嚴謹、細心的策劃，就憑著心情，一把抓住姚襄的幾個弟弟——他以為抓了姚

第一章　桓溫初試北伐

襄的幾個弟弟，就等於斬斷了姚襄的爪牙，讓姚襄馬上變得孤苦伶仃起來。而且在抓住姚襄的弟弟之後，居然還玩了個小兒科的動作——多次派刺客過去，要偷偷地把姚襄殺死。

你想想，先把人家的弟弟抓起來，人家不提防才怪。在人家百倍警惕的情況下，刺客能下得了手嗎？最後刺客也煩了起來——老去做一件不成功的事，實在沒意思，最後一次，他乾脆就跑過去對姚襄說：「姚老大，你知道我是做什麼的嗎？」

姚襄當然不知道。

他說，我的職業是殺手。現在的任務是來殺死你。可連續來了幾個晚上，都下不了手，白白浪費了很多睡眠時間，我就不想做了。我過來告訴你，免得殷老大天天派我來殺你。

姚襄一聽，臉色並沒有發生什麼變化，跟這位誠實的刺客說，沒事了。然後他也裝著什麼事也沒有。

他知道，事情還沒有完。

殷浩還在繼續用他那個蠢腦袋瓜，想出了一個用武力解決姚襄的辦法。當然，他還是有點腦子的，他並沒有動用自己的直屬部隊向姚襄採取行動，而是派出一支雜牌部隊。

這支雜牌軍原是安北將軍魏統的部隊。魏統這時正好死去，然後按照當時的習慣，他的弟弟魏憬就接管了哥哥的全部力量。

殷浩大概也不想讓魏家強大下去，因此就向魏憬釋出了個命令，說姚襄要造反，請你出兵把他搞定。

魏憬的頭也是豬的腦袋，聽到這個命令之後，也不想想姚襄是什麼人？是一個曾經把冉閔打敗過的人，是一個身經百戰的人啊，他這五千兵能把姚襄殺掉嗎？他更不想一想，自己是什麼貨色。魏憬想也不想，帶著

第一節　殷浩謝幕

部隊就出發。

姚襄一點也不客氣，迎戰，斬魏憬，然後把五千部隊全部改編成姚家軍。

殷浩做夢也想不到，自己這一招，倒讓姚襄的力量更加壯大起來。早知這樣，倒不如自己收編了魏憬的人馬。

玩軍事不行，那就玩一下權力。殷浩一想，你姚襄到底還是晉國的官員吧？老子操縱不了你，但可以用中央的名義操縱你一下吧。他馬上向中央上書，提拔姚襄為梁國內史。他要是不到新單位上班，那就是抗命，是死罪。到時他得罪的可不是自己，而是得罪了中央政府。就是再強再大，也強不過以皇帝為首的中央。

姚襄的日子也不太好過。他雖然收編了魏憬的人馬，士兵數量增加了幾千人，可魏憬的子弟兵卻不怎麼服他，鬆鬆散散，表現得很無組織無紀律，常常成群結隊地跑到壽春，享受城市居民生活，跟村民沒什麼兩樣，弄得姚襄很鬱悶。可是短時間內又無法整頓，現在殷浩又不斷地跟自己作對，而且規模越來越大——雖然手法不怎麼老練，但總得陪他玩下去，不陪他玩，他那些小兒科的玩法也足以玩死自己。

姚襄最終決定妥協。派參軍權翼去面見殷浩，要求殷浩不要玩了。大家都是晉朝的官員，還是和平共處的好啊！我服了你行不行？

如果殷浩這時稍微反省一下，本著自我檢視的原則，你退一步我讓一步的做人風格，大家一團和氣，共同為開創大晉事業的新局面而努力奮鬥，估計後面的故事就不會發生了。可殷浩沒有這樣的胸懷，他看姚襄終於把尾巴收了起來，以為自己的這個手法大見成效了，馬上就得意起來，掰著指頭歷數起姚襄的罪過。

這些罪過主要如下：

第一章　桓溫初試北伐

一、想殺人就殺人，王法在他那裡還有作用嗎？

二、派人來搶奪殷浩的戰馬，不但目無上司，而且是公然向上級叫板。

最後總結道：「這種目無國法、目無組織、目無上級的人，能放任他這樣下去嗎？我這麼做是在挽救人民，挽救朝廷，同時也是挽救他本人。」

權翼聽他這麼說，也撕破了老臉，說：「我們姚老大殺的人，都是該死的人。他搶您的馬，完全是因為您曾經說過這麼一句話，姚襄太囂張，難以控制，一定要找個機會搞定他。他這才到處搶馬，是準備自衛的。」

殷浩突然記起，自己的破嘴果然說過這話。這可是一句破壞安定團結的話啊，現在被人家拿在手裡，還有什麼好說的？ 要是傳出去，「當代諸葛亮」居然會是這個樣子，那是天大的笑話。

他馬上笑了笑，說：「你們聽錯了吧？哪會到這個地步？」

殷浩終於不敢玩下去了

這傢伙的頭腦很簡單，以為玩不玩的主動權都操縱在他的手裡，他想不玩就可以不玩了。可姚襄卻咬著牙，要跟他玩下去。

姚襄當然不會像他那樣豬頭，那點陰謀一點技術含量也沒有。他只是把扳倒殷浩的想法埋在心裡。

殷浩當然一點也不知道。他還在雄心勃勃地要北伐。

殷浩這次北伐採取了一個與以前不同的策略。以前他一決定北伐，就派兵到邊界與敵人進行地區爭奪戰，可哪次都爭不過人家，帶著一大隊人馬過去，最後只剩下一小隊兄弟回來。他覺得再這樣下去不行了。因此他就想玩陰的，從敵人內部下手，找幾個「秦奸」（注意，不是漢奸）做內應。

第一節　殷浩謝幕

　　殷浩相信金錢是萬能的，是可以讓有信仰的人丟掉信仰，讓忠臣變成叛亂分子，因此他派人帶著大量的現金去找梁安和雷弱兒，說這錢老大先用著，當然，這錢也不是無緣無故地送給老大用的。只要兩位老大捨得做一回大秦奸，找機會把苻健這個老賊殺了，以後不光現金大大的有，而且關左的全部事務也是兩位說了算——這個權力跟現在苻健的權力一樣啊！

　　雷弱兒和梁安一聽，一臉壞笑地收下了錢，再一臉壞笑地答應了這個要求。而且還說，到時要請殷老大派兵前來接應。我們在這個地方是屬於小勢力，即使殺了苻健，到頭來仍會被人家搞定，那可划不來。

　　殷浩派出去做這項策反工作的，智商絕對不比殷浩高一點，那雙眼睛看美女一點不走眼，可這時一點也看不出雷弱兒和梁安的那個壞笑，交完現金，得到一句口頭承諾後，馬上以最快的速度跑回來報告殷浩，勝利完成任務，現在就看老大的表演了。

　　殷浩一聽，到底是金錢萬能。以前為什麼沒想到這一點？老是把希望放在士兵們身上，思路一點不開闊，不失敗才怪。

　　他正想派人去跟雷弱兒他們再取得聯繫，一個更加讓他振奮得要跑到田裡跳舞的消息又傳來。

　　這個消息就是張遇那個未遂的軍事政變。而且還聽說苻健的姪兒苻黃眉已經從洛陽跑回長安。

　　那時的交通全部靠陸路，通訊基本靠口頭與書信傳遞，張遇的事蹟傳到殷浩那裡時，不但早已成了舊聞，而且內容也差不多全部變調。再加上殷浩那個腦瓜主觀分析，竟然以為，是雷弱兒和梁安成功了，就急忙帶著七萬大軍，高調宣布第二次北伐拉開序幕，第一階段是攻占洛陽，把皇家的墳墓進行一次大修，有效地刺激一下列祖列宗以得到保佑。

第一章　桓溫初試北伐

　　吏部尚書王彪之認為殷浩的做法太天真了，連雷弱兒、梁安是什麼人都還弄不清楚，就這樣全盤相信人家的話，無論如何也說不過去啊！還是小心一點為妙。他當然不敢直接對全身正熱血沸騰的殷浩潑這盆冷水，而是把這個想法跟主政的司馬昱說了。

　　司馬昱現在的熱情比殷浩還要高，對王彪之的話一點不感興趣，說現在北伐是第一要務，大家的立場要保持高度一致，不要亂放雜音。

　　王彪之一聽，只得回到家裡，閉著眼睛大叫傻眼！

　　殷浩接下來的動作，更加讓人傻眼。

　　他居然任命姚襄為先鋒。當然，如果光從能力上講，讓姚襄當先鋒絕對是選對人了。關鍵是他此前多次對姚襄動手動腳，從暗處到公開，招招都想要人家的老命，仇恨早已結下，現在居然把關鍵任務交到這樣的人手中。任誰看到這個任命書，都會毫不猶豫地在殷浩的名字下面寫上：發文者腦殘。鑑定完畢！

　　姚襄一接到這個任務，馬上就笑了。

　　他二話不說，一點不討價還價，帶著部隊立即北上。

　　走了一段路程之後，他就開始搞小動作，教唆一些士兵偷溜，然後讓消息洩漏出去，再然後就在一個很適合埋伏的地方布置了個埋伏圈。

　　殷浩聽說姚襄的部隊不斷出現逃兵，一點也不知道這是姚襄的詭計，大罵姚襄也太窩囊了，連幾個士兵都管不住，還敢跟老子作對！就親自出馬，帶著部隊追上來，要把那些逃兵一個不少地抓回來，讓姚襄看看自己是怎麼治軍的。

　　可逃兵的影子還沒看到一個，殷浩就一腳踏進了姚襄的埋伏圈。

　　情節完全按照姚襄的預想全面展開。

　　姚襄一聲令下，伏兵四出。

第一節　殷浩謝幕

殷浩一看,自己中了傳說中的埋伏圈,這才知道自己太小看姚襄了。殷浩永遠不是個軍事人才,就是在平時,叫他組織一場戰鬥,恐怕都要難為他,何況現在是中了埋伏,哪能組織有效的抵抗,只是被那一群還算稱職的衛士死保著,這才逃出性命。

對付殷浩這樣的菜鳥,姚襄根本不用努力戰鬥就取得了重大勝利:斬殺士兵一萬餘人,所有軍用物資全部繳獲。只讓殷浩脫身南去,跑回譙城。

而姚襄一點也不管殷浩的感受,得了好處之後,馬上派他哥哥姚益固守山桑,他自己則帶著部隊進入壽春。

殷浩當然不甘心。這傢伙兩次北伐,每次都是士兵還沒有出國界一步,就讓自己的手下搞定,翻開歷史書來看看,還沒有哪位軍事統帥做過這樣丟臉的事。

他可以不在乎失敗,但他丟不了這個臉。

殷浩說,我要報仇,我要爭一口氣。

他派劉啟和王彬之去為他爭這個臉。兩人認為,姚襄很不好對付,弄不好倒被他玩死,不如去跟姚益決鬥一下,先搞定對方的弱項,長一下自己威風、滅一下敵人志氣。哪知,他們的部隊才開到山桑,姚襄也帶兵從淮南狂奔而來,對他們展開強烈的攻擊。這兩個傢伙措手不及,不但沒有為上級掙回面子,而且還雙雙丟了腦袋。

姚襄還順手占領了芍陂。之後,再南下——這傢伙在晉國待了這麼久,早就看穿了晉國當權派的本質,知道向北發展那是成本大於收益的蠢事,向南發展才是投資小利潤大的生意,因此又向南邁進一步,占領了盱眙,大大地擴大了地盤,部屬也猛增到七萬人。

姚襄得了便宜,還賣乖:派人前往建康,狠狠地告了殷浩一狀,說殷

第一章　桓溫初試北伐

浩多年來，老跟自己過不去，天天在做破壞安定團結的事，逼得自己不得不反抗——殷浩最後的失敗，證明了他這麼做是不得人心的。當然，自己沒有處理好與殷浩的關係，只顧遵循「哪裡有壓迫哪裡就有反抗」的原則，硬跟殷浩對抗，是政治不成熟的具體表現，請中央給予處分。

你想想，連號稱孔明第二的殷浩都被姚襄扁得到處亂跑，其他人還敢處分姚襄嗎？司馬昱覺得姚襄是個危險分子，可又拿他一點沒有辦法，最後就決定把謝尚抬出來，任謝尚為都督江西、淮南諸軍事、兼豫州刺史，讓他成為姚襄的上級。原來司馬昱知道，姚襄雖然威風，在戰場上誰都可以痛打過去，但他卻很敬重謝尚——現在你知道了吧，名士還是有用的！

這樣一來，謝尚好像是賺大了。

其實真正大賺的還不是謝尚，而是桓溫。

殷浩連續兩次北伐，連續兩次失敗，而且失敗得實在太丟人了，幾次高調出兵，最後連敵人的影子還沒有見到，就自己把自己搞亂，損兵折將，無功而返。把殷浩只會吹牛，沒有實際能力的面目全面展現了出來，人民要是再不憤怒，中央高層要是再死保這樣的人，那這個世界真的一點不講道理了。

桓溫抓住機會上疏，狠狠地羅列了殷浩一大堆罪狀，要求中央要堅決拿下這樣的敗類。還讓這種只會吹牛、沒有能力的人當權，大晉江山離破產也沒有多遠了。

大家讀著桓溫的文字，個個臉色苦苦的，可現實情況就是這個樣子，如果到了這個地步，還保這個殷浩，人民真的不服了。

你再保他，可就沒人來保你了。

終於，朝廷下詔撤銷殷浩一切職務，下放東陽郡的信安。

殷浩的時代宣告結束。這傢伙靠炒作一舉成名，最後爬上權力的巔峰，成為平衡桓溫的主力，哪知盛名之下，其實是庸才一個，不但丟掉了北伐的大好機會，反而讓國家遭受了巨大的損失，更嚴重的是，因此造成了桓溫的反抗心理，為晉國更大的亂子埋下了伏筆。

用人的失誤，永遠是最嚴重的失誤。

第二節　北伐的序幕

平衡的主力一被打倒，桓溫就成了從中央到地方最威風的人物。

殷浩被拉下臺，從權力巔峰直線跌到最底層，成為平民百姓中的一員，心裡一點也不服氣。他從小的時候跟桓溫就是好朋友，現在居然變成桓溫的敵人。這兩個人說是政壇上的對手，其實真正面對面交手的機會並不多。殷浩也從沒有主動把桓溫當成敵人，就因為中央那幾個當權派，怕桓溫做大，便把殷浩扯上，然後集體把他推到桓溫的對立面，讓他成為桓溫的敵人。殷浩對自己的能力也自信得很，大權在手，馬上就老老實實地站到前臺，微笑著去對付桓溫。

桓溫倒是老實下來，只在自己地盤裡作主，並不把他當作對手。這傢伙比殷浩聰明多了。知道現在這個社會是名士們吃香，不管是高高在上的當權人物，還是那些一臉菜色、餓得眼睛都睜不開的草根階層，都用名氣來評估能力，誰的名氣大，誰的能力就高。因此在殷浩沒有露出發臭的尾巴時，你要是動他，就等於跟全國人民為敵──跟全國人民為敵的後果，根本不用去想，就知道有多嚴重了。

桓溫是殷浩的老朋友，殷浩是什麼貨色、肚裡的東西有幾斤幾兩，他

第一章　桓溫初試北伐

比殷浩更清楚，因此，就偷偷地站在一邊當觀眾，等殷浩的洋相出盡了，再過來收拾他。

可以說，桓溫的用心是很毒的。在殷浩的兩次北伐中，身為地方最強的實力人物，而且也同在北伐前線，桓溫卻是不理也不睬，更不出兵配合，硬是讓戰場菜鳥把北伐的事自己扛，即使到了被人家扁得四處亂跑的時候，也不出手救一救，使殷浩損兵折將又丟面子，讓全國人民看這個大名士的笑話。當然，殷浩為了表現一下，也是不會要求桓溫幫他的，中央那幾個傢伙更不願桓溫出兵，免得他乘機威風起來。桓溫看透了這些人的內心世界，樂得在一邊輕鬆看好戲。

直到殷浩一點脾氣也沒有了，中央高層的臉也被他丟盡，桓溫這才站起來，在殷浩奄奄一息的政治生命上加了最後那根稻草，一舉把殷浩打倒，讓所有的人知道，這就是制衡他的下場。

殷浩絕對不是一個勇於承認錯誤的人，他一點也不覺得自己下臺是應該的事——他在墓地裡高價拍賣他的名氣時，不是說過「深源不起，當如蒼生何。」意思是說，現在連我都不行了，你們那幾個豬頭還行嗎？

不過，殷浩到底是大名士出身，心裡的想法向來最能隱藏得住，雖然職務全部集中上繳，氣得差點要在大街上吐血，但臉上的神態還跟平常沒什麼兩樣，好像受處分的是別人而不是自己。

不過，他的家人還是發現他有個奇怪的動作。常常舉起手，伸出食指，在空中亂劃，劃什麼？大家看了很久，終於有腦袋靈光的人看得出，他是在寫「咄咄怪事」這四個字。其實真正「咄咄怪事」的是他這個行為。後來，人家常說的「書空咄咄」，典故就來源於此。

當然，桓溫對他還是不錯的，到底是曾經的好朋友，他想要的只是權力，而不是故意要把殷浩搞定。

第二節　北伐的序幕

桓溫對殷浩的看法還是比較公正的。他在把好朋友拉下臺之後，就說：「我這個老朋友，人品沒有多大的問題，口才也可以上得了臺面，如果只讓他當個尚書令之類的官，他會做得很稱職。可讓他去上戰場，那是在要他的命。」這麼一說，殷浩的失敗，完全是因為朝廷用人的失誤，也算是為殷浩找到了一個臺階。臺階有了之後，就把老朋友放到臺階上。

桓溫沒幾天就又上書，推薦殷浩為尚書令。

桓溫把這個想法跟殷浩說，徵求一下老朋友的意見，殷浩一接到信，馬上就高興得睡不著覺，當天停止「咄咄怪事」的書法練習，更加不敢再做推辭的高姿態，馬上叫人準備好紙和筆，要寫一封感謝信給老朋友，表達他史無前例的激動心情。

人一激動，就容易把事情搞砸。

殷浩是個平時最能冷靜的人，可這次也被這個激動衝暈了頭腦。他想好好地感謝一下桓溫，把信寫好放進信封後，又突然覺得心情表達不到位，便又打開重寫；又覺得某個詞用得不恰當；再重寫，再覺得某句話還是保留一下。這麼折騰了十幾次，腦袋也被折騰得發暈，最後居然把一張白紙塞進信封裡，寄給桓溫，向老朋友表達無窮無盡的感謝之情。

桓溫接到這封信後，先是頭腦也跟著一片空白，這是什麼信？難道我們之間的交往是見不得人的？寫信也得用隱形墨水？可他怎麼看也只是一空白頁，這是什麼意思，這是把人看扁的意思，是把老子當文盲看的意思！桓溫終於大怒起來，大聲宣布，不再跟殷浩這樣的廢材往來。你敢用白紙戲弄我，我就讓你當一輩子白丁。

殷浩這才慌了起來，知道這前途也跟那封信一樣，一片空白了。

殷浩對戰爭形勢的判斷一點也不正確，但這次對自己前途的預測沒一點偏差——最後就鬱悶地在貶所裡掛掉。

第一章　桓溫初試北伐

桓溫把大權牢牢地拿在手中後，做的第一件事就是北伐。

永和十年二月，桓溫下令北伐。這一次，再沒有誰敢反對他了。

在大家的注視下，他親自帶著七萬大軍從江陵出發。

桓溫命令梁州刺史司馬勳從子午谷北上，配合他一起向秦國進軍。

幾路大軍同時出發，模樣和聲勢比殷浩的北伐強多了。而且前期工作進展得很讓人振奮。

先是桓溫的別將在上洛打響北伐第一戰。秦國上洛的守將叫敦敬，估計長期處於和平時期，而且長期以來，晉國的那幾次北伐表現得也太業餘了，每次不用動手就自己玩完了，因此就習慣性地放鬆了警惕。哪知，桓溫不但是專業人員，而且是專業人員中的菁英，打起仗來可不是玩的。他看到敵人衝上來後，才知道自己對敵人的估算錯了。

可到了這個時候才知道錯了，什麼都來不及了——連逃跑都來不及了，被衝上來的晉兵一把抓住。一開戰就抓到個刺史級別的大官，說是取得巨大勝利，那是一點也不過分。

司馬勳攻取青泥，這哥兒們雖然也算是晉室宗親，但帶的兵卻跟土匪沒兩樣，進入秦國的地盤後，馬上天不怕地不怕地開展擄掠行徑，只要看到金銀財寶、美女糧草，全部先搶過來，管他軍紀不軍紀。

這時，西涼地區張祚手下的秦州刺史王擢也起兵響應，攻擊秦國的陳倉。原來這個地區的第一把手是張重華，可這個張重華卻是個短命鬼，早在去年就死了。這傢伙辦事隨意，沒什麼主見。本來，他也知道謝艾是個好人，不光人品好，而且很有能力，幾次挽救了國家。如果張崇華的頭腦好一點，對這樣的人肯定會無限信任。可這傢伙跟很多昏君都一個樣，危險期一過，馬上就另外一種表情了，覺得謝艾一點都不重要了。最後聽了幾個無聊人士的話，一點理由也沒有，就把謝艾下放到酒泉當第一把手。

第二節　北伐的序幕

謝艾對局勢看得很清楚，上書張重華，說張祚野心很大，應該對他提高警惕，最好把他們打發到邊遠山區，讓他們在那裡折騰。

可張重華卻不聽。在張重華不把謝艾的話當話才幾天，他就病重了起來。這傢伙臨死的時候，看到自己的繼承人實在太粉嫩了，得找個人才來幫幫才行，否則，只怕他還沒死乾淨就被人家廢了。他想來想去，最合適的人選還是謝艾，下令把謝艾調回來。哪知，卻來不及了，這個命令被張祚死死壓住。沒幾天張重華就死掉了。張祚先讓張重華的兒子當第一把手，沒幾天就把張重華的母親勾引到手，然後叫她下詔，廢掉張重華的兒子，讓他來領導全涼州。

張祚的人品很壞，才當權沒幾天，便把所有的壞事做絕，最後還把謝艾殺掉。張家以前雖然都在自治，但到底還有點扭捏，覺得底氣不足，還在打著大晉的旗號，跟大晉互通一些消息，而且還用著建興的年號，一直用了四十二年，經過了幾代人。張祚終於忍不住了，決定用自己的年號。他在永和十年，把年號改為和平元年，算是開創了自己的新時代。

不過，還只稱涼王，離皇帝的距離還有一步遠。當然，他對晉國還沒有撕破最後一張臉皮，聽說晉國進軍北伐，也起來響應。

在晉國幾路大軍衝上來時，苻健派太子苻萇以及苻雄、苻生、苻菁等帶著五萬人迎戰桓溫。

桓溫繼續推進。永和十年四月二十二日，桓溫帶的主力部隊開到藍田。

雙方主力展開了會戰。

這次雙方前線的主將分別是：晉國桓溫，秦國苻生。

桓溫是晉國的頭號強人。

苻生是秦國的首席猛男。

第一章　桓溫初試北伐

第三節　功虧一簣

大戰一開始，苻生就像趙子龍一樣，在兩軍的陣地前表現出讓人佩服的個人英雄主義，單槍匹馬衝向晉軍的陣地，而且殺進殺出十多次，殺了許多的晉軍將士，自己卻毫髮未損，讓廣大觀眾知道什麼是「如入無人之境」，大大地提高了秦兵的士氣。

如果是別人，估計這時已經崩潰，但桓溫卻一點也不怕，大聲指揮大家反擊，不要被敵人的野蠻嚇倒。

主帥一玩命，大家當然也跟著咬牙苦戰，硬是把英雄的苻生打得體力不支，最後大敗而去──這才知道，個人英雄主義有時發揮的作用也不大。

桓溫的弟弟桓沖這時的表現也不錯。在他哥哥玩命地把秦國第一猛男打跑的時候，他也一路掃清障礙，把部隊推進到灞上。

秦國的勢力馬上大大縮水。

苻健這時死守長安小城，身邊只有不到六千部隊，而且都是些老弱殘兵，戰鬥力跟那些非戰鬥人員也差不多。

他的太子苻萇帶著部隊死守南門。

苻健好不容易動員到三萬部隊，把那個曾經讓殷浩上大當的雷弱兒叫來，說：「這些最後的子弟兵就交給你了。你趕快過去跟苻萇會師，跟桓溫玩命。」

這是到真正玩命的時候了。

對桓溫來說，形勢越來越好，而且不是一般的好，是大好。

長安四周的人民到這時都還懷念大晉，看到大晉子弟兵到來，都紛紛

第三節　功虧一簣

前來投靠，向大晉子弟兵提供強大的支持：有人出人，有錢出錢，有肉拿肉，有糧獻糧。弄得軍民魚水情深起來。

所有的人都認為，這一次，桓溫搞定秦國，只是時間問題。苻健的死期就差那麼一點了。

可歷史往往跟大家開玩笑，當大家都認為可以完全看清前頭的方向時，它硬是突然一拐，結果跟你設想的截然相反。

當然，這是不能怪歷史車輪的。

要怪只能怪掌握歷史方向盤的人。

這次雙手把持著方向盤的人就是桓溫。

秦國的命運已經完全捏在他的手心裡。

可這時，不知桓溫的哪根神經出現了問題，硬是停止了進攻，他說服群眾，號召大家把情緒穩定下來，種田種地，增加生產，搞得熱火朝天。

他當然還記得長安城裡的苻健還在垂死掙扎。可正因為他覺得苻健已經沒有什麼作為了，已經成為他的甕中之鱉──只要他哪天心情好起來，就一聲令下，打進長安城，活捉苻健。現在之所以沒有向長安發起最後一戰，是想等苻健的部隊被包圍得累了，連舉大刀自殺的力氣也沒有了，這才衝進去，以最少的成本搏取最大的收穫。

這個方針好像沒有錯。但好像不錯，就是大錯特錯了。

其實，秦國的主要部隊並不是掌握在苻健的手中，而是他的那個弟弟苻雄的手裡。

苻雄這時正帶著七千人向子午谷悄悄前進。

那個司馬勳在那裡耍威風，覺得秦兵太不堪一擊了，正在放縱他的部隊到處掠奪。根本沒有防備人家居然來偷襲他。

在這樣的情況下，司馬勳的打劫部隊被苻雄打了個遍地找牙。

第一章　桓溫初試北伐

司馬勳只好後退，一直退到女媧堡，這才喘得一口氣。

苻雄把這邊的威脅搞定後，終於可以騰出手來，回軍與桓溫較量。

連那個薛珍都知道現在是攻進長安的最好機會，跟過去把這個想法告訴桓溫。

可桓溫卻認為，薛珍頭腦簡單，哪裡能夠領會到自己偉大的策略意圖？

桓溫跟很多強人一樣，老認為自己的腦袋是天下最高明的腦袋，對別人的建議向來當成小兒科。他不光不聽薛珍的話，連那個時代最著名的人物也不放在眼裡。

這個人就是王猛。

王猛就是在這個時候開始登上歷史舞臺的。

王猛後來被苻堅稱為他的諸葛亮。後來，大家也都認同苻堅的看法。只是，王猛在出山時，比諸葛亮積極多了。

王猛雖然才華橫溢，但卻不善於過日子，年紀一大把了，家裡卻窮得叮噹響，身上那套衣服也是長期不換，汗水倒是天天浸泡，但清水卻難得接觸，他來到你身邊，對患有鼻炎的人倒無所謂，但對嗅覺功能正常的人來說，實在是太折磨人了。這樣的衣服裡面，最多的是什麼東西？就是蝨子。

而且這傢伙臉皮又厚，堂堂一個知識分子，一碰到人就開口吹牛，而且一邊吹牛，還一邊用手在身上抓蝨子。

大家都覺得噁心，這麼有口才，還窮成這個樣子？你吹吧，吹死你！老子就不信，吹牛能吹出幸福生活來。

但他仍然繼續吹，而且吹到桓溫的眼前來了。

這傢伙一邊抓蝨子，一邊分析天下形勢，覺得機會離自己不遠了，因

第三節　功虧一簣

此就跑到華山來隱居，看看誰厲害一點，就去替誰賣命——當然也是為了徹底改變一下自己的生活。

開始時，他是看好桓溫的，看到桓溫大軍開來，一路勝利，直接就打到敵人的心臟地區，應該算得是個有能力的老大了吧？至少也比現在到處亂打的強人們高明幾倍。

他這麼一比較，馬上就跑過去找桓溫——免得桓溫奪得勝利後，帶著部隊跑到別的地方去了，那時再去找，得要多少路費才行啊！

本著抄近路、少破費的原則，王猛臉皮很厚地來到桓溫的辦公處——那時的大官還真有點平易近人的味道，要是現在，你一個貧困的百姓想找個鄉長、縣長都難呢！

而身為全軍最高統帥之一、在晉國說話最有份量的桓溫，卻熱情地招待了穿著跟丐幫九代弟子沒兩樣的王猛。

王猛仍然保持著他的一貫風格，對著晉國頭號強人桓溫，一邊抓著他身上沒完沒了的蝨子，一邊講得嘴巴四周全是泡沫。

桓溫一聽，這個地方居然有這樣的人才？這種話可不是殷浩那些名士講得出來的啊！

桓溫的手不再停留在他的鼻子前面了，臉上也漸漸顯出佩服之色。

這本來是一場可以改寫歷史的會談。

史書沒有對這次談話進行全面記錄，但還是為我們留下了關鍵性的對話。

桓溫最後覺得王猛的話越來越有道理，就向他討教了一個問題：「我帶著大軍北伐，打到現在，一直在打勝仗，而且高舉正義的旗幟，可到現在居然沒有幾個三秦地區的英雄前來投奔？這是什麼原因？」

王猛說：「老大帶著大軍前來，把敵人的領土都差不多占領完了，現

第一章　桓溫初試北伐

在敵人的首都長安就在前面，敵人已經到了最危險的時刻，老大卻突然讓部隊放長假，沒有渡過灞水，給敵人最後一擊。大家不知道老大這是什麼意思，所以都在觀望。這話的意思就是，如果老大勇於打過灞水，占領長安，天下的英雄就都會前來向老大報到的。那麼以後這個天下，是誰的天下？這個問題就根本不用問了。」

桓溫這時那根神經已經打了死結：你說的很有道理，我們江東沒有誰比得過。但要老子打過灞水，老子不聽。

不聽，後果就很嚴重！

這個嚴重後果主要有兩條：一是錯過了滅掉秦國的大好機會；二是導致王猛看透了晉國高層的本質，終於把投靠的目光轉向敵對勢力上，使得晉朝多了一個強勁的對手。

不過，桓溫仍然請王猛加入他的幕僚，讓他當了軍謀祭酒。

王猛也不推辭，只把這個職務當作混飯吃的位子。也就是說，光領薪資，什麼事也不做，更不再為桓溫貢獻一點計策——反正貢獻了人家也不用，白白浪費腦子做什麼。

不久，苻雄的部隊開了過來。雙方在白鹿原展開大戰，桓溫被苻雄狠狠地修理了一頓，直接死亡一萬多士兵，取得了一次慘痛的教訓。

其實，桓溫的教訓才剛剛拉開序幕。

沒幾天，桓溫的後勤部長前來報告，老大，沒吃的了。

桓溫說，現在不是麥子成熟的季節嗎？請大家馬上帶著武器到田裡，收割麥子。

可後勤部的人又過來報告，老大，秦國太缺德了，在我們的部隊還沒有到達之前，就已經把麥子收乾淨了。現在我們只能收穫麥秸了。

桓溫這才覺得頭大了起來，身上的汗水也多了起來。可汗水再多，也

第三節　功虧一簣

當不了大軍的口糧，填不了兄弟們的肚皮。沒有了吃的，別的全都免談。

桓溫不是傻子，知道沒糧食的後果很嚴重，如果不趕快撤軍只怕連跑路的機會也沒有了。

在這樣的情況下，桓溫很痛苦而果斷地下達了退後的命令。

永和十年六月一日，晉國的部隊在包圍長安幾個月之久後，開始撤退。

這時，桓溫心裡很後悔，覺得王猛真是太厲害了，連這樣的人都不重用，那自己就沒誰可以重用了。因此，他在下達撤軍命令的同時，也任命王猛為高官督護，連升了幾級薪資，說以後一定聽你王先生的，現在請你跟我們一起南下。南方的風景很好，美女很漂亮。

桓溫很有誠意。

王猛同樣也很有誠意。王猛的誠意是堅決不接受這個任命，不到南方去。

桓溫當然不是善良的人，可這時他善良得很，看著王猛堅定的臉色，說：「你以後不要後悔啊！」

王猛說：「絕不後悔。」

到了這時，如果桓溫是個偉大的政治家、有眼光的策略家，肯定會徹底改變友好的態度，不是把王猛綁起來，強迫他一起南下，就是乾脆把這顆不能為他所用的聰明的腦袋砍下來。

他就不想想，王猛透過自學成材，努力把能力提高到這個地步，肯定不是為了打發無聊才這麼用功的，肯定是個有志青年，想有所作為實現偉大理想的。現在他不想跟著自己，那麼他一定會到其他集團打工。到其他集團裡當員工，就意味著與晉國為敵。這樣的敵人能砍的時候不砍，以後他砍你的時候，沒得商量。

第一章　桓溫初試北伐

當然，如果砍掉了王猛，就等於砍掉了那段精采的歷史片段。現在那個精采片段是留下了，可是晉國卻一點也不精采了。

桓溫撤退時，才知道退兵居然這麼煩人。一直躲在城裡不露面的苻萇在晉軍撤退時，就大叫著衝了出來，緊貼著桓溫部隊的屁股揮刀猛剁。

桓溫除了裸露屁股被人家狂砍之外，沒有別的辦法。大晉士兵們看到自己突然變得這麼窩囊，就爭相逃跑起來。

才退到潼關，被砍人數和逃亡人數加起來，就有一萬多人——如果當初發動攻堅戰，打進長安城裡，估計陣亡烈士也沒有這麼多。桓溫本來想投機一把，減少損失，現在不但拿不下長安，反而在勝利在望的情況下，打成這個局面，被人家追著打回老家——而且，照此下去，能不能回到老家還是個未知數。

桓溫越來越鬱悶。

桓溫也跟很多老大一樣，鬱悶起來，脾氣就暴躁，脾氣一暴躁起來，就找個人來殺。現在想殺敵人是不可能的，但拿自己人開刀還是有能力的。

他要殺的人就是薛珍。

薛珍犯了什麼錯？

告訴你，薛珍不但沒有犯什麼錯誤，而且還是個有功人員。

他勸桓溫進攻長安，桓溫不聽，之後，薛珍便帶著自己的部隊去攻堅，果然大有收穫。他正想把戰果擴大下去，桓溫卻下令撤退。他就那一點人馬，當然不敢來個孤軍作戰，因此就跟著大軍退下來。

薛珍因此看衰桓溫，常常在公開場合大聲說桓溫膽子太小。要是也像老子這樣，現在我們全都在長安城裡喝酒把妹，哪像現在？天天被那幫孫子把屁股踢來踢去，到現在被踢得沒一點脾氣了——連放屁的功能也消失了。

桓溫大怒，薛珍你放狗屁！現在讓你知道這個世界誰說了算。你以為你勇於殺敵，老子就不敢殺你了？來人，把薛珍這個放屁狗的拉下去殺了。

桓溫覺得很過癮，但這種過癮也只能說明桓溫是個無賴式的老大。一個無賴式的老大，再怎麼有能耐，也是沒有帶領大晉人民開創新時代的能力的。

桓溫這一次北伐，已經取得了決定性的勝利，只需要再加一把勁，就可以把最強大的敵人搞定，西北地區也全部劃歸司馬氏名下，然後再全力對付慕容氏，基本上也沒有什麼問題。可在關鍵時刻，桓溫卻突然腦袋發暈，硬是來個中場休息，最後休息得自己沒有糧草，而且敵人氣力大增，被扁得一無是處，比較起來，其惡劣程度也不比殷浩少一點。

幸虧這時秦國的力量沒有恢復，而且秦國打仗最厲害的苻雄突然病死。苻健悲痛得吐出血來，最後讓苻雄的兒子苻堅接替老爸的爵位。

第四節　苻健的致命昏招

這個苻堅後來大大地有名。

苻堅年紀雖然輕，但絕對是個有志青年，不但待人態度很好，而且也是個好好學習天天向上的好學生，肚子裡的學問多得要命。你想想，在當時的社會環境中，那些有能力的人，不團結在他的周圍才怪。他年紀輕輕的，就有了一批鐵桿粉絲——其實是一幫政治團夥，為他以後的崛起打下了人才基礎。

苻雄的逝世對苻健的打擊是空前的，可他這個悲痛還沒有消化完，第

第一章　桓溫初試北伐

二個悲痛又接著打擊了過來。

他的法定繼承人苻萇因為前一段時間玩命抵抗桓溫，中了一箭，當時倒不怎麼樣，估計是消毒做得不好，受感染成了破傷風、敗血症之類的病，居然就要了他的命。

苻萇一死，對秦國後來的發展產生了重大的影響。一個是消極的，一個是積極的。

消極的是他一死，苻健就讓他的猛男兒子苻生當了繼承人；積極的是後來苻堅成功奪權，壯大了秦國。

苻健也是個封建迷信思想十分嚴重的人。

苻萇死後，苻健一點也不拖延，馬上就著手選拔繼承人。

他的正室強氏覺得他們的那個小兒子很可愛，孝順聽話，應該讓他來當太子。可苻健卻堅決反對。他反對的理由不是小兒子能力不行，或者是那個歷史以來最有力的理由「立長不立幼」，而是因為沒事時翻了一本地攤上的讖文書，看到這麼一行字「三羊五眼」。現在就是請個博士導師過來，對這幾個字進行專門課題研究，估計用完了相關部門撥給的研究經費，也研究不出什麼結論來。

可苻健卻硬是讓他們家跟這四個字拉上關係。他從三羊五眼，想到，三隻羊應該是六隻眼才對，可現在預言書上卻說，只有五隻眼，說明某隻羊只有一邊眼睛了。他由此聯想到他的那個猛男兒子苻生。

苻生天生一眼失明。不過也是個天生的猛男，他不但有猛男的外表，也有猛男的性格，比李逵還要粗魯火爆。以前他的爺爺苻洪還健在的時候，有一天不知道是出於什麼樣的心情，硬是拿孫子的獨眼開了個玩笑。

苻洪那天為了表現一下自己的幽默感，對這個小孫子說：「聽說，瞎了眼的人哭的時候，只有一隻眼睛在流淚。是不是這樣。呵呵，親愛的小

孫子，你在這個方面絕對是個權威人物。你說是不是？」他的原話是：吾聞瞎兒一淚，信乎？

這個爺爺的幽默感顯然很差。

但他以為自己的這個玩笑會很有喜劇效果，他說過之後，等待觀眾們隆重的笑聲。

哪知，他的玩笑話才剛畫上句號，苻生的反應就劇烈得一點也不給他爺爺面子。

苻生二話不說，唰地抽出佩刀，猛地刺進他那個瞎眼裡，睜著另一邊眼睛大叫：「這是另一邊眼睛在流淚。精采吧。」

苻洪一看，大怒道：「老子一句玩笑話，就把你刺激成這個樣子。」

苻洪也是個性格火爆的人物，看到一個獨眼的小孫子居然在他面前用鮮血向他示威，當場就大怒起來，黑手高懸霸主鞭，在苻生的身上狠狠地刷了頓鞭子。

苻生卻在唰唰的鞭子聲中大叫：「老子只能忍受刀槍傷，但絕對忍受不了鞭子。」

弄得苻洪也沒有辦法，就對苻健說：「你這個兒子實在太不像話了，如果不早日殺掉，以後我們苻家就會被他玩完。」

苻健聽到老爸這麼說，也覺得這個兒子太惡劣了，連起碼的人性也沒有，真的想找個好日子把這個苻生砍了。

倒是他的弟弟苻雄善良得很，勸苻健說：「以後他大了，想法再成熟一點，自然就會追求上進。為什麼這麼急著殺他？殺了可就回不來了。」

苻健一聽，覺得這話比他老爸的話更有道理，就放過了這個凶狠強悍的兒子。

苻生越長肌肉越發達，渾身都是力氣，據說一千多斤的東西，餓著肚

第一章　桓溫初試北伐

子都可以舉起來，平時，跟那些大型肉食動物打架，即使是空手，也能取得完勝。而且是個長跑健將，完全可以跟戰馬做馬拉松比賽——如果活在現在，估計連拿幾屆奧運金牌絕對沒有問題。

因為他很會打架，那身肌肉不但耐打，而且只要一把兵器在手，衝進敵人陣地來回幾次就像女人逛超市一樣得心應手，苻健也就漸漸忘記了他的脾氣，也就不那麼看他不順眼了。恰巧苻萇從光榮負傷變成光榮犧牲，繼承人的位子空缺下來，苻健堅信那句沒有一點科學依據的預言，就讓苻生當了太子。

苻健對那四字預言只有相信沒有懷疑，很多人對苻生能當好皇帝卻只有懷疑，沒有相信。

這很多人裡面就包括那個強人苻菁。

苻健立太子立得很及時，因為他剛完成這件事，就真的病倒了。

苻生雖然性格跟李逵一個樣，但心眼卻比李逵深沉多了。他看到老爸病重，馬上就把自己變成一個孝子，天天替老爸煎湯熬藥，悉心照護。

苻菁知道後，覺得現在不剷除苻生，以後自己可就沒好日子過了、人民也沒好日子過了。他這麼一想，馬上就衝動了起來，帶著部隊直接就打到太子宮，打算把苻生一舉消滅，然後自己當皇帝——反正都是苻洪的孫子。

可苻菁光有一股衝動，情報工作卻做得太差，打下太子宮找不到猛男苻生時，才知道苻生這時正在苻健那裡當護士，根本不在太子宮裡。

苻菁一呆，又做出了一個更為錯誤的判斷：大秦領導人苻健已經與世長辭，現在苻生已經去進行交接。

苻菁馬上下令向皇宮開路。

結果是，苻菁的部隊士氣沖天地衝過去，對著西宮的東掖門猛攻。

第四節　苻健的致命昏招

　　病中的苻健接到消息後，馬上就把最後的力氣凝聚起來，召集侍衛團過來，準備保衛自己。

　　苻菁的部隊攻進去後，發現憤怒的皇帝，當場就慌了起來，老大不是說皇帝駕崩了嗎？怎麼駕崩了還能這麼憤怒？於是都丟下兵器，四散而逃，留下苻菁一個人在那裡面對皇帝的憤怒。

　　苻菁一看，原來判斷完全失誤！

　　失誤的結果，就是被苻健逮捕法辦，然後宣布他的罪狀，再然後沒有話說──砍頭。

　　砍完了苻菁的頭，苻健覺得自己的日子也到頭了，便把幾個心腹叫來，說是接受遺詔，叫他們團結一致，輔佐苻生，繼續高舉大秦的偉大旗幟。然後向苻生交待後事，說：「老子死了，你就是全國的老大，不管是誰，功勞有多高，權力有多大，只要不聽話，你就應該果斷地除掉他。」

　　你一看苻健的這個遺囑，就可以確信這個傢伙真的該死了。苻生是什麼人？還用教他去殺不聽話的人──連聽話的人他都敢殺。

　　苻健說了這個遺囑之後，就死了。

　　他嚥氣的日子是永和十年六月十五日，年紀只有三十九歲。但老天叫你死是不管你的年紀的。

　　第二天，苻生登基。這傢伙很有改革精神，一當上皇帝，宣布大赦之後，馬上改元壽光。大家覺得不對，說，按照傳統慣例，要等到明年才能改元啊！

　　苻生一聽，才登基的第一天，馬上就有人不聽話了。老爸不是說過，不聽話的人就殺掉嗎？今天才第一天，如果不殺就是不聽老爸的話。

　　他當場滿臉怒色，喝令相關部門，誰第一個提出這個建議的？要找出來，老子要看看他的嘴臉，看看他是從哪裡弄來的膽子。

第一章　桓溫初試北伐

相關部門的工作效率是很高的，盤查是嚴謹的，辦案態度是認真的，害人是不淺的，經過幾天順藤摸瓜，到處打聽，終於找出第一個發起人。

這個人叫段純，是右僕射。

管他是什麼僕射，斬！這種動不動就以傳統觀念來當標準，思想頑固的人，留在社會上，只能充當歷史的障礙物，要堅決像清理垃圾一樣，徹底清理。

以前苻雄說等苻生大了，想法就會成熟。可事實證明，苻雄這個苻家最有能力的強人說的這個話絕對是錯誤的。

苻生就是當了皇帝，那顆腦袋仍然沒有進化，仍然按原來的方式運轉得一塌糊塗。

中書監胡文和中書令王魚這兩個傢伙，本來職責並不是主管氣象局的，但卻硬是放著本職不做，在夜裡研究天上的星星。沒幾天，就研究出成果來了。

他們的研究成果是：最近天上星星的活動表明，不出三年，就會出現大喪，大臣被殺害。然後提出解決的辦法，請皇上以德治國。

兩人是想從這方面來勸苻生做一個德才兼備的好皇帝。

可這話也太含蓄了，苻生哪能領會得到？當然，如果他真的領會到，估計這兩個傢伙馬上就不用活了。

苻生聽過之後，馬上用自己的思維方式去理解這個研究成果，說：「多謝兩位提醒啊。這個大喪老子知道了，皇后跟老子一起君臨天下，估計會應驗大喪。至於大臣，老子想想看，一定是毛貴、梁愣、梁安這幾個曾經接受過遺詔的人，老天爺看他們不順眼了。既然老天爺都對他們不爽了，老子乾脆幫老天爺下手算了。」

於是苻生下令，把梁皇后、毛貴、梁愣、梁安都押赴刑場，開斬。原

第四節　苻健的致命昏招

因是老天爺對他們不爽，不是老子對他們不爽。他們覺得不服，死了可以去老天爺那裡討個說法，關老子屁事。

不過你要是說苻生的腦子一點都不長進也是不對的。他至少也知道要坐穩這個位子，必需有幾個為自己賣命的人，也就是說必需有幾個鐵桿死黨，這幾個心腹跟他永遠是心貼著心，肺貼著肺的，永遠都說你的話是正確的。

這樣的人其實最不難找。

苻生不用花什麼功夫就找到符合以上標準的跟班。

這幾個人就是趙海、趙韶、董榮。

這幾個人成為苻生的親信後，覺得天天替皇帝出壞主意的感覺真好。苻生也覺得有這幾個哥兒們在身邊真好。

可雷弱兒卻一點都不覺得好。大凡這樣的人都性情剛烈，最看不得那些壞蛋天天在那裡囂張，使壞，就在碰到他們的時候，表現出憤怒與鄙視。

而那幾個小人也跟其他小人一樣，最看不得別人鄙視自己，一看到這樣的臉色，他們就恨不得立刻讓對方消失。

到上級面前陷害好人，又是這些人最拿手的好戲。業務精通，手法卑鄙，後果嚴重。

再加上攤上苻生這樣對是非沒有半點解析度的老大，那幾個人做起來，就更加得心應手，順風順水，一點阻力也沒有，跑到苻生面前亂說一通，苻生就全盤相信了他們的話，直接宣判雷弱兒死刑，而且連同他的九個兒子、二十七個孫子（這傢伙生育能力實在不錯），一起到刑場挨刀。

幾句一點不嚴謹的讒言，就結結實實地殺了這麼多人，趙海他們心裡爽歪歪——看以後誰還敢在他們面前表現憤怒！

第一章　桓溫初試北伐

　　苻生一口氣殺了這麼多人，你以為你姓雷就厲害了？老子不怕雷。苻生也洋洋得意。

　　可別的人就不爽了──而且是超級不爽。

　　這個別的人不是一個人，也不是兩個人、幾十個人，而是羌族各部落的人。因為，雷弱兒正是羌人的領袖人物，而且向來人品不壞，在羌族人中的號召力很強，是羌族的好領袖。他無故被殺，羌族人能服氣嗎？

　　但苻生的強項就是不在意民眾的情緒。

　　他只在意自己的心情。

　　這傢伙即使在居喪期間，也不表演一下悲痛的心情，反而認為，老爸死了，這個天下老子就是第一號強人，可以憑心情做事了。

　　當然，如果憑心情做些好事，那也沒有什麼。可苻生是個變態的人，只覺得做壞事才過癮。他跟歷史上那些類似的猛人──比如張飛有個共同點，就是愛喝酒，而且一定要喝得一塌糊塗，不光要自己一塌糊塗，而且還要全場人一起一塌糊塗。有一次（時間是永和十二年正月），他請各部官員大吃大喝，對尚書令辛牢說，現在你當酒令官，要讓大家都喝得過癮。

　　開場時，大家覺得難得跟這個凶暴的老大這麼和睦地吃飯，還是很開心的。可這心開了沒多久，苻生突然不開心起來。他突然發現有幾個人不知是酒量特別好，還是作弊，反正人家都已經醉得東倒西歪了，那幾個人像沒事一樣，還清醒得很，苻生就大怒起來，堂堂一個尚書令，居然連個酒令都貫徹不了，那中央的各項方針政策能貫徹下去嗎？他指著辛牢大罵一頓，罵過之後，仍然覺得不爽，乾脆拿起弓箭來，向辛牢一箭射去，辛牢慘叫一聲，當場犧牲。

　　大家一看，心情突然緊繃起來，也不用誰來督促了，高度自覺地把自

己灌醉，最後全都倒在那裡，把場面搞得狼狽不堪。

苻生這才哈哈大笑，覺得這樣才是國家的好公務員、他的好部下。

他讓這些官員覺得更加恐怖的是，每次上朝，苻生都叫侍衛們引弓用箭頭對準他們，而且為了營造恐怖氛圍，還在這些員工們的周邊擺滿了各類凶器——再加上他歷來不把人家的命當命，因此每次上朝，官員們個個都是一身臭汗地來，又一身汗水地回去。

這傢伙凶殘的時候很公平，對所有的人都一視同仁，連他的老婆情婦也沒有特殊待遇。只要他覺得不高興或者說想高興一下，就拿他們開刀。繼位沒多久，就殺了包括嬪妃、三公、奴僕在內五百多人。

他殺人手段不是殘忍，而是超級殘忍，且手法多樣，因人而異，有的先砍斷雙腳，有的拉斷肋骨，有的用鋸子鋸脖子，如果是孕婦，就來個免麻醉外科手術，叫人直接用菜刀劃開肚皮，把胎兒取出來，欣賞欣賞，說是看看人之初的模樣，研究生命的本源。

一個老大，在這個時期，應該研究的是什麼？

答案是肯定的：國際、國內形勢。

如果說現在秦國的國內形勢是一片大好，那是胡說九道，而不僅是胡說八道了。

第五節　廣固激戰

至於國際形勢，主要敵人是江南的晉國及北方的燕國，外加一些相當於邊角廢料的小勢力。

第一章　桓溫初試北伐

晉國的強人桓溫剛被打回去,但報仇之心卻強烈得很;燕國的慕容集團,這時也在大動干戈,收拾那些沒資格上市的零星散戶,讓地盤不斷擴大。燕國不斷南下的結果,就是直接與晉國發生了肢體衝突。

這時,在燕晉之間隔著一個強人。

這個強人叫段龕,是段蘭的兒子。段家在東北倒閉之後,他就南下,乘冉閔之亂,佔據了陳留,然後又遷到廣固,自稱齊王。後來,覺得這麼獨立的風險又太大,就向晉國投降,表示要投靠司馬氏集團。

晉國對這些投靠向來不拒絕,任命他為鎮北將軍。他接受了這個鎮北將軍,但並沒有宣布齊王公章作廢。

段龕雖然這些年來的日子過得不錯,但卻也是一個缺乏遠大理想、沒有政治眼光的人,看到自己的手下居然也有這麼多槍桿子,地盤也這麼大,覺得自己威風的時代到了。他思考著如何才能表現一下自己的威風。

他想了幾天,覺得把一個老大罵一頓,馬上就可能吸引大家的目光。

晉國目前是他的上級,他靠掛著大晉的招牌混日子,要是罵司馬氏,不管罵的聲音有多大,人家都會認為你神經不正常。因此,晉國無論如何不能罵。秦國遠在西北,跟他沒有很多接觸,而且他對秦國的底細並不了解,如果開罵,還得組織一個小組,專門來個肉搜,去搜集苻氏的黑歷史,否則,罵起來文不對題,人家除了把你當作異姓潑婦之外,不會把你當作強人。

剩下來,只有燕國的老大可以罵了。

他跟慕容儁是表兄弟關係,雙方的底細都清楚得很,於是他就寫了一封信,把他的這個表兄弟慕容儁狠狠地罵了一頓,說你可以當強姦犯,當搶劫犯,可以去從事拐賣婦女兒童的工作,但絕對不能當皇帝。你那麼一個反面教材模樣的人,是當皇帝的料子嗎?你看看我?一臉正氣,看起來

第五節　廣固激戰

比你更像正義人物，還只是個鎮北將軍，這叫什麼？這叫順天應人。

慕容儁一看這個信，當場就大怒，立刻派慕容恪和陽騖去搞定這個神經錯亂的表兄弟──天下這麼多該罵的人他不罵，卻找自己兄弟來過嘴癮，簡直是豈有此理，不滅你滅誰。而且對這種「豈有此理」的人，他一出手就把手中的王牌──慕容恪派過去，一定要做到兩個務必：務必消滅段龕，務必全部占領山東一帶地盤。

可這時段龕經過幾年的經營，模樣做得還是不小的，而且要命的是，兩軍之間還有一條洶湧澎湃的黃河攔著。在永和十一年十一月慕容恪帶兵出發後，慕容儁又覺得沒有把握取勝，就對慕容恪說：「如果段龕把部隊擺在黃河沿岸布防，我們的部隊要是硬渡河過去，大概太難了。就先放過他吧。反正也是表兄弟。」

慕容恪帶著部隊來到黃河北岸之後，派出一部分部隊到西岸那裡，做出大軍集結的樣子，而且還高調建造軍艦，然後派人偷偷摸摸過去，看看段龕有什麼反應。

段龕這時把他的豬頭腦袋瓜表現得很到位。

他的老弟段羆不但在戰場上打得猛，而且智商也不一般，聽到這個消息後，就去找哥哥，說：「建議哥哥帶著部隊固守，讓自己帶著部隊到河邊布防，如果敵人渡河，他就迎頭痛扁，大哥接著帶大軍從城裡衝出來，再狠狠地加大力度，敵人不被全殲也被打殘。當然，如果連這樣都不能取勝了，我們就投降──估計也可封個千戶侯。」

這是個很好的建議。

可豬頭老大的一個共同點，就是向來對正確建議採取徹底的排斥態度。

段龕問道：「有這麼複雜？很多東西原本就簡單，最後都是你們這樣

043

第一章　桓溫初試北伐

的人把它複雜化，最後複雜得完蛋。老子不聽你這一套。」

段羆說：「這算什麼複雜？你要是不守住河岸，讓敵人渡河過來，那才複雜呢！」於是，段羆就不停地說服段龕，請大哥一定要採納自己的意見，這是保命的唯一辦法啊！

段龕大叫：「老子煩了，煩到極點了。」

可段羆卻不顧他煩到極點，仍然口水四濺地說服段龕。

段龕再次叫停。

段羆不停。

不停的結果很嚴重。

段龕叫人過來，把這個跟唐僧一樣囉嗦的老弟拉下去砍了。再讓他當唐僧下去，老子不就成豬八戒了？老子是段龕。

段家最後的猛人段羆就這樣被哥哥砍了腦袋。

當然，段龕砍了段羆之後，自己的日子馬上就到頭了。

慕容恪要的就是這個結果，他馬上抓住機會，全軍毫無難度地渡過黃河，然後毫無難度地來到廣固。

段龕還不知道問題的嚴重性，看到敵人無邊無際地衝殺過來，連想也不想，帶著三萬部隊馬上就出來迎戰。他滿腦子都是大獲全勝的場面。

大戰的具體日期是永和十二年正月三十日。

段龕被慕容恪一頓痛打，連還手之力也沒有。燕軍先生擒段龕的另一個老弟段欽，再生擒他的長史袁範。

段龕這才意識到這仗再打下去，將是越打後果越嚴重，趕快退回到城裡堅守。

慕容恪只怕他在河邊布防，並不怕他在城裡固守，馬上就把廣固包圍

第五節　廣固激戰

得嚴嚴的。而且圍得很有耐心，從二月一直圍到七月還沒有一點回家看看的意思。

段龕忍不住了，覺得再這樣被人家包圍下去，幾個月了連出城到河邊看風景，下水游泳都不能了，實在也太煩人了——以前他老弟煩他，他可以拿老弟開刀，可現在煩他的是慕容恪，他當然更想剁掉慕容恪。可他只有砍老弟的能力，沒有剁慕容恪的本事——而且現在只有慕容恪搞定他的可能了。

他這時想到了晉國，老子不是還有個靠山嗎？現在被人打成這個樣子，母公司總該幫個忙吧？

他派段蘊去向晉國求救。

現在晉國當政的是司馬昱。司馬昱這時倒也夠意思，派徐州刺史荀羨跟段蘊北上，援救段龕。

荀羨帶著部隊來到琅邪，看到敵人的部隊很強，膽子就大大縮水了，不敢再前進。

剛從段龕那裡跳槽到慕容儁集團成為徐州刺史的王騰看到晉國的徐州刺史來了，心情馬上亢奮起來，要跟荀羨對戰一場，看看到底哪個徐州刺史厲害。

結果證明，囂張的人未必是狠人。

王騰開始顯然是不把荀羨放在眼裡的，派出部隊去攻打埋城，只留一小部分軍隊留守陽都，對付荀羨。

荀羨知道後，馬上向陽都進擊。

接下來的過程沒有什麼特別。荀羨攻擊，王騰防守，互相折騰。

王騰堅信，荀羨折騰不過他。

在王騰信心滿滿的鄙視荀羨時，天下起大雨來。

045

第一章　桓溫初試北伐

本來，下雨最不利於攻城一方。哪知，陽都的城牆居然是個豆腐渣工程，被雨水一泡，馬上就軟爛起來，最後像電影裡的慢動作一樣，慢吞吞地癱軟下去。最後由一座堅硬的城牆變成一堆爛泥。

王騰和王騰的守軍就全部暴露在荀羨的攻城部隊眼前，個個嚇得要命，全軍慌成一團。這些早上還凶悍的軍人，這時全都遲鈍得像一群不會反抗的良民，任敵人殺進來。

最後，王騰也跑不掉，被荀羨狠狠地砍下腦袋──看你還敢當徐州刺史爭老子的飯碗嗎？你敢搶我的飯碗，我就要你的腦袋。

荀羨收拾了敢搶他飯碗的王騰，覺得心情不錯。可段龕的心情可就越來越差了。

慕容恪不斷地縮小他的包圍圈，把包圍圈打造得越來越堅實。

段龕看到這個樣子，知道援軍已經沒有希望了。再堅守下去更沒有希望，因為城裡都餓得天天吃肉──吃的是人肉！

段龕決定突圍，靠自己的力量。

他帶著部隊衝出城門。

燕軍部隊用大刀告訴他，沒門！

他硬衝。全軍覆沒！最後，他只有自己把自己綁住，投降！

慕容儁對這個表兄弟還算道地，罵過就罵過，反正也沒被罵得少了哪塊肉，又讓他當了個伏順將軍，以後好好工作，不要留下精力來罵自家兄弟了。

荀羨知道段龕玩完了，覺得再在這個地方轉悠也沒什麼用，就下令退軍，回下邳。

燕國的慕容蘭一看，就主觀地認為，荀羨是個膽小鬼，帶著大軍過來，主要任務是救援段龕，卻離主戰場遠遠的，連觀眾也只能算是後排。

最後只找了個菜鳥王騰欺負一下，然後就什麼作為也沒有，等著看段龕被人家搞定。他這麼一想之後，就覺得，憑自己的能力，完全可以把荀羨痛打一頓，然後虎軀一震，三分走人，回去領獎，再用獎金狠狠地把妹。

他這時守在卞城，想攔住荀羨的歸路。

荀羨雖然不敢跟慕容恪對陣，但對這些小魚小蝦卻一點不放在心上，當場就放馬過去。慕容蘭還在得意著，人家的大刀已經冰冷地砍了過來。那顆腦袋就脫離了主體，落到了地下。

第六節　姚襄殞命

晉國的頭號強人桓溫也走過了他的鬱悶期。

他前一次雖然北伐失敗，但他一點也不灰心，天天想著發動第二次北伐。他要求把首都遷到洛陽，讓全國人民看到高層北伐的決心和信心。

可高層卻理也不理。估計他們一來，覺得現在洛陽肯定蕭條得連幾間好房子都沒有，去了之後，連紅燈區都得重新規劃，哪比得上建康這麼繁華？二來，一到洛陽，大家就全進了桓溫的地盤，現在桓溫已經不把大家看在眼裡了，那時他還把大家當人看嗎？

於是，朝廷不同意。

桓溫接著要求。

接著不同意。

再次要求。

再次不同意。

第一章　桓溫初試北伐

一連十多次，都是不同意。

桓溫也無言了，終於不再浪費紙張。

當然，中央高層也知道，這麼跟桓溫唱反調，他要是生氣起來，可不是好玩的，因此又發個文，要求他先把姚襄搞定。現在姚襄正在洛陽一帶鬧騰，安全係數太低了，還遷什麼都？

還記得那個姚襄吧？

這傢伙搞定了殷浩之後，就知道這事鬧大了，在晉國是混不下去了，就投降了燕國。

這時，姚襄正帶著他的部隊進攻洛陽。他圍攻洛陽已經有一個多月了，可一點進展也沒有。他的部下勸他算了，該轉移工作地點了，如果再圍下去，人家某個集團的強人突然衝殺過來，來個內外夾擊，可就危險了。

姚襄不聽，怕什麼？打天下連死都不怕。

在他說這個有點氣急敗壞的話時，桓溫已經拉開了他第二次北伐的序幕。

桓溫的大軍七月從江陵出發，八月六日就開到伊水。

姚襄沒辦法，他知道，桓溫不可能繞過他北伐的，因此，就解除了洛陽之圍，回過頭來與桓溫進行對抗賽。

姚襄雖然是戰場猛人，但他知道桓溫也是個不好惹的強人，而且他的部隊剛到，銳氣正盛，數量又多，只有腦袋進水了才要硬碰硬。姚襄的腦袋當然沒有進水。

他拍著腦袋玩了一個陰謀，先把最能打的部隊放到伊水北岸的那片原始森林中，然後派人去找桓溫，大致意思是說，想不到老大親自打過來，我知道不管怎麼打，也打不過老大的。請老大稍微往後退一步，我馬上連

鞋子都不穿就跑到老大面前,跪在老大面前道歉。

不管誰一聽到這個話也會當成屁話。要投降就投降,為什麼一定要人家退一步?而且連退一步的理由也沒有。

他這話是要狠狠地刺激一下桓溫,目的很卑鄙,就是想把桓溫引進他的埋伏圈。

他的第一步做得很成功。

桓溫當場就大怒起來,姚襄是什麼東西?老子帶兵北伐,就是要勇往直前,哪有還沒有聞到敵人氣味就往後退的道理?他想投降就投降,不想投降?打!

姚襄當然不投降。

雙方宣布開打。

桓溫知道姚襄也是戰場強人一個,因此對戰鬥很重視,穿上軍裝,親自上前線指揮戰鬥。

姚襄部隊抵擋不住,大敗,損失幾千人。

他帶著剩下的部隊逃到山上。這傢伙雖然事業一直做不起來,但卻是個很有愛心的人,對部屬和人民的生活都相當關心,因此,每次一打敗仗,大家一知道他跑到哪裡,就都狂奔過去,重新投靠他。群眾基礎還算不錯。這時大家謠傳他已經犧牲了,桓溫部隊中的那些俘虜,個個都哭得很悲痛。

當然,姚襄並沒有死,他找了個機會,向西北方向遛走。桓溫追擊。但趕不上。

桓溫問楊亮——這傢伙原是姚襄的部下,看到姚襄的前景不美妙了,就投降了桓溫——姚襄這個人是個什麼樣的人?

楊亮說:「跟孫策差不多。」

第一章　桓溫初試北伐

這時占領洛陽的人是周成。這傢伙也不是什麼好人，原來是冉閔的手下，後來在冉閔最困難的時候，帶著他的轄區、部隊投降了晉國，後來，又覺得跟晉國也很不得志，就高舉背叛的旗幟，占據了洛陽。沒想到卻被姚襄沒頭沒腦地圍得頭腦發暈，全身疲軟。

姚襄跑了，但桓溫卻又來了。桓溫比姚襄更強，部隊更多；而周成比以前更疲軟了，抗打擊能力已經降低為零，只怕桓溫大軍再一頓猛錘，那就只有稀巴爛的份了。

周成很珍惜自己的生命，當然不願就此稀巴爛，趕快玩他的老本行──投降。

桓溫順利地進入洛陽，處理完事務後，留下部隊守住洛陽。然後就把周成抓起來，班師。

收復洛陽，對晉國來說，應該是一件大喜事──如果是殷浩這些人立下這個大功，估計現在已經大擺慶功酒，全國人民一齊慶祝了。可現在是桓溫搞定的，因此在宣傳上能低調就盡量低調。

不過洛陽到底是原來的首都，而且還埋著司馬懿、司馬師、司馬昭、司馬炎、司馬衷這五個前輩的屍體。這些墳墓很多年以來，都沒有人到那裡上過一支香，供過半隻雞，讓先輩們在那裡過著貧苦的地下生活，估計他們已經很不爽了──以前是敵占區，沒能前去照顧一下前輩們的在天之靈，那還有個理由。現在收復了，如果還是繼續不聞不問，前輩們不大發雷霆，不但人間沒有道理，估計地獄也沒有道理了。晉中央馬上派司空車灌等幾個高級官員「持節」，組成工作小組，到洛陽去為那幾座墳墓進行一次重修。而現任皇帝司馬聃也帶著中央機關全體員工穿著孝服，在建康舉行儀式，追悼三天。

這些工作一結束，永和十二年跟著結束。

第六節　姚襄殞命

新年一到，司馬聃已滿十四歲，他的母親為他舉行了加冠禮，表示他已經從小屁孩成長為青年，算是茁壯成長了，腦子已經夠用，可以明大體、辨是非了，就把權力交給他，然後老老實實去做專業寡婦，過著養老的生活。

司馬聃親政，當然是大事一件，年號是必改的。

改元昇平元年。

昇平元年這一年，對很多人來說，絕對不是昇平。

尤其是姚襄。

他從桓溫刀口下逃跑之後，又集結了一些力量，屁股後面又跟著一大隊人馬。可煩人的是，到現在沒有一塊屬於自己的地盤，天天到處流浪，估計努力到天塌下來也沒用啊！當然，又去晉國那裡割一塊，桓溫肯定是不會答應的。他考慮到他是西北少數民族人，想要發展，只有依靠西北這塊土地，一定要把關中拿到手。

姚襄一臉嚴肅地進駐杏城，再派他的兄弟們到處擴大領土範圍。

初期很順手。

可秦國卻不同意了。秦國現在的老大苻生雖然很變態，但也知道國家領土是不容別人前來掠奪的。因此就派了幾個猛人出戰，要堅決姚襄這個土匪。

這幾個猛人的代表人物就是苻堅和苻黃眉。

姚襄再次大吃力量薄弱的虧。

第一仗，姚襄就損失了他的老弟姚蘭。

姚襄看到敵人果然很猛，自己硬打肯定會玩完，就撤回了部隊，守在城裡，先跟他們玩一玩，看誰有時間。這傢伙對自己的堅守還是很有信心的，因為他知道自己很得民心，城裡的人都願意為他打仗。

第一章　桓溫初試北伐

這時，主持圍城的秦軍主將是苻黃眉。

苻黃眉對姚襄一點辦法也沒有。但鄧羌卻有辦法。

鄧羌對姚襄的性格很了解，知道姚襄的性格弱點，對苻黃眉說：「姚襄連續打了幾個敗仗，已經敗得沒有面子。他這個人又爭強好勝，內心十分惱火。我們可以舉著大旗，逼到他的營門，天天高喊口號，罵他是個沒有種的男人。他本來就已經十分惱火的心裡肯定承受不了我們的侮辱，就會衝動起來。人一衝動，就會什麼都不顧，就會跟你玩命。只要他大怒出來，我們就有搞頭了。」

苻黃眉依計而行，姚襄的怒火果然一點就燃，之前的策略也被燒得連灰都不見了，帶著全部人馬憤怒地衝殺出來。

苻黃眉按照計畫，假裝敗退。

多年沒有打過勝仗的姚襄看到敵人這麼容易敗退，心情就放鬆起來──他覺得現在他太需要一場勝仗了。因此，一點也不分析一下敵人為什麼敗得這麼容易？難道苻黃眉真的這麼脆弱嗎？

他只想著勝利，只想著把戰績弄得再輝煌一點。

苻黃眉看到他追了出來，派部隊趕緊包抄到他的屁股後面，徹底斷了他的後路。

秦兵前後夾攻，姚襄到了這時，除了大敗，別無選擇。

不過，姚襄確實很猛，也有一匹好馬。可他這時也重演了冉閔的最後時刻。他正在玩命突圍，那匹馬卻不爭氣起來，毫無理由地倒在地上。姚襄從馬上跌了下來。

秦兵一哄而上，把他生擒、斬首！

他的老弟姚萇看到哥哥完蛋了，自己就更不敢玩了，二話不說，投降！

苻生這時腦袋突然正常運轉起來，居然做了一件很像開明皇帝的事，下令用公侯的規格埋葬了姚襄。

第七節　苻生的暴行

苻生對姚襄的喪事用了很高的規格，可對立下大功的苻黃眉卻一點不理，好像這場勝仗跟他一點關係也沒有一樣，連個口頭表揚也沒有。剛開始時，苻黃眉還以為苻生的工作忙，國家最高領導人日理萬機，要做的事很多，暫時還抽不出時間來替他開個表彰大會，便耐心等待。可等待的結果卻是，苻生不但不表揚他，反而多次在公開場合拿他開玩笑，好像他是個小丑一樣。

苻黃眉也是個有個性的人，老子在戰場上玩命，為你保江山。現在倒好，打了個大勝仗，不但沒有一張獎狀，不提拔一下，反而成為你取樂的道具。老子再怎麼賤也不會賤到這個地步吧？你不把老子當人看，老子就敢搞死你。

苻黃眉也是個很講效率的人，一有想法，說做就做，馬上聯繫幾個對苻生不滿的人，商量個陰謀搞定苻生。

可這幾個人搞陰謀的決心很大，但搞陰謀的等級卻低得很，方案還沒有最後定稿，就洩漏了出去。

苻生是什麼人？平時什麼罪都沒有的人，他都一刀過去，殺人就像砍樹一樣，現在這幾個傢伙居然想搞定他，他能放過那才是怪事。他馬上抓住了以苻黃眉為首的奪權分子，以及所有涉案人員，全部一刀處理。

如果說，苻黃眉有造反的動機和情節，來個從嚴處置，還算有點依

第一章　桓溫初試北伐

據，那個魚遵的死，就百分之百地冤枉了。

魚遵是太師、錄尚書事，中央決策層中的主要人物，平時工作努力，尊重上級，遵紀守法，做夢都沒有想到自己會被苻生判處死刑。

可他做夢都沒想到自己會跟死刑掛上勾，不等於苻生做夢也不殺他。

苻生就是因為一個夢把魚遵搞定的。

苻生這個夢情節很簡單：一條華麗的大魚，在吃一叢鮮嫩的蒲草。

夢很簡單，但苻生卻認為不簡單。這傢伙雖然從來不讀書不看報，知識水準幾乎等於零，但對這個夢卻敏感得很。他馬上展開聯想，把這個夢中的兩樣東西跟現實的兩個家族連繫起來。一樣東西是蒲草，一個是那個吃蒲草的大魚。他認為，他們原來的姓是蒲，現在要被大魚吃掉了。這是個很危險的預兆。他又聽到一首童謠：「東海大魚化為龍，男皆為王女為公。」

這個要吃掉他們蒲家的魚是誰啊？

他第一時間就想到那個魚遵！

他的腦海裡一冒出這個魚遵，額頭就冒汗，堅定不移地認為，魚遵是個陰謀家兼野心家，正在張開大口要狠狠地把他們苻家吃得連骨頭都不吐。幸虧老子會做夢，夢提醒了老子。哈哈，魚遵你死定了。

魚遵就這樣死定了。

跟著魚遵死定的還有他的七個兒子、十個孫子。用苻生的話說，那是大魚小魚一個也不讓他們成為漏網之魚。

金紫光祿大夫牛夷看到魚遵全家老少就這樣全部被殺，馬上就體會到伴君如虎這話的深刻含義，怕再在首都待下去，這個腦袋的穩定性會越來越差，就上書給苻生，請求去荊州當第一把手——主動降職去援助地方總可以吧？

第七節　苻生的暴行

苻生沒有說不可以。

苻生那個滿是橫肉的臉上掛著一把誰也猜不出的笑容，把他的名字調侃了一下，意思是牛雖然沒有馬跑得快，但比馬拉的東西多啊！如果牛夷聽了這話之後什麼也不說，後果也不嚴重。可他卻表示，要知道牛拉得多不多，得讓牛試一試才知道。

苻生的心情今天似乎超級好，接過牛夷的話繼續調侃：「呵呵，牛夷在嫌老子給你的擔子不夠啊？那好，魚遵留下的空缺，你就去填補吧。」

牛夷聽到這話，看著苻生那個莫名笑著的臉，自己的臉色當場發白，嘴巴咬得緊緊的，一直跑到家裡，也不說一句話，腦子裡全是魚遵全家老少橫屍的場面。他由此認定，苻生要讓他全面享受魚遵的待遇了。他越想越覺得恐怖，最後恐怖得覺得這個世界真是不宜居住了。讓人家拉過去殺掉，不如把處理權留在自己的手裡，自己的命運自己掌握。

他覺得如果不趕快動手，他就沒有機會了。因此，當天晚上自殺！

苻生當然不會因為牛夷自殺而悲傷。他現在覺得當皇帝真好，可以殺人，可以享受，誰也不敢對自己說一個「不」字。

沒多久，他覺得天天上班也是件麻煩的事，哪比得上天天喝酒快樂？人為什麼一定要那麼清醒？因此一喝就喝得大醉，而且開創了一連幾個月都在爛醉如泥中度過的紀錄。

如果是一般百姓，你就是爛醉一輩子也沒事──有事也是你自己的事，跟人家無關。可苻生是皇帝，是整個公司的老闆，全公司的生死存亡都捏在他的手裡啊！但他不管，仍然堅持喝醉原則百年不動搖。

他可以醉，但國家卻不能因為他不省人事而停止運轉，國家事務仍然需要審批。他睜著醉眼一看，就在檔案上胡勾亂畫，算是同意或不同意。有時喝得神志不清，覺得心情煩透了，就殺人。很多人不明不白地在他的

第一章　桓溫初試北伐

大醉中丟了腦袋。

他對很多事都很糊塗，但耳朵卻敏感得很，最聽不得「殘、缺、偏、只、少、無、不具」之類的字詞，誰一不小心說漏了嘴那就死定了。你一看，這麼多關鍵字，天天都要小心別說漏嘴，這日子實在沒辦法過下去了。

更加殘忍的是，他居然剝下舞蹈家們的臉皮，然後讓她們在自己面前跳舞，還大聲叫：「好，耶！再來一個！」

旁邊的人個個全身發抖，想逃離現場。

可苻生卻笑著問身邊的人：「呵呵，問你一個問題，老子當了這麼久的皇帝，人民們對我的評論怎麼樣？」

旁邊的人一聽，老大需要吹捧一番了，千穿萬穿馬屁不穿，連閻王都喜歡拍馬屁呢，這時說幾句拍馬屁的話，即使得不到提拔，得不到獎賞，但絕對不會出什麼事故的，因此，大家都說皇上英明得很，是個優秀的皇帝。

哪知，他們碰到的是個變態的皇帝，聽了他們的話後，馬上就大罵起來：「你亂拍老子的馬屁，想讓老子墮落下去？拉出去砍了。」

這還不算完。

同樣的問題，過了幾天，他又拿出來給大家搶答。

某個官員認真吸取了上一次那個同事的教訓，不敢再說皇上優秀了，就說：「皇上的名聲不大好啊。」

苻生又大罵起來：「你這不是在誹謗老子是什麼？老子英明得很，老子如果名聲不好，還能當這麼久的皇帝？早被陳勝吳廣搞定了。」

殺！

一個本來什麼意義也沒有的問題，居然殺了幾個人。

第七節　苻生的暴行

大家覺得跟這樣的老大混，這日子真的到頭了，得想辦法另找出路了。

在這樣的情況下，苻堅浮出歷史的臺面。

前面說過，苻堅是個有志青年，老早就招攬人才，樹立遠大理想。當然，他會不會讓這個理想膨脹為野心，最後奪權，誰也不知道，但要當一個說話算話的強人，那是肯定的——否則，團結那麼多人才不是太無聊了？

在苻生毫無節制地表演他的變態性格，朝野上下都覺得日子沒法過下去時，苻堅的死黨們認為，苻堅出頭之日到了——當然也是他們的出頭之日。

最先說服苻堅的是薛贊、權翼兩條好漢。他們認為，苻生已經殘暴到離譜的地步了。這種不計後果的殘暴，後果肯定很嚴重。如果苻堅不下先手，等這個嚴重的後果出現後，估計這個公司就不是苻氏當董事長了。

苻堅一聽，覺得有道理，為了更加保險，他又去問尚書呂婆樓，「推翻苻生的時機真的成熟了嗎？」

呂婆樓說：「這件事光靠我們這些腦袋，估計成功率不高，我推薦一個人，保證老大的事業一舉成功。」

「誰？」

「王猛！」

苻堅一聽，馬上要求與王猛見面。

一對歷史上有名的黃金搭檔就是在這個時候第一次面對面。時間是昇平元年的五月，春夏之交。那天，天氣晴朗，萬事皆宜！

兩人一對談，相見恨晚。

黃金搭檔見面，天上也有了反應——太史令康叔居然發現那天晚

第一章　桓溫初試北伐

上，天上居然出現三個月亮，第二天就趕緊跑過去找苻生，說有急事要向老大報告。

苻生估計正喝得過癮，聽說有急事報告，就讓康叔進來。

康叔把這個情況一五一十地說了，然後又進行了一翻解釋，說：「有人要造反啊。老大當心！」

苻生一聽，只覺得這話太沒科學根據了，天上居然有三個月亮？昨晚我怎麼沒看見？你是不是想矇騙老子？你以為老子是個沒智商的動物？可以隨便讓你矇騙？你敢矇騙我，老子就敢殺你。

來人，把這個妖言惑眾的傢伙拉下去砍了。

在苻生砍掉康叔的腦袋時，苻堅的死黨們繼續請苻堅趕快行動，把苻生一把搞定。

苻堅做夢都想把他這個堂哥的腦袋砍下來，讓自己的屁股坐到那個位子上去。可他的膽子卻不夠，怕苻生太猛，自己搞不定，結果實在不用去想了。

沒幾天，發生一件事，終於把苻堅隆重地推上了臺前。

這件事簡單得只有一句話。

這句話是那個情緒最不穩定的苻生說的。

這句話是：「阿法兄弟亦不可信，明當除之。」

時間是在半夜，聽眾只有幾個身邊的侍女。

阿法就是苻堅的哥哥苻法，這話說得很明顯，就是苻堅兄弟已經不可靠，明天馬上殺掉！可以說，苻生當了這麼多天的皇帝，做的事、說的話，不是混帳就是變態，唯獨這句話對於他來說，是正確的。

可有時正確的想法，卻無法實現。因為，在他那幾個漂亮的聽眾裡，有個侍女居然是苻堅的情婦。

第七節　苻生的暴行

　　這個侍女聽到以後，馬上以大無畏的精神，連夜拐過幾個陰森的衕衕，去向苻堅報告。

　　這個情婦兼臥底的侍女，做夢也想不到，她的這個行動是具有歷史意義的一次行動。

　　苻堅得報後，知道再不行動，就會被人家殺掉！要想不被殺掉，就得解決對方。他馬上就跟他的哥哥苻法取得聯繫。兩人當場達成共識，立即行動。

　　具體方案如下：苻法和梁平老、強汪帶著幾百個武裝人員潛入雲龍門；苻堅和呂婆樓兩人帶三百敢死隊衝進皇宮。

　　苻堅做夢也想不到，行動順利得要命。他們剛衝上去時，大概都有點害怕──畢竟是舉行軍事政變，而且力量很薄弱，就幾百個士兵，再加上苻生可是個猛男，抓起兵器，要從這三百人裡殺進殺出，跟脫褲穿褲沒什麼差別，一點不費力，因此都大喊大叫，替自己壯膽。

　　哪知，才衝進去，皇宮裡的侍衛卻合作得很，個個都丟下兵器，列隊歡迎他們殺進去，然後又跟在政變士兵的屁股後面，大喊大叫，讓聲勢更加浩大。

　　他們直接就來到苻生的臥室。

　　當他們來到這個猛男的臥室時，這個猛男並沒有舞著大刀，大吼著衝殺出來，大刀之下，血肉橫飛，把場面製造得極其恐怖。

　　這個猛男由於剛才喝得太猛，這時正醉得腦袋發暈，到現在還不知道苻堅已經發動了軍事政變，帶兵衝殺過來，準備要他的小命。而且這些武裝士兵已經來到臥室，正拿著大刀看著他。

　　接下的情節就很搞笑了。

　　苻生雖然很醉，但也覺得這些人的臉好像很陌生，而且這麼多人來這

第一章　桓溫初試北伐

裡做什麼？他現在的心情很不錯，一點也不生氣，還很和藹地問身邊的人，這幾個客人是誰？不會是老子鄉下的親戚吧？

答：是叛亂分子！

苻生一聽，大概這輩子很少接觸叛亂分子，覺得這類人是稀有動物，是高貴客人，不遠千里，浪費睡眠時間來到這裡，應該尊重啊，便叫身邊的人下拜。

那幾個身邊的侍從看到他的腦袋暈到這個地步，知道苻生殘暴的日子到頭了，只是站在那裡笑嘻嘻著。

苻生又再催促，而且聲音比剛才大多了：「何不速拜，不拜者斬之！」

他在說完這句話的時候，苻堅的士兵看到這個場面，知道安全係數已經高到極點了，就放心的衝上前去，把猛男一把抓住。

猛男苻生的身體老早就被酒色掏得只剩空殼，再加上酒精的作用，動彈不得，只有「束手待擒」一條路可走了。

士兵們把苻生拉到另一個房間，由苻堅向他宣布：免去你的一切職務，從今天起，你就是越王。不久，苻生的越王生活也被停止 —— 不光越王生活被停止，就是他的人生之路也徹底止步。從此，世界上就沒有苻生這號人了。

一切順利，而且是超出想像的順利！

苻堅鬆了一口氣！所有的人都鬆了一口氣，恐怖的日子終於結束了。

第八節　苻堅的登基之路

苻堅和他的哥哥苻法成功地把苻生搞定，當然可以說是當年最大快人心的舉動，但歸根結柢還是為了他們兄弟的利益。這時搞定苻生，空缺下的皇帝職位當然由苻堅來填補了。

這是當時所有人的想法。

苻堅肯定知道，而且這傢伙心裡早已想得美美的，但謙虛的樣子還是要做的。

他對哥哥苻法說：「你就坐了吧。我為你保邊疆。」

苻法當然不是傻子，哪能看不穿這齣戲？馬上就說：「不行。這哪有我的份？我雖然是哥哥，年紀比你大，可你是老爸的嫡子，嫡子永遠優先啊！而且你又是這次政變的帶頭人。」他的原話是「汝嫡嗣，且賢，宜立。」

這個謙讓的理由當然是沒有依據的。兩人都是苻雄的兒子，按道理說，一個都沒有當皇帝的資格，苻健不是還有那麼多猛男兒子嗎？真的要講出身，應該立苻健的兒子才對。既然否決了真正有資格的人，這個「嫡庶」之分的傳統早就見鬼去了。因此，苻法真正謙讓的理由只有兩個：一是真的覺得自己不如老弟，這次政變又是以老弟為主謀的，自己算起來，只是「從犯」；二是苻堅手下強人一大把，力量雄厚，名聲大漲，而且這個老弟也不是好惹的，只怕不過幾天，自己就又被拉下來 —— 與其以後被拉下來，不如現在就不坐上去。

後來發生的事證明，苻法的這些想法以及他對苻堅的猜測是正確的。

苻堅要的就是哥哥這句話，但他覺得還不夠，還在繼續謙讓：「你年紀大（兄年長，宜立）。」

第一章　桓溫初試北伐

這還不算，苻堅還搬出他的母親苟氏出來。

這個苟氏絕對不是個簡單人物，她一出場，馬上就大造悲情氛圍，哭著鼻子對大家說：「這個擔子重啊，我兒子這個能力能擔當得起嗎？如果你們一定要叫他當皇帝，以後出什麼事了，我可負不起這個責任啊！你們要負責啊！」你看她的話高明吧？一點不謙讓，直接說是大家把她的兒子逼成了皇帝，而且把以後的責任都明確了。到了這個時候，誰還會說一句反對的話？

在場的都不是腦殘人士，聽了這話，知道苻堅就位已成定局，就都集體跪下，要求苻老大你就當了皇帝啊，你不當皇帝我們就不起來。這一點你要相信我們是做得出來的。如果不相信，你試一試，看是你有耐心還是我們的膝蓋有耐心。

為了大家的膝蓋，苻堅終於答應大家的請求，當了第一把手。不過，這傢伙卻不當皇帝，而是像石勒那樣只當「天王」，稱大秦天王。第一件事，是誅殺苻生那幫以中書監董榮、左僕射趙韶為首的親信，一共只有二十多人。然後大赦，改元永興。再然後，就是組建了一個全新的政府。任命了一大批自己人做政府高官，越是親信的就越在高層——當然，苻堅的很多親信，都是有能力的人物。

當然，職務最高的未必是最有實權的。

現在最有實權的人是誰？

大家不用猜就知道：王猛！

王猛因為入仕的時間短，年資不到一年，所以這時只當了個中書侍郎。但苻堅最信任的人就是這個中書侍郎。

就是李威也覺得王猛是個人才。

李威是什麼人？很多人都不知道。

第八節　苻堅的登基之路

　　這哥兒們是苻堅母親苟太后的表弟，以前跟苻堅的老爸關係好得要命，至今還是關係良好。據史書上說，苻生曾經幾次打過搞定苻堅的主意，都是李威想辦法打消了苻生的這個念頭，絕對可以算是苻堅的大恩人，是個一心為苻家著想的人。而且據說苟太后對他很不錯——史書上講到這個事時，用了那個「幸」字（威得幸於苟太后）——這是個很曖昧的字眼。這時苟太后的年紀不過四十左右，正是寡婦最活躍的黃金時期，兩人是否真的有一腿，只能讓大家去猜了。

　　但你怎麼猜也沒有用，苻堅卻很尊重李威，而且尊重到把李威當成老爸的地步——看你們還猜不猜。

　　李威認為，在這夥人中，王猛的能力是最高最強的，政治素養也是最高超的，建議苻堅應該把國家事務交給他。

　　這話苻堅當然愛聽，而且還對王猛說：「李威對你的了解太深刻了，就像當初鮑叔牙了解管仲一樣。」

　　這話王猛也愛聽，自己一下就成了管仲，心裡不高興才怪。他一高興，就對李威說：「以後你就是我的兄長。」

　　苻堅在忙著打牢自己的權力基礎，事業越做越像樣。

　　苻法的日子卻也到頭了。

　　當然，不是苻堅直接出手。

　　出手的人就是那個苟氏。

　　苟氏這個老婦絕對是個優秀的政治家，參政的欲望是很強烈的。她並不像別人那樣，一天到晚只在自己的宮中睡覺、裝傻，好像一點不管事，而是經常出來逛逛，順便做一次形勢考察。

　　有一次，她看到苻法門前的停車場上停滿了車，大門裡人來人往，熱鬧得像開會一樣。

063

第一章　桓溫初試北伐

　　她的政治神經立刻就被刺激了一下，馬上就想到，以前她兒子的門前也是這個樣子。這個樣子的結果就是勢力不斷擴大，會威脅到她兒子的地位的。

　　她在冷風中死死地盯著那個熱鬧的場景，當時就下決心，不除掉苻法，她兒子以後的日子就不好過。

　　她把李威找來，把自己的想法跟李威說了。

　　李威當然舉雙手贊同。

　　兩人在陰暗的角落裡商量了大半天，最後定下了搞定苻法的陰謀詭計。

　　至於這個陰謀的具體內容，史書一點沒有透露，我也不敢亂編。

　　總之，這個陰謀是成功的。

　　苻法最後不得不自殺。

　　他在執行自殺這個艱鉅的任務前，還過來與他親愛的弟弟苻堅舉行了一場隆重的告別儀式。

　　地點在東堂。

　　告別時到底都說了哪些告別的話，沒人在旁邊做會議記錄，我們就不知道了。

　　不過，據說苻堅很悲傷，在準備死掉的哥哥面前放聲大哭，最後哭得吐血（慟哭嘔血）。苻堅的表演，讓他獲得了個「堅性仁友」的評語。但卻斷送了哥哥的性命。

　　苟氏在這次行動中，是否得到苻堅的支持，歷史同樣沒有告訴我們。但我想，苻堅內心是贊同的。如果他真的不同意母親的做法，完全可以表示反對，而且也完全反對有效。因為，事實證明，他的母親雖然很有政治眼光，但也不是呂后那樣專權的人，在他的決策中產生不了很大的作用。

第八節　苻堅的登基之路

但他卻一點反對也不表示，除了痛哭之外，連個求情的話也沒有，這就充分說明了他的內心世界。他的哭絕對不是裝出來的。他覺得自己太對不起哥哥了，而且苻法確實是個好哥哥，向來跟他感情很好，也是個有能力的人，而且一點罪過也沒有，現在卻死在自己大刀下——雖然是母親策劃的，但跟他下手有什麼區別。可這是政治需求，在政治中是沒有親情的——哪怕是父子之情，也全部變質。

苻法死了，他死的原因不是做了什麼違法亂紀行為，而是因為「長而賢，又得眾心」。

荒唐吧？

是有點荒唐。

但在偉大的政治家的思想裡，這一點也不荒唐。

苻法死了。苻堅最後的威脅終於徹底清除。

我想，如果苻法不死，以後苻堅的命運就不是歷史上的那個命運了。苻法的能力並不比苻堅差，而且人品不錯，肯定能在關鍵時刻阻止苻堅的伐晉行動，讓我們看到大秦帝國的另一個模樣。

但歷史只有血腥，只有你死我活，唯獨沒有如果。

苻堅當上老大後，進行的第一次戰鬥就是平定張平。

張平原先也是秦國的大將軍、冀州牧，官當得不算小了，可不知什麼原因，在推翻大暴君苻生之後，居然於去年七月投降了晉國——估計這傢伙不是苻生的死黨，就是平時跟苻堅不合拍。這傢伙投降晉國後嚴重虧本，只得了個并州刺史。

但到了現在，就是刺史也得做下去。

而且還要做得積極主動。

張平當時還是有點號召力的。他宣布脫離秦國，投入大晉的懷抱後，

第一章　桓溫初試北伐

手下跟隨的有十萬戶。他帶著這些力量，開始向他往日的老闆們大打出手。

這時是昇平元年十月，苻堅還在忙於內部整頓，第一把手的業務還在見習階段，根本沒有精力來對付他，只派苻柳帶兵先抵抗一下。

到了昇平二年，也就是秦國苻堅的永興二年正月，苻堅終於騰出手來，把目光對準了張平。

他親自帶兵出征，前鋒都督為鄧羌。

鄧羌帶著五千騎兵，在汾水沿河布防。

張平派他的養子張蠔出戰。

張蠔也是個戰場猛人，人家常把猛人說成是力大如牛。可張蠔卻能抓著牛的尾巴，跟牛拔河。結果是牛常常被他拖著倒退，而且輕功著實厲害，據說不管城牆有多高，他都能一跳而過——如果生活在現在，去當個跳高運動員，恐怕到世界末日的那一天，也沒誰追平他的世界紀錄。可惜生得太早，只能上戰場去拚命，不能上運動場奪取金牌，然後代言商品，錢多得可以壓死牛。

張蠔跟鄧羌在那裡對峙了十多天，只是製造了一些摩擦，誰也占不了誰的便宜。

在這十多天裡，秦軍的主力還在半路行軍，正是一舉收拾鄧羌的大好時機，可張平卻只派他的這個猛男出來陪鄧羌玩，自己不知做什麼去了。

直到苻堅大軍隆重開到，張平這才全軍動員，把所有力量投入戰場。

張蠔第一個衝殺過去，嘴裡嗷嗷大叫，在敵人的陣地裡來回了幾次。

苻堅一見，這小子英雄了得，誰把他活捉過來，有獎。

呂光一聽，這獎，歸我了。當場出手——張蠔正囂張到最高點，哪料到敵人那裡也有高手，突然飛來一槍，哪裡躲得過？

張蠔當場中招,被鄧羌順利活捉。

張平其他部隊,看到張蠔這樣的猛男都被人家生擒,我們這樣的人還能鬥什麼——士氣當場歸零,個個逃跑,終於全軍崩潰。

張平一看,知道現在逃也沒機會了,於是投降。

苻堅班師。

第一章　桓溫初試北伐

第二章
雙雄對峙

第二章　雙雄對峙

第一節　兄弟的宿命之爭

在苻堅成為秦國穩固的領導核心，帶著秦國重新走上正軌的時候，燕國的慕容氏集團也沒有歇著。

慕容儁的眼光顯然定位到了中原，這傢伙覺得老在東北一帶當老大，再怎麼作威作福，也不好玩了，哪比得上在中原一帶威風——占領了中原才算真正的老大。

他於昇平元年十一月，把首都遷到鄴城。

這一帶還有很多獨立武裝。這些獨立武裝，勢力並不大，手裡有幾個兵，主要靠以下兩點來維持生活：一、打劫；二、投降！

被大集團老大圍剿到差不多滅掉時，就投降；投降之後，只要覺得上級的管理有點放鬆，馬上就又高舉獨立自主的偉大旗幟，不管是誰的東西，誰的地盤，先搶到手，總不會吃虧。等人家打了過來，不是對手，就又玩投降的高招。而且這時周邊大集團有秦、燕、晉，別的市場沒有，可投降的市場卻多得很——要是條件不行，就當人家的手下。而這些大集團又都是在擴招當中，因此，對投降過來的人都是以爭取為主，投靠一次，就升一次官。這些投降專業戶看準了大集團的心態，因此就三不五時上演投降的戲碼，弄得幾個老大都不爽。

慕容儁認為，必須把這些沒一點誠意的投降專業戶搞定，否則老被他們騷擾，麻煩得很。

這時，他占領了原來冉閔的地盤，南邊是晉國，西邊是秦國，是處於一個最受氣的地方，要是還被這些投降專業戶一鬧，情況就嚴重了。

這些專業戶的代表人物之一就是馮鴦。

昇平二年的三月，慕容儁命慕輿根帶兵支援慕容評，要求他們務必把

第一節　兄弟的宿命之爭

馮鴦搞定。

馮鴦的部隊，向來無組織無紀律，而且從來只講利益不講政治，雖然嘴上都說是為了共同的目標，其實全是看在利益的份上集中到一起的。

這時看到敵人的攻勢猛烈，安全係數越來越低，意見分歧就越來越大，你怕我出賣你，我擔心你搞定我，於是就都有逃跑的打算。

這個打算很快成為現實。

馮鴦率先逃出，其餘小魚小蝦全成了俘虜，之後全成了降兵，換上軍裝成了燕國的正規軍。

搞定馮鴦之後，慕容儁又接著平定了其他幾股勢力，騷擾之患終於免除。

慕容儁最終把目光鎖定秦國的苻堅。

他比誰都清楚，苻堅不是馮鴦之流的土匪流氓武裝，而是跟他一樣的正規軍，建制齊全，結構完整，手下強人眾多，絕對是戰鬥力很強的隊伍。跟這樣的集團打仗，場面絕對精采有看頭，但負作用也是巨大的，不是你死就是我亡。一經失敗，很難重頭再來。

十二月，慕容儁下達了徵兵命令，要求他控制的地盤內的適齡青年都入伍，每家只能留一名青年，力求擴軍到一百五十萬。

命令釋出之後，有個叫張貴的人反對，說：「只留一個青年太過分了，恐怕燕國人民不答應。如果人民不高興起來，只怕部隊還沒有上前線，內部就先動亂了。請老大認真考慮。」

慕容儁一看，確實有道理。於是馬上改變政策，要求「三五發兵」，如果家裡有三個青年，就抽兩個入伍，如果有五個兒子，就抽三個當兵。徵兵結束之後，到第二年冬天，全部在鄴城集結。

慕容氏家族看起來雄心勃勃，而且兄弟幾個都是猛人，個個能上戰

第二章　雙雄對峙

場，要勇有勇，要謀有謀，看起來威風得很。其實內部也很不和諧。

慕容儁看起來胸懷大志，是個事業心很強的人，可就是容不得他的那個弟弟慕容霸。

慕容霸是個歷史上有名的猛人。而且他從小就表現得很不錯，他的老爸對他喜歡得不行，曾經有過讓他當繼承人的想法，但最後沒突破傳統的約束，還是讓慕容儁當上世子。

對於老爸這個安排，慕容霸倒是一點意見也沒有，依然做他的工作，打他的仗。

可慕容儁的心裡卻很不爽，對這個弟弟越看越不順眼，總想找個機會在他的屁股上猛踹幾腳，不把他踹死也把他踹殘，至少也狠狠地打擊他一下，讓他永世不得翻身。

可慕容霸只有戰功，沒犯錯，要搞定他，實在沒有理由，弄得慕容儁的那隻腳抬了很久，卻送不出去，鬱悶得差點把自己憋死。當然，他可以憑著手中的權力，像苻生那樣，搞定誰不需要理由。可這是暴君作風。慕容儁雖然恨這個弟弟恨得差點發瘋，但還記得千萬不能讓人家把自己稱為暴君。

慕容儁甚至覺得老天爺太不厚道了，連個搞定慕容霸的機會也不給他。

後來，慕容霸終於給了他一個機會。

那天，天氣不錯，很適合打獵。可慕容霸出門時，卻不翻黃曆看看，天氣是宜於打獵，但黃曆上卻是不宜騎馬出行。

身為馬背上的民族，鮮卑人的馬術都很厲害，平時鞭子一揮，戰馬飛跑，還可以在超速的馬背上做幾個酷斃帥呆的動作。至於騎馬打獵，那完全是一項娛樂健身活動，哪會有什麼事？

第一節　兄弟的宿命之爭

可那一天，硬是發生意外 —— 如果情節都按常規展開，世界上就沒有意外這個詞了。

這個意外很簡單，就是慕容霸硬是從馬背上掉了下來，跌到地上，連那顆不夠堅硬的門牙也磕了，使得我們的猛男一開口就讓人看到一個黑洞洞的小口，一點也不養眼，對把妹非常不利。

慕容霸又痛又鬱悶。

可慕容儁卻高興得差點跳起鮮卑舞，哼起鮮卑民歌來，把老弟叫了過來，說要賜給老弟一項東西。

慕容霸來了，慕容儁看了看老弟空蕩蕩的嘴巴，笑著說：「呵呵，以後你的名字就叫慕容䶮吧。這個字的意思，就是牙齒缺了的意思，明朗得很。」

史書上沒有記載當時猛男的心情，但我估計他肯定不爽。可哥哥是皇帝，連殺自己的權力都是憲法賦予的，改個名字算個屁。

慕容儁覺得終於修理了一下這個弟弟，那一段時間都是好心情，覺得自己也太有文學細胞了，居然還能找到這個很多人都不認識的字來做他名字，老子是不可多得的皇帝，他也算是個稀有動物了。說真的，我如果不看到這段故事，還真不知道天下會有這個漢字。

可這個名字流行沒多久，慕容儁那個剛放鬆的心情又緊繃了起來。

某天他自學某本預言書時，上面居然有那麼一句：「䶮」者將王天下。這不是逼慕容霸當皇帝來了？老子這個天生的好皇帝，想做一件缺德的事，居然也做不出。這個世界真的讓人抓狂，連一件壞事做起來都這麼卡。

他又把這個麻煩的老弟慕容䶮叫來，當著大家的面說：「以後你不要叫慕容䶮了，這個䶮太難認了，人家看到你這麼個名字，還以為你是火星

第二章　雙雄對峙

上來的動物呢。你聽著，大家也聽著，現在讓你的名字來個精簡，去掉那個『夬』邊，以後你就叫慕容垂。呵呵，這個名字好，是垂直的垂，不是鐵錘的錘。」—— 慕容儁估計，要是個鐵錘的錘，他可能又有被猛錘的危險了。就讓你在那裡垂直著，什麼也動不了，哈哈！

慕容儁雖然利用職權，再次強迫老弟改了名字，可心裡的不爽，比以前更加嚴重。他恨老弟恨得要死，時時刻刻盼望老弟突然得個豬流感之類的病，馬上搶救無效，當天歸西，但他的良心到底還沒有全部成為狗的食物，還想著到底是自己的兄弟，由他親自下手，或者暗示某個高手把兄弟殺掉，顯然是不厚道的，老天爺是不會原諒的，因此，就只有不斷地恨，恨了再恨，除了經常刁難慕容垂之外，沒有做出其他更過分的行為。

他把矛頭對準了慕容垂這麼長時間，除了抓到那個傷口，順便做了一把在傷口撒鹽的小兒科缺德事外，還真的沒做過足以把慕容垂刺激得跳起來的事。

而且事後證明，慕容垂還成了那個改名事件的贏家。

慕容垂還是那個神態，活得很有精神。

慕容儁就有點忍無可忍了，天天拍著腦袋，想找出個搞定慕容垂的好辦法來。

他想了大半天，覺得這個老弟不簡單，要想從他身上抓到把柄，那是白費功夫，弄不好自己哪天再被人家拿來當笑話裡的主角。覺得要轉變方向，尋找另一個突破口。

突破口很容易地找到了。

就是慕容垂的老婆！

慕容垂的老婆可不是一般人，而是那個前輩強人段末杯的女兒，不但外型搶眼，長得引人注目，而且也是個才女。如果生在現在，當個美女作

第一節　兄弟的宿命之爭

家、靠版稅吃飯，那是綽綽有餘的。但也有個弱點或者是優點，就是性格很硬，剛性十足，誰也動不得她。而且因為出身大家族，性格就多了那份高傲，好像誰也不看在她眼裡。

這種高傲就點燃了很多人的憤怒。

當然，如果是草根百姓，再怎麼氣憤，也就是氣憤而已，不會讓氣憤演變成血腥。

可在這些氣憤的人士中，卻包括了那個可足渾。

可足渾是誰？

很多人不知道。

她是慕容儁的現任老婆，大燕國的第一夫人。

別人看到她的頭銜，在她的面前都換上討好的嘴臉，吐出的全是巴結，來一個皇后爽，大家爽！可段美女卻不吃這一套，即使在可足渾面前，也把高傲的神態表現到底。

可足渾就不爽了。

可足渾是皇后，皇后的能力有多少，歷史早已告訴我們。她的手下有一大批不但勤於打掃環境、澆花種草，而且也能搜集黑歷史、把人往死裡整的人。這些人最精通的就是善於領會老闆的意圖，能從神態裡揣摩到老闆的內心想法，而且可以精確到小數點後面好幾位。

這些人根本不用可足渾的吩咐，就自覺行動起來，把全部精力投入到製造冤假錯案的工作中，組成黑歷史搜集小組，組長由太監涅浩接任。這些太監工作效率是高的，角度是準的，手段缺德，後果也是惡劣的。沒幾天，一大疊可以把人逼死的報告就送到可足渾的手裡。

這個抹黑的主要內容是，段美女跟吳國典書令以及高弼進行邪教活動，要透過陰間管道來搞定皇上和皇后。現在慕容垂的爵位就是吳王。這

第二章　雙雄對峙

樣一來，就完全可以把慕容垂牽連進去。

如果這一罪名坐實，慕容垂也別怪哥哥不顧兄弟之情了——誰叫你先搞老子？

可足渾很高興。

慕容儁也很高興。

慕容儁下令，堅決把邪教分子逮捕法辦。

於是，邪教分子的幾個核心成員就這樣移送司法機關審問。

可邪教核心成員的意志卻堅強得很，骨頭硬得出乎意料，不管怎麼拷打，他們只有「不知道」這三個字。再問，仍然是：不知道就是不知道。

慕容垂知道後，覺得老婆這麼天天被那幾個職業打手刑訊逼供，身體肯定吃不消，就叫人偷偷進去，勸老婆就屈打成招了吧，不要老受這個苦。

但段美女卻堅定得很，說絕對不能把慕容垂牽扯進來，讓他們打死我算了。

她說過這話之後就被活活打死了。

慕容垂還算是性情中人，又娶了老婆的妹妹回來繼承了姐姐的位子。

可足渾卻不答應。

硬逼慕容垂辦理離婚手續，然後把自己的妹妹裝進花轎，吹吹打打抬到慕容垂的家裡。說這是國家送給你的夫人，從今以後，你們要恩恩愛愛，夫妻二人在一張床上白頭到老，生活天天和諧。

慕容垂氣得想去自殺。他最後沒有自殺，而是在沒有人的地方發一頓脾氣，然後繼續生活。但心裡的仇恨已經非常堅定。

慕容儁跟他的老婆聯合起來，狠狠地踹了慕容垂一腳，連他的第二次

第一節　兄弟的宿命之爭

婚姻也以國家的名義包辦到底，把慕容垂這個眼中釘收拾得沒有脾氣。

按道理來說，他們應該志得意滿了。

可慕容儁卻覺得有點累了起來。

而且沒幾天，他居然又做了個夢，石虎在夢中狠狠地咬了他的手臂一口。

慕容儁大怒起來，一個死人還這麼囂張，連現任皇帝的肉也想吃。老子活人都敢殺。還怕你一個死鬼？你先向老子叫板，別怪老子不講人道了。

第二天，他下令把死鬼石虎的墳墓挖出來，把這個死鬼再整一整。

可當大家挖開墳墓時，居然只挖出一個空棺材，連塊臭肉也找不到。

大家覺得奇怪，說：「老大，有點不大對勁啊？怎麼辦？聽說跟鬼玩，後果很嚴重的。」

慕容儁這時心裡只有氣，沒有別的，大喊大叫著：「老子就不信邪，誰把石虎的屍體貢獻出來，老子有獎金！」

這時，石虎已經死了整整十年。

有個叫李菟的女人知道石虎的屍體藏在哪個角落，最後出賣了這個線索，把獎金拿到手。

石虎當時不知用了什麼辦法，他的屍體到了現在居然還沒有腐爛，還直挺挺地出現在大家的眼前。

慕容儁一點不驚奇，他認為，老天爺之所以沒有讓石虎爛掉，就是要讓他來處理。

他把屍體拖了出來，然後宣布了石虎一大堆罪狀。

然後，鞭屍！

第二章　雙雄對峙

你也許覺得無聊，拿一具僵硬的死屍做文章，洩一個堂堂活人的憤，有什麼意思？

但慕容儁一點不覺得無聊，鞭完石虎那具早已不知疼痛的屍體之後，把石虎的屍體扔進漳水，讓魚蝦們吃一餐臘肉和臘腸。

哪知，慕容儁不信邪，可就是偏偏碰到怪事。石虎的屍體被扔進漳水後，居然停留在橋邊，不管水流得怎麼急，它就是不走。據說，它就一直停在那裡，直到十二年後，王猛來到這裡，這才把石虎的遺體收拾起來，再次將他安葬。

第二節　新手北伐初體驗

在慕容儁覺得越來越鬱悶的時候，那個謝萬卻讓他大大的高興了一回。

你還不知道謝萬是誰吧？

他是大名鼎鼎的謝安的老弟，本來的職務是豫州刺史。這傢伙能坐到這個位子，並不是靠打拚出來的，完全是靠自己的出身，跟哥哥謝安都是當時的大名士，符合當時選拔官員的條件，就被安插到刺史的位子上。連另外一個大名士兼大書法家王羲之也認為謝萬不宜當軍事領導人，曾經對桓溫表示反對意見。

桓溫沒有表態。

主持中央的司馬昱就更不說什麼了，以為自己提拔了個大大有用的人才。

昇平三年九月，晉國泰山太守諸葛攸腦子突然發高燒，覺得自己當了

第二節 新手北伐初體驗

這麼多年的太守,總該做出點什麼成績來,吸引一下人們的目光,刺激一下人們的神經,振奮一下人們的精神,這才不辜負人民的期望。在這個想法的引導下,這傢伙也不想想,自己的軍事能力可以得多少分,手下的部隊有多少戰鬥力,心中只是塞滿了不切實際的政績,只想著一仗打下去,就可以把敵人像趕鴨子一樣,在戰場上隨意趕著,然後在精神亢奮的時候,收復大好河山,成為人民的功臣、國家的強人、皇帝的紅人。

當然,如果敵人都是鴨子,那是可以辦到的。

但他面對的敵人,是從北方來的精銳騎兵,很多人還從沒跟鴨子打過交道。

他的敵人是燕國慕容氏的部隊。而且指揮官是慕容評!

雙方的兵力對比:諸葛攸二萬!慕容評五萬!

諸葛攸是戰場菜鳥;慕容評是戰場老鳥,殺的人比諸葛攸見過的人還多。

雙方一接觸。

諸葛攸大敗!

大敗是在情理之中,不敗是沒有道理的。

諸葛攸不服氣,司馬昱也不服氣。

司馬昱覺得諸葛攸不夠等級,一個太守對決人家一個親王,等於是一個排長去打人家一個軍長,哪能打得了——這傢伙以為是在下軍棋,誰的官大誰就可以吃掉對方。

當然,他這時如果把桓溫派出去,估計一點問題也沒有,可他能派桓溫嗎?桓溫要是再立功,他的那雙耳朵還聽得進他們的話嗎?更要命的是,現在桓溫在他眼裡是一個燙手山芋,他碰都不敢碰,哪敢對桓溫下什麼命令?

第二章　雙雄對峙

只剩下謝萬了。

謝萬的名氣那麼大，全國人民都是他的粉絲，比慕容評的名聲響亮了好幾倍，把慕容評比下去，應該沒有問題——這傢伙估計頭腦發暈，以為是派代表去參加電視節目的對抗賽。

於是第二個菜鳥出場！

為了保證能把慕容評比下去並直接淘汰出局，他還派北中郎郗曇率部去跟謝萬並肩戰鬥。

十月，謝萬部抵達下蔡，郗曇挺進高平。

謝萬本來就是個高傲得沒有譜的人，向來認為自己是全世界最優秀的人，從認識人類到現在，都沒把誰放在眼裡過，平時的主要業務就是朗誦詩歌，來幾首美聲唱法，或者搖滾幾下，然後自己瘋狂地自我欣賞著，從來沒有想過，自己現在的身分是帶兵大將，靠士兵們為自己賣命，而不是朗誦、唱歌來保家衛國，打敗敵人的，對士兵向來不聞不問，好像這不是他領導下的大晉子弟兵一樣。在他的辭典裡，根本找不到「愛兵如子」之類的字詞。

連他的大名士哥哥謝安都覺得他這樣下去很危險。玩名士風度，只能在大後方玩，在小橋流水人家邊上玩，但不能在軍營裡表演啊！

他提醒他的老弟說：「不能再這樣下去啊。你要放低姿態，跟大家打成一片啊！這樣大家才能為你拚命。歷史上，哪有像你這樣驕傲的將軍？即使有，最後都是失敗的。」

謝萬不聽。

謝萬要是聽了，就不是謝萬了。

謝萬到達下蔡後，做的第一件事就是開會。

到了前線，開個軍事會議，進行一次戰鬥部署，那是沒錯的。

第二節　新手北伐初體驗

可當大家軍容整齊地來開會，坐在會場上，要認真聽取首長作重要部署時。首長卻一句話也不說，大家你看我，我看你，不知道是什麼意思，硬是開了史上第一次無聲會議。

而謝萬卻還在複習著他的名士規定動作——揮著那根如意，做著酷斃帥呆的動作，讓這些滿臉橫肉的將軍們欣賞，你們這些豬頭，知道什麼叫名士風度了吧？現在我表演給你們看。

直到後來，他大概突然覺得，這是軍事會議啊，總得有一句跟軍事沾邊的話才像樣啊！

可到了這時，他才發現自己名士的動作很多，獨舞全場絕對勝任，可軍事方面的知識實在太缺乏了，實在沒什麼好講的，最後想了想，那就鼓勵一下大家，就微笑著對在場的將領說：「呵呵，各位將軍都是精兵啊！」

大家一聽，原來在你的眼裡，老子這些人都跟普通兵沒兩樣。再不生氣，簡直就不會生氣了。

謝安知道這些軍官的情緒已經高度不穩定了，如果再不穩定下去，他的這個老弟可就大大的危險了。就趕緊跑到部隊裡，從高級軍官到基層幹部，都找了一個遍，面對面地安撫，請求他們看在自己的面子上，不要再生氣下去了。

沒幾天，謝萬的部隊終於出發，去援救洛陽。

才走到半路，那個郗曇生起病來，就退回彭城休息，對謝萬說：「老兄全靠你了。」

謝萬看到郗曇退兵，神經就高度緊張起來，在不經過調查的情況下，就堅定不移地認為，郗曇的病是假的，是因前頭的敵軍太強大，他打不過才跑路的，然後讓自己前去當炮灰。你當我是智障人士，這麼容易上你的當？

第二章 雙雄對峙

他馬上下令，前面的敵軍太暴力，我們趕快撤退！

大家本來就在鬧情緒，聽到這個命令，便都爭著跑路。隊伍馬上就崩潰起來。

謝萬一看這個形勢，這是什麼軍隊？還沒有見到敵人的影子就亂成這樣，要是真上了前線，不被敵人消滅才怪。幸虧我的腦袋是天才腦袋，提前退兵，否則後果大大的嚴重。

他連重新組織隊伍的想法都沒有，就在大家的自相殘踏中，騎著快馬自己跑了，怕跑得慢了，這些亂兵會造成交通堵塞，那時馬再快也跑不掉。

那些將領一見，都恨不得衝上去，一刀把這個大名士剮了。可又想到謝安的話，就又看在謝安的面子上，沒有舉刀追過去。

謝萬知道自己這個逃跑造成了十分惡劣的影響，也不再回本單位，而是直接跑到首都，向中央認錯，請中央處分。

晉國高層再怎麼可惜他這個人才，這時也沒有臉面保他下去了，下詔免職，從此他的身分是平民一個，自己去打工找飯吃，當個學歷最高的打工仔也是不錯的！

第三節　慕容恪的無敵風采

謝萬稀裡糊塗地為慕容儁送去一次戰果，自己成了農民。

可慕容儁的開心才沒幾天，臉上的笑容就僵硬了起來。

導致他笑不出來的是身體出現了狀況。

第三節　慕容恪的無敵風采

吃了很多植物配方的藥，人都差點變成植物人，但病只有更重。

慕容儁知道自己可以玩他的老弟，但玩不過這個不知道是禽流感還是豬流感的東西，認為自己真的活不了多久了。

慕容儁雖然病得很重，身體許多部位都已經運轉不靈，但腦袋瓜卻還清醒得很。

他決定安排後事。

他想把接力棒交給他的另一個弟弟慕容恪。

這個安排並不是因為他不愛他的兒子，只是他認為，現在這個天下還亂成一鍋粥，西邊是大秦帝國，苻堅正瞪著狼一樣的眼睛盯著他們；南邊又有晉國，雖然表面不凶狠，卻是一塊堅挺的老字號，劉淵搞不過他們，石勒動不了他們，石虎他們先玩完，也是個凶險的對手，自己的兒子才多大？一個十多歲的小屁孩，能頂得住嗎？不說秦國和晉國擺不平，只怕內部幾個強人也搞不定啊！因此，還是把位子傳給慕容恪得好。

這個決定絕對是最正確的，因為慕容恪目前是他們慕容家最有能力的強人，而且跟另一個猛人慕容垂的關係很好，如果他當第一把手，內部會很和諧，完全可以成為另一個黃金搭檔，跟另一對黃金搭檔對決，情節會更加精采，歷史會更加好看。

可慕容恪不願意。

慕容恪雖然能力強悍，是當時少數的猛人之一，很小的時候就可以帶著部隊在戰場大打出手，取得勝利。但這傢伙傳統觀念太重，一聽到哥哥這話，心裡就充滿了罪惡感，就覺得自己要是伸手去接大位，就成了歷史的罪人、人民的公敵、慕容氏的敗家子，急忙說：「不行。還是讓我的那個姪兒小帥哥來吧。」

慕容儁一聽，大怒道：「你這是以為老子在騙你？想套你的話？」

第二章　雙雄對峙

慕容恪說：「你既然相信我有當第一把手的能力，就應當相信我也能把小帥哥輔佐好啊！」

慕容儁一聽，這個老弟腦袋真好用，居然能說出這麼個大道理。馬上就大喜起來，說：「老弟，有了你這個周公，老子死得放心了！」

也許有的人認為，慕容儁這是在套話，試試他這個老弟是不是真的願意在他死後輔佐他的兒子，如果慕容恪稍稍流露出一點權力欲望來，旁邊馬上就會跑出幾個肌肉發達的刀斧手，一把將慕容暐的障礙掃清，這個情形就像當年劉備在白帝城考驗諸葛亮一樣。

但這種可能性不大。

首先，現在慕容氏的兵權基本上全掌握在慕容恪的手中，而且慕容儁也知道這個老弟不但有能力，而且做人也厚道，是個可以挑重擔之人，他死之後，不管他願不願意，大權總會落到這個老弟的手中——當然，現在可以試探他一下，如果發現他有奪位之心，就馬上像清除電腦病毒一樣，把他除掉。可連這樣的人都不跟你保持高度一致了，誰還會跟著你的兒子？再說，要是這個老弟這時耍奸，當面老老實實地表示，一定會輔佐小姪兒，表面文章做得比誰都好，騙取你的一把信任，然後等你一歸西，他就來個奪權篡位，誰又能擋得住他？

這個試探還有什麼用？

慕容儁說他死得放心了，可一時卻死不了。

一直到第二年，即昇平四年的正月，他還處於可以帶病工作的狀態。

去年進行的大規模徵兵，這時已經順利結束。

各地都將部隊陸續地開到鄴城。

慕容儁的心情大好，居然還舉行了一場盛大的閱兵式。

閱兵之後，精神跟著亢奮起來，覺得有這麼多子弟兵，還不浩浩蕩蕩

第三節　慕容恪的無敵風采

地去大打一場戰爭,實在是沒有道理了,馬上下令慕容恪帶兵,向晉國發起進攻。

這命令才一簽署,雄心還在心頭翻滾,那個病卻突然爆發起來,把他弄得倒下去。

他趕忙把慕容恪、陽鶩、慕容評、慕輿根等幾個強人叫過來,接受遺詔,要求他們從今之後,團結在他的繼承人周圍,輔佐慕容暐。

辦完這件事後,慕容儁就死了!時間是昇平四年正月二十一日,享年四十二歲。

正月二十五日,慕容暐在大家的擁護下當上皇帝,一切按常規辦理。

慕容暐當上皇帝後,按照老爸生前的既定方針,讓慕容恪當上了首席大臣,全權處理事務,職務是太宰——這個職務從字面看,確實威風,是誰都可以宰幾刀的。

其他幾個人,慕容評是太傅,陽鶩是太保,慕輿根是太師。雖然每個職務都是「太」字開頭,但字尾不同,權力就差了一大截,都是慕容恪的副手。商量大事時,說話可以產生一定的分量,但分量再怎麼重也是停留在參考價值上,最後全由慕容恪拍板定調。

慕輿根一看,心裡就不平衡起來。這傢伙也算是大燕國老臣了——從慕容皝時期就已是燕國政壇的活躍分子,而且能力不低,戰場經驗豐富,為慕容氏的發展做出了重大貢獻。是個要戰功有戰功、要資格有資格的人。這傢伙把自己的綜合條件和慕容恪的一比照,覺得自己要高出一大截。可現在卻只能當他的副手,連個簽字權也得他暫時轉讓一下才可以拿筆畫圈,那高出的一大截有用嗎?

慕輿根白天這麼想,晚上也這麼想,睜眼看也覺得慕容恪不順眼,閉著眼也覺得慕容恪噁心。

第二章　雙雄對峙

在政壇高層混,不管是誰,一出現這樣的心態,眼裡就會閃出凶光,手腳就會想動起來,就想找個機會大拚一場,這個世界誰怕誰。

慕輿根就這樣,把自己變成了一個陰謀家、野心家。當然,最後歷史給他的定位只是個動亂分子。

他搞陰謀的決心很大,但手頭的力量卻不夠,因此不敢公開地向慕容恪叫板,而是打太后的主意。

現任太后就是那個逼死慕容垂老婆,然後又硬塞自己妹妹給慕容垂的可足渾。

可足渾同志是全國地位最高的女人,但素質卻低得很,老公一死,她就想向呂后學習,在朝政上插上一腳,經常出來發表談話,出鏡率越來越頻繁。這個現象告訴慕輿根,太后肯定對慕容恪不滿——原因是什麼?歷史已經多次給出答案,這裡就不再論述了。

按照常規邏輯,慕容恪也會對太后不滿。

於是,雙方的矛盾就會出現。

他們兩個一出現裂痕,得利的就是他這個第三方。

他首先去找慕容恪,說:「現在皇上年輕,什麼事都不懂,那個寡婦又老是出來指手畫腳,一點不把老大放在眼裡。大家都知道,現在我們的事業發展到這個地步,全是老大拚死打出來的。老大完全有資格當上皇帝。我代表燕國人民請求你,把小屁孩趕下臺,然後當上大燕人民的英明領袖,領導大燕人民。老大,你就聽我的吧。」

他的意圖就是,只要慕容恪上了他的這條船,向第一寡婦攤牌,不管成功還是失敗,他都是穩賺不賠的贏家。如果慕容恪勝利了,肯定要當皇帝,他一當皇帝,自己這個第一號教唆犯就是頭功,首席大臣的位子,他想推都推不掉;如果慕容恪完蛋,太后黨一勝利,肯定會拿慕容家族的人

大開刀，那幾個強人肯定全完。他們一完，自己想不當頭號大臣都難。

連他都覺得自己太有才了，人家碰到的事都是兩難問題，不管往哪裡跑都是死胡同，自己卻能想出這個雙贏的辦法來，不管他們誰生誰死，自己都是既得利益者。

他把那些挑唆的話一說完後，睜著發亮的眼睛看著慕容恪，迫切地等著他上鉤。

可是慕容恪不上鉤。

慕容恪絕對不是慕輿根想像的那麼傻，他一聽到這話，心裡就知道不是好話，他要是想當這個皇帝，還用等到現在？還用這麼突然襲擊，欺負孤兒寡母？慕容恪雖然年紀不大，但絕對是個老手，裝著很吃驚的樣子對目光閃亮的慕輿根說：「老兄啊，你酒喝多了吧？要不，哪會說出這種話來？我們都是託孤大臣啊！託孤大臣的任務不是做這些事啊！」

慕輿根走後，慕容恪把這件事跟慕容垂說了，問他怎麼辦？

慕容垂態度很直接，砍了！

但慕容恪卻不砍。他嘴上的理由是，現在皇帝哥哥剛死，我們這幾個託孤之臣就上演自相殘殺的大戲，社會觀感不好啊！先忍一下吧。

我估計他心裡的理由不是這樣的，而是要等慕輿根把壞事做得更露骨一點，更廣為人知一點，再收拾他，那才有理有據，合理合法。否則，現在動手，而且動手的理由是他跟自己講的那幾句沒頭沒尾的話──這幾句話在場的人也只有他們兩個，沒有第三者做旁證，人家就會說你是在捏造事實，是「欲加之罪，何患無辭」。說白了，是在斬除異己！這帽子別人可以戴上，但自己萬萬不能戴到頭上。

還得等！

反正慕輿根的這個心思，是有得等的。

第二章　雙雄對峙

慕輿根在慕容恪那裡碰了壁，心裡當然鬱悶，碰上老油條了。把老子這個不知打了多少次腹稿的臺詞，劃成酒後胡言的同類項。這麼一劃，就什麼事都不會發生。

但他必須讓什麼事都發生。

既然慕容恪不上鉤，就換對象。

這一次，他把太后可足渾當成上鉤的對象。

具體計畫是，先聯合可足渾把慕容恪搞定，到時再搞定這個沒素質的女人。畢竟，搞定這個女人要比搞定慕容恪容易——一個沒素質的女人，除了狠毒之外，別的能力都是菜到底的。

慕輿根知道，不管這個女人有多囂張，心裡有多狠毒，但她都會有別人碰不得的軟肋。而且，這個軟肋膚淺得很。

可足渾的軟肋就是她兒子以及她的權力欲望。

他對可足渾以及小皇帝慕容暐說，太宰要宰你們，自己當皇帝了。

跟很多表演欲望強烈的女人一樣，可足渾只要聽說誰將不利於她以及她的兒子，第一步是深信不疑，第二步就是咬牙切齒，第三步就是跟對方硬碰硬到底，只要她想到什麼手段就用什麼手段。

可足渾馬上問他：「怎麼辦啊？太師。」

上鉤了！

慕輿根馬上說：「請太后派我指揮皇宮警衛，馬上逮捕慕容恪和慕容評。」你看他這話毒吧？把兩個慕容強人都搞定了，最高層裡就只剩下兩個外姓人，以後大事不由他拍板才是怪事——至於那個陽鶩，沒幾天就可以讓他改名為陽痿了。

在可足渾很有氣魄地要拍板的時候，有個人沒有上鉤。

這個不上鉤的人就是小皇帝慕容暐。

第三節　慕容恪的無敵風采

慕容暐說：「兩個叔叔忠心得很，連老爸都那麼相信他們，我們為什麼不相信？如果真的有人造反，恐怕太師的嫌疑比誰都大。」

慕輿根一聽，當場腿軟，不敢再說什麼話了。啊！連個十一歲的小屁孩都騙不了，看來這個世界上最不好做的職業就是騙子了。

慕輿根連續兩次冒險出手，連續兩次失敗，覺得再在這個地方待下去，既沒有權力，又沒有其他市場，成為一個純粹的無聊人士，實在有點不值得，倒不如離開這個地方，回到老家去。

當然，如果他一個人帶著他的家屬向北逃跑，估計什麼事也沒有。可這傢伙嘴癢，又去遊說太后和慕容暐，說：「這地方太不宜居住了。兩邊都是強敵，心情一點也不好。不如回老家去。我們的田地也夠我們吃飯了。」

這不是要放棄大燕的偉大事業是什麼？

慕容恪說：「這是走滅國的道路！」

於是，啟動彈劾程序，逮捕慕輿根，公布所有罪狀，把慕輿根的全家以及死黨一起消滅光。

誅殺一個託孤大臣，不是殺死一條小狗那麼簡單，弄不好會發生更大的動亂。大家都瞪眼且聽下回分解——而且每雙眼睛的焦點都集中在慕容恪的身上。

可慕容恪卻像沒事一樣，臉上的神態如常，而且出入朝廷的時候，屁股後面只有一個拎公事包的跟班。

有人好心地勸他，剛殺了這麼多人，現在亡老大之心不死者大有人在，為了安全考慮，老大要加強保衛才對。

可慕容恪不採納：本來，現在大家都已經覺得很恐怖了，老子要是再來個加強戒備，連上廁所都要有貼身保鏢跟在糞坑旁邊，只有更增加恐怖

第二章　雙雄對峙

的氣氛。這種做法，只有亂了自己，而不是亂了敵人。

果然不錯，沒幾天，人民的情緒都穩定了下來。

慕容恪雖然是戰場上的猛人，連冉閔那樣強悍的敵人，他都敢面對面交手，硬碰硬到底。可在當政治家的時候，卻表現得很溫柔，很少有人聽到他批評別人，即使是人家犯了錯，他也第一個站起來承擔責任，公開檢討，弄得別人都不好意思犯錯了。

慕容恪絕對是個出色的政治家。

自晉朝亂世一開，不是一群傻子在瘋狂，就是幾個蠻幹的人唱主角，直到這時，才出現幾個真正的英雄。

慕容恪應該算其中的一個。

他英雄到什麼地步？

到桓溫都怕他的地步。

在慕容儁剛死的時候，晉國有人認為燕國剛死了老大，現在正處於權力交接的不穩定時期，一個沒有素質的青年寡婦帶著一個什麼都不知道的小孩，外加幾個猛人，權力核心正重新洗牌，不但無法做到無縫接軌，只怕正陷於你爭我鬥的鐵律之爭，這是機會啊！

桓溫卻還記得是誰把戰無不勝、衝無不破的冉閔一把搞定的，冷冷一笑，機會？慕容恪是個比慕容儁可怕數倍的猛人。只要他還活著，我們的機會永遠向後推遲。

第四節　王猛初露鋒芒

相比起來，王猛就更猛了。

王猛自從成為苻堅的幕僚後，苻堅就無限地信任他，同時也把無限的權力交給他。

這時，他才三十來歲，入仕時間也短得要命，是要功勞沒功勞、要資格沒資格，就是要年紀都不如人家的那類人。

可他的權力是最大的。

那些靠打拚過來的強人，看到他毫無道理地威風起來，心裡一點也不服氣，覺得不給這小子一個下馬威，他還真不知天有多高地有厚，不知我們有多可怕。

最先跳出來向王猛叫板的是那個樊世。

樊世這個名字絕對沒有資格擺在歷史的臺面上，讓後代的人認識他。可他在當時的資格卻是老得很。他出身豪門，家族人丁和財力都很豐厚——這樣的人不管在哪個時代都是吃得開的，而在當時就更神氣了。

更要命的是，他還是苻健時代的強人，長期戰鬥在第一線，現在的職務是特進——這個職務只比三公低了一個級別，也算是領導階層行列了。可職務高有什麼用，天天還得接受王猛安排的工作。自己打仗的時候，他還在哪個地方尿褲子都不知道呢，現在坐直升飛機，一下就騎到自己的頭上，比三座大山的重量還重。

受不了了。

他指著王猛的鼻子說：「啊，我們天天老老實實地跟在牛的屁股後面賣力地種田，你卻跑過來直接就吃乾飯。告訴你，在我們這裡是沒有乾飯

第二章　雙雄對峙

吃的。」

這傢伙覺得自己這麼不吐不快地罵了一頓，讓怨氣狠狠地發洩，心裡很得意——如果你以後再囂張，老子再罵，罵到你不再囂張為止。

哪知，王猛的嘴卻硬得很，聽了他這話之後，當場反擊，說：「老子當然不用種田。老子是農業技術員，專門教你們這種蠢人種田的。你這種腦子殘缺一大半的人只配吃汗水飯，我吃的是技術飯。你知道什麼叫技術飯嗎？」

樊世當即氣得就差沒有把那一大口鮮血狂吐出來，大叫：「哪天老子不把你的人頭割下來，掛在城門上晒太陽當蒼蠅的美食，老子就不姓樊。」

王猛一聽，再看看那張臉，知道老傢伙這話不是空口威脅，便向苻堅報告了這件事。

苻堅一聽，居然敢威脅說要殺王猛，這傢伙活到頭了。

正在這時，樊世大步進宮來，見到這輩子最噁心的人物王猛也在場，而且看情形肯定是在打他的小報告，便馬上大罵：「你居然敢打老子的小報告！看老子不痛扁你一頓！」

王猛這時有苻堅撐腰，膽子就更大，口氣就更硬了，我打了小報告又怎麼著？我就是來打小報告的。

樊世是個真正的腦殘人物，一個完整的莽漢形象，到了這時居然也不用腦子想一想，這是個什麼地方？這絕對不是他發脾氣的場所。他被王猛一刺激，馬上就跳了起來，大叫：「你以為老子的拳頭不會打死你這個小人？」他說著，舉著威猛的拳頭，要當場打死王猛。

王猛要的就是樊世的這個反應。

因為他知道，苻堅現在一定最討厭這種舉止。

第四節　王猛初露鋒芒

符堅現在正倚仗王猛為他賣命，正在奮不顧身、大力地為王猛樹立威信，誰動王猛一根汗毛，誰就是在拉秦國事業的後腿，干擾大秦的蓬勃發展，在跟他唱反調。這樣的反動分子，完全沒有活下去的必要了。

他大喝一聲。

樊世想不到的場面出現了：幾個刀斧手衝了過來，將他一把扭住。他想動彈，可動彈不了——這才知道，人家是來真的。

他看了看符堅，說：「老大，你，你真的，真的要逮捕我？」

符堅說：「不逮捕。」

「嘿嘿，我就知道老大不會逮捕我的。」

符堅的臉一黑，說：「是斬首！」

「這麼嚴重？」

「當然嚴重，誰動王猛，誰的後果就嚴重！」

樊世的下場，誰都看得見。血的事實告訴他們，這個世界上誰都可以得罪，但只有王猛不可以得罪。於是把那口不服氣，悄悄地收藏起來，潛伏在心裡，把尾巴夾起來，低調做人。

符堅憑著樊世那顆腦水不足的腦袋，奠定了王猛在秦國政壇的地位。

但王猛卻不滿足。

雖然讓樊世的腦袋落地，把這些強人的脾氣打壓了下去，但畢竟只是藉助了符堅的那把刀。現在這些強人雖然一夜之間低調起來，但這些低調，並不是因為怕他，而是怕符堅。他當然知道，符堅只要腦子運轉正常，都會力挺他到底，只要他打個小報告，符堅十有八九都會在報告上寫下「同意」兩個字。可他不能總是靠打小報告在這個集團裡站穩腳跟啊——那也太沒骨氣了，跟個弱勢小人有什麼差別。何況人總有腦袋發暈的時候，要是這些人天天堅持不懈地到符堅面前說他的壞話，抹黑他，

第二章　雙雄對峙

說不定哪天苻堅神經發生短路，那他麻煩就大了。

他必須把那殺人的刀，拿到自己的手裡。必須把所有造成威脅的可能性徹底清除！

只有這樣，那些強人才會兩手顫抖地摸著自己的腦袋，徹底在他面前把頭低到最低點。

苻堅幫他殺了一個相當於二級公務員的政壇大佬，他必須殺一個比樊世更威風的人來為自己立威！讓大家知道，現在朝廷裡，除了有限的幾個強人外，誰都得在他那把閃亮的大刀下過日子。讓大家不論在何時何地都記得，他已經具備殺人的權力，根本不用跟上級商量。

現在做其他事很不好找理由，但殺人的理由很容易找到。

這個理由剛性十足——腐敗！

自從天下走進這個大亂的局勢以來，在這塊血腥的土地上，接連出現了多個獨立政權，數家公司前赴後繼地掛牌上市，競爭激烈得要命，但各個公司都有一個共同點——腐敗。

王猛主政以來第一個最引人注目的行動，就是高舉反腐大旗，在秦國官場掀起一場聲勢浩大的反腐運動。

很多人聽說他要反腐敗，就笑了。這小子頭腦發燒的度數不低。在這個社會上，你可以做任何事，可以抓亂黨，促進生產；可以建設紅燈區，讓暗娼領個營業執照；可以做幾個冤假錯案，用最殘酷的手段打擊政敵；可以削尖腦袋走投機路線當大官發大財；可以利用權力霸占人家的老婆做情婦，都沒有問題，但唯獨不能反腐敗。

你看看這個官場，還能找到幾個沒有黑色收入的人來嗎？如果你能找到，那個人肯定是個腦殘分子，到現在還不知道錢是個什麼東西。我們偉大的大秦帝國政壇會出現這樣的弱智人物嗎？

第四節　王猛初露鋒芒

腐敗要是這麼容易反。還輪到你王猛動手嗎？告訴你，這種事，開開會，喊喊口號，在人民面前咬牙切齒地大表反腐決心騙一下那些小百姓，那是可以的，也很得分。表演完了，該反的不要去反，該腐敗的，大家繼續加大力度去腐敗。

當然，你可以反，你一反，就等於把整個官場體系全推倒在地了——沒有這麼多貪官一邊拚命腐敗，一邊齊心協力地支撐，秦國還談什麼發展？不直接滅掉已經不錯了。

可王猛卻不管，他不相信貪官一清除，大秦就真的亡國。

王猛當然也知道，這個官場體系已經無處不腐，讓這些貪官跟著喊口號，聲音是很洪亮的，表面態度很堅決，但效果卻是很糟糕的——因為要靠這些貪官緊跟自己的屁股後去反腐敗，跟那個「與虎謀皮」的成語沒什麼兩樣。

他只需要一個人的支持。

這個人就是苻堅！

苻堅這輩子做得最正確的一件事就是對王猛這個人有著最深刻的了解，知道這傢伙是個治世之能臣而不是亂世之奸雄，一來就打破規則——不計功勞、不看年齡、不論背景，只看能力和人品，連續破格提拔，硬是把王猛晉升到決策層，很快成為高層裡的核心人物。

這時（即昇平元年八月），苻堅又讓王猛為侍中、中書令，兼京兆尹——這可是首都市長的位置，中央高層的戶口都在他的管理之下，是大大有權的位子。

這個人事安排，再次讓大家看到苻堅挺王猛的力度，完全可以說是「頂到石頭開裂」的地步。

王猛也知道，要把反腐進行到底，秦國的行政系統還真得全部更新，

第二章　雙雄對峙

所有官員的面孔都得刷新，因此，他也就來個重點打擊，抓幾個大案，把這些貪官鎮住，叫他們以後不再囂張，一來，讓自己的威信更上一層樓，二來也讓老百姓看到希望，覺得那句喊了好久的「依法治國」不止是口號，從而牢牢地抓住民心。

在大家吃飽沒事做瞪眼等著看他笑話的時候，王猛突然出手。

第一個被他抓到的是個強人。

當然，這個人不是戰場上的強人，而是貪官中的強人，一直是貪官們的榜樣、精神領袖。

這個人叫強德。這傢伙跟樊世一個樣，你在歷史名人錄上，找花了眼找暈了頭也找不到他的名字。他的官位只是光祿大夫，跟樊世同個級別，算起來也不十分威風。但他還有個身分，就是苻健老婆的弟弟，是前朝國舅，現在得勢得很，到處張狂，天天發飆，一天到晚喝酒，而且一喝就跟那些最優秀的酒鬼一樣，一喝就醉，一醉就鬧事，就找活人來往死裡打；每天帶著一大幫手下，像一群黑社會組織，在長安城的大街小巷裡轉，睜著那雙強盜的眼睛，見錢搶錢，見美女搶美女 —— 業務已經開展多年，受害人數已經無法統計，但從沒有誰過問一下。

王猛估計早就把目光鎖定在這個傢伙身上，一領京兆頭尹的公章，下發的第一個檔案，就是逮捕強德。

王猛知道，雖然自己決心大，信心足，突破口找得準，但有人肯定不高興。而且不高興的就是苻堅。因為苻堅也是個講情面的人，你可以殺掉其他人的小舅子，可不要動老一輩領導人苻健的小舅子啊！你要是殺了他，在地下躺著的苻健不高興啊！

基於這樣的考慮，王猛知道，如果此案不從嚴從快，最後大刀就砍不下去。這一刀如果砍不下去，以後他就什麼市場也沒有了，還立個什麼

第四節　王猛初露鋒芒

威——不如向腐敗分子投降，你腐我也腐，看誰比誰狠。

但王猛不是這樣的人。他有他的辦法。

他一邊寫個奏章向苻堅報告，一邊紅筆一勾，叫劊子手們趕快拉下去，斬乞報來，誰慢半拍就砍誰的腳。

王猛猜的一點不錯。

苻堅接到奏章一看，馬上就跳了起來，啊王猛，別的人都可以殺——你就是拉老子的情婦下去砍了，老子閉閉眼幾秒鐘也就算了。可這個舅舅千萬不要砍啊！我要是批准你下這個手，苻健做鬼也不放過我啊！全國這麼多貪官不抓，為什麼一定要抓他？

苻堅也知道王猛的做事風格，知道如果不搶時間，這個前國舅的腦袋就百分之百的完蛋了。當場派個嗓門特別洪亮的人騎著快馬去向王猛大喊刀下留人。

哪知，他了解王猛的風格，王猛更了解苻堅的性格。還沒有抓強德時，就已經做好準備。

當苻堅使者那匹馬狂奔而來時，一切工作早已結束，強德那顆惡霸腦袋已經落地，屍體已經橫在那條最繁華的街頭，讓人家看看當惡霸的下場。使者看到那把刀口還流動著幾滴血。

苻堅知道後，只是一拍大腿，很痛地大嘆一聲，也跟很多人一樣，做聲不得。

因為，強德確實該死！

王猛還不收手。

他聯合另一個猛人鄧羌，又以反腐敗的名義——現在這個名義最好打，連腐敗分子都不敢做聲——加大力度，又抓了幾十人，只看他們貪汙的程度，不問他們的背景，該殺的殺，該關的關，該丟官的丟官，只十

第二章　雙雄對峙

天不到的時間，就處理了二十多個人。大家一盤點，皇家的人員占了大多數，其他的也都是曾經的威風人士，平時誰都不敢想像他們居然有這個下場。

等著看笑話的人一看，這個王猛這次是真的鐵腕治貪，不分國界不看背景。誰敢再碰這個底線，那是真的拿腦袋當足球玩了。

於是，大家都自動結束貪腐業務，努力當一個勤政為民的官員。

就連社會上的混混都不敢再囂張，社會秩序空前好了起來，使得秦國在大亂之後，居然在很短時間內，形勢一片大好。

苻堅一看，哇塞！依法治國還真強！殺強德還真的殺對了，殺得太及時了。

從此，在王猛面前沒有強人！

王猛不光是當時排行第一的猛人，在中國歷史上也是排名靠前的強人。

雖然他以前專修的是兵法，但他也是個不可多得的政治家。揮著鐵腕，殺了一批貪官，掃除那些潛在的反對派，使得境內的官場以及社會治安穩定之後，他就著手整頓內務。

這些整頓，一是辦教育，提高國民的素質；二是促進生產，讓大家逐步走向富裕；三是經營好民族關係──以前，劉臞因為忽視民族矛盾，沒有一套建構和諧社會的政策，老是跟這些地區的少數民族處不來，最後沒有辦法，就出兵，想用武力把這些少數民族擺平。哪知，打來打去，卻老打不垮人家，倒是不斷地拖累自己的政權。前趙的完蛋，有很多因素，但這個因素在所有的因素中的比重應該是很大的。

在亂世中，武力是個好東西，但不是所有的人都能用武力搞定的。

不懂這個就不是個合格的政治家。

第四節　王猛初露鋒芒

王猛絕對不走劉臞的老路,他提拔了一批少數民族官員,很快就把民族關係經營得很和諧。史書的描述是:四夷賓服,湊集關中,四方種人,皆奇貌異色。

這傢伙雖然在桓溫面前懶洋洋的,大家看到「捫蝨而談」四個字,總會以為王猛做事肯定慢半拍。其實他講究工作效率得很。

麻思請假回家辦他母親的喪事,去向王猛請假。王猛叫他快去,過路的事,自己幫他安排。

麻思回家收拾行李,第二天就急急上路,可一出潼關,沿途各級地方政府都已經接到王猛的通知,等在那裡為麻思驗好行路護照,替他安排食宿,比過高速公路收費站還簡便。

苻堅一看,老子的這個 CEO 找得太對了,你就是讓老子去做,估計想破腦袋、忙壞四肢也沒有這個效果啊!王猛辦事,我放心。從此就把大權全盤下放,對全國發出最高指示:以後大家對待王猛,就像對待老子一樣,每個人的態度都要做到春天般的溫暖,誰要是做不到,我對他就像秋天掃落葉,像冬天般的殘酷無情。然後自己專心做董事局的主席——王猛的堅強後盾,過著悠閒無比的生活。

王猛就更加拚命,投入全部的精力,大秦帝國很快就強大起來,成為當時的先進國家——相比而言,老字號晉國和新興的燕國仍然只能算是開發中國家,綜合實力比王猛治下的秦弱了一大截。

王猛在內政工作大見成效,將他的治國能力大大地表現一番之後,開始把他最拿手的好戲搬上歷史的舞臺。

他的拿手好戲就是打仗!

一個亮度更高的王猛終於隆重登場。他在那光輝的一生中展現出自己更為生猛的一面。

第五節　洛陽爭奪戰

在苻堅迅速崛起的這些年，晉國還在懶洋洋地依照過去方針，一大堆名士在那裡共同執政。大權仍然掌握在桓溫這個強人的手上，可桓溫卻只在地方上把強人的氣勢做足，並沒有到中央辦公。除了槍桿子外，中央的其他政策還是那些以和稀泥為基本原則的名士們在主持。雖然晉國部隊數量不少，看過去貌似強大，可綜合國力卻一點不雄厚，更要命的是，連個像樣的人才也找不到。就一個桓溫在那裡支撐，而且還老受那幫名士的嫉恨，恨不得都跑到他的老窩那裡，集體出手把他推到長江裡，當中華白鱘的人肉飼料——他後來不造反，那真是對不起自己了。

更讓司馬氏鬱悶的是，從司馬紹以來，皇帝的智商都還算正常，沒做出什麼過激的行為，可就是生命力太脆弱。現任皇帝司馬聃，這時才十九歲，放到現在正在學校裡努力學習，學得臉色發青，以便參加考試，以後出去工作也好有個大學文憑壯一下膽。司馬聃卻在這個時候突然終止生命步伐，死得很乾脆。這哥兒們比他的前輩更差，雖然結婚多年，但到現在連個兒子都沒有。褚太后出面，說司馬丕是司馬衍的兒子，現在最有資格當皇帝，而且年紀比司馬聃還大一點，已經成熟。

大家沒話說，反正這個皇帝的位子說什麼也輪不到自己，而且誰坐到上面，誰短命！

總而言之，晉國這些年來就一個字：衰！

不管是秦國還是燕，在擴張時，都是把這個老字號招牌列為頭號欺負對象。

第一個向晉國舉起大刀的就是慕容恪。

他們的第一個目標是晉國那個已經破爛的舊首都洛陽。

第五節　洛陽爭奪戰

提出這個建議的是豫州刺史孫興。這傢伙的轄區為豫州，現在豫州最大的城市卻在敵占區，自己身為豫州第一把手，想去洛陽視察一下，比出國還難，心裡一點也不高興，覺得不把洛陽拿下，他這個豫州刺史簡直是個泡沫刺史，一點含金量也沒有。

當然，洛陽到底是晉國的舊首都，雖然司馬氏多次拒絕把首都遷回那裡，但到底幾個晉國締造者的墳墓還在那裡，因此，這個地方在他們心裡的分量是很重的，長久以來，把守還是很用心的，要想拿下，實在有困難。

後來，不知桓溫是怎麼想的——也許這傢伙多次請求遷都，又數次被拒絕，心裡生氣起來，對洛陽的守備工作就不那麼重視了。

這時，洛陽的守軍居然只有一千多人，而且都是戰鬥力打了五折的老弱病殘，連當後勤都不稱職。

呵呵，孤城、弱兵！

早就在等機會的孫興這時看到了一片光明。他做了一個詳細的可行性報告，把自己所掌握的洛陽的情況向中央進行了彙報，說：「現在不打洛陽，以後就是等到死也等不到這樣的機會了。」

慕容恪同意！這時，慕容恪對晉國還不夠重視，大概認為孫興也是個久經考驗的老將了，他的這個方案應該不錯，派個將軍帶兵打過去，今天出發，明天洛陽就是大燕的領土了。

可孫興光看到洛陽城內那一千個死氣沉沉的老兵，卻沒有看到桓溫的其他部隊離洛陽並不很遠。

負責進攻洛陽的前線指揮官是呂護。

隆得元年（此前就是昇平五年）二月下旬，呂護威風凜凜地向洛陽進攻。

第二章　雙雄對峙

晉國的河南太守戴施看到敵軍很強大，自己的兵力很單薄，什麼話也不說，更不怕辜負人民的期望，也不告訴同事冠軍將軍陳佑一聲，拔腿就跑，只留下很傻很老實的陳佑在那裡死守。

當陳佑很傻很老實地發現上級已經失蹤了時，急忙把情況向中央彙報，要求中央趕快派兵支援，否則他再怎麼拚命，就是拚掉一百條老命也守不住洛陽。

這傢伙雖然叫苦連天，好像已經死到臨頭，可本事卻還真不小，硬著頭皮帶著一千多士兵在那裡死守，居然幾個月沒有讓洛陽成為敵人的地盤。

一直到五月二十七日，桓溫才慢吞吞地派庾希及竟陵太守鄧遐率水陸部隊三千人開到洛陽，幫助陳佑守城。

呂護連攻幾個月，也覺得累了，終於停止軍事行動。這傢伙不但是菜鳥中的一員，也是個運氣超級差的將軍。攻打洛陽不得逞之後，於七月退到小平津時，居然被一支來歷不明的箭射中致命的地方，完蛋。

晉軍那幾個將軍乘機又占領了幾個地方，讓晉國那幾個朝中的名士又有喝慶功酒的理由。

當然，喝酒瘋狂之後，也知道這次勝利雖然一點不經典，一點不輝煌，但對於長期沒有吃到勝利果實的大晉國來說，也是很有意義的，也應該算一算功勞。於是在歸功於皇帝之後，就得歸功於桓溫了。歸功於皇帝，那都是空話，沒有一點實質意義，但歸功於桓溫就不同了，光有一枚功勳章，那是搞不定的，還得封官，還得加薪，其他待遇也得跟上。

於是，加征西大將軍桓溫侍中、大司馬、都督中外諸軍、錄尚書事、假黃鉞。

桓溫終於名副其實地成了大晉國的政壇寡頭、一號強人，讓自己的事

第五節　洛陽爭奪戰

業又上了一層樓。

可是司馬丕卻又進入了人生的倒楣期。

興寧二年，他才二十四歲，當了兩年的皇帝。

這哥兒們雖然是皇帝，而且已經成年，想法也已經成熟，比苻堅當第一把手時的年齡還大，按道理說，已經完全可以正常上班，拿起硃筆，畫圈畫叉，處理國家大事，可桓溫在那裡，把槍桿子拿得死死的，能讓他插上手嗎？

司馬丕在工作上，其實跟失業大學生沒有什麼兩樣。這哥兒們大概對為什麼一坐上這個皇位就都短命，做過課題研究，很想從自己開始，走出這個惡性循環。

他很快就找到衝破這個惡性循環的最佳辦法——當然，這是他認為的最佳辦法。

這個辦法就是狠命地吃保健藥品——那時叫長生不死藥。中國很多皇帝也都想吃這些方士們鼓搗出來的丹藥來求千秋萬代、長生不老。那些皇帝一般都到了一定的年紀，覺得生命有點到達邊緣時才吃。這哥兒們卻在二十多歲時，就以丹為飯，一日三餐拚命塞進嘴巴。我想，他主要是看到前面幾任皇帝，都沒有超過三十歲，因此，他必須搶在時間的前面，提前防備，也許能夠度過難關。

哪知，這些丹藥的名字雖然動聽得很，其實含有大量有毒元素，而司馬丕年紀又輕，吸收功能良好。這麼不斷地猛吞丹藥，沒幾天就中了毒，健康狀況跟受金融風暴影響的股市一樣，一天比一天下跌得嚴重。沒幾天，就跌得到底了

但他仍然吃，只要嘴巴的功能還沒有消失，他就堅決不放棄！

興寧二年二月二十三日，長期累積在他體內的毒素，經過這一段時間

第二章 雙雄對峙

的不斷發酵，終於發作。司馬丕再也爬不起來，睡在床上，不能再去上朝了。

褚太后又被隆重地請了出來，重新當政。

慕容恪在前兩年派呂護進軍，沒有拿下洛陽，心裡很不服氣。這時，決定親自帶兵前來，看看洛陽的守軍還威不威。

八月，他先派人去洛陽附近，說服郊區的居民，動員他們都把戶口改為大燕的正式居民，那些自發組織起來的自衛隊之類，也都變成燕國的雜牌軍，使得周邊的人民都割斷了跟洛陽的連繫。

洛陽就成了真正的孤城。

這些前期工作順利完成後，才派悅希和孫興兩路進軍。

這時，洛陽的第一把手仍然是那個陳佑。他現在手裡的部隊比過去多了一倍——兩千人。可敵人攻城的級別卻提高了幾個等級。他知道，只靠他這幾個兵，要對付燕國的這兩路軍，除非個個都變成冉閔，那是可以取得勝利的。

只得又向中央請求。

誰願意去救洛陽？

誰都知道，洛陽不好救。只有超級傻的人才會接受這個任務。

但有人舉手報名，說我過去！

這傢伙叫沈勁，是王敦最好的死黨沈充的兒子。當年沈充緊跟他的上級，把奪權的事做得很出色，是王敦手下數一數二的人物，最後落了個可恥的下場，而且還是被一個老部下騙進夾牆裡搞定的，死得很窩囊。鑑於沈充生前的行為太過分，危害太巨大，朝廷決定以後永遠不讓他的後代有當公務員的資格。

沈勁卻不管，還是好好學習天天向上，一直是個品學兼優的好學生，

第五節　洛陽爭奪戰

而且天天拍著胸脯說，我一定要為國家去戰鬥、立大功。但你拍胸脯是你的事，人家照樣不理你——誰叫你有那樣一個壞爸爸。

他到了三十多歲，仍然是農民。

後來，是王胡之覺得這小子真的不錯，有能力，願意報效國家，不重用實在可惜了。就向中央上書，大致是說，沈充做了禍國殃民的事，早已得到了最嚴厲的處罰，現在他的兒子沈勁已經長大成人，是個有志青年，而且很有能力。本著唯才唯賢的用人原則，我們應當把沈充和沈勁區別開來，不要把沈充的罪也套在沈勁的頭上而剝奪他的政治權利。

中央高層一看，覺得有理，就宣布，沈勁可以跟他老爸在政治上完全脫鉤。

不久，王胡之被任命為司州刺史——首府就是洛陽。王胡之就推薦沈勁當了自己的參軍。可在王胡之將要收拾行李，帶著情婦去新單位上班的時候，突然得了豬流感，去不了。

他去不了，但燕國的侵略軍向洛陽衝來的步伐卻猛得很。

陳佑求救的聲音也越來越高。但朝廷裡那班口水大臣這時全部潛水，沒一個敢冒泡。沈勁就這樣站起來要求批准他到前線去，戰死了是一件最光榮的事。

於是他被任命為冠軍將軍長史。

但只給任命書，沒有撥給一個士兵。充分體現了晉國中央高層那幾個高級官員的無恥。

但沈充什麼話也不說——向中央提要求、講條件算什麼忠臣？

他像很多模範人物一樣，拿出自己多年的積蓄，開展徵兵，徵到了五百個有志青年，然後就帶著這五百個人來到洛陽。

陳佑一看，中央真是太不厚道了。老子打的求援報告都差不多五百

105

第二章　雙雄對峙

多次，一次報告只得到一個援兵。這種做法，不但不厚道，簡直是太無恥了。

沈勁卻一點也不怕，只帶著他的五百個嶄新的士兵——其他產品嶄新那是很好的，可嶄新的士兵實在是不好——向敵人雄厚的陣地不斷發起衝鋒，居然每次都有去有回，而且還有收穫。

陳佑絕對不是傻瓜，雖然看到沈勁能打，但這點兵力，你再怎麼能折騰，也是那句老話「泥鰍翻不起大浪」。你在這裡折騰吧，老子折騰夠了——這樣做是有點無恥，可中央可以那樣無恥，老子為什麼不能跟著無恥一下？

他對沈勁說：「洛陽全靠你，老弟！我代表朝廷向你表示感謝，代表人民向你致敬了。」

然後就帶著自己原來的部隊撤了。只留下沈勁和他那五百個新兵守著洛陽。

如果是別人，估計早就破口大罵陳佑你還算是人嗎？然後在大罵聲中跟著狂奔跑路，而且一定要跑得比陳佑快。你以為就你會跑跑，我只會跳跳？

可沈勁不是別人，他愉快地把上級和主力部隊送走，然後大叫，我為國而死的偉大時刻終於來臨了——耶！

接下來的情節是，沈勁堅守洛陽，一直堅守到第二年（即興寧三年），燕兵仍然拿不下這個城市。

興寧三年二月，朝廷才知道陳佑已經很無恥地逃跑了，司馬昱這才慌了起來——不管他的腦袋有多遲鈍，都知道，要是憑一個營的新兵就能守住洛陽，狠狠地打擊侵略者，天天捷報頻傳，那這個燕早就可以消滅光了。

第五節　洛陽爭奪戰

他趕緊去找桓溫，召開了個緊急軍事會議——司馬昱是首席大臣，但除了清談能力可領先國際水準外，其他的一律一個字：菜！雖然天天在朝堂上威風，在那些名士面前，把風度做足，但手中卻一個兵也指揮不動。現在情況緊急，也只得來求桓溫了。

桓溫看司馬昱低聲下氣，說話聽起來比較順耳了，就同意出兵，發動抗燕戰爭。

可就在兩國血液沸騰的時候，那個不吃飯只吃藥的司馬丕徹底歸西。

本來，司馬丕當上皇帝以後，除了加班嗑藥之外，一點皇帝的業務都沒有開展過，他活著和死去，對大局的影響完全可以忽略不計。但他到底是皇帝，名義上的全國最高領導人，生生死死，跟政治有著密切的連繫。

司馬丕的生命一停止，抗燕行動也跟著叫停。

鑑於司馬丕只顧嗑藥，吃藥慾望遠大於其他追求，因此雖然已經二十五歲，但也跟司馬聃一樣，沒有兒子。大家就一致舉手，同意褚太后的建議，讓司馬丕的弟弟司馬奕繼位，把這個名義國家最高領導人做下去，宣布大赦。

在晉國上下只忙著做皇位交接工作時，燕國最生猛的兩個強人慕容恪和慕容垂決定向洛陽發動總攻。

慕容恪作了一次簡潔的戰前動員之後，大軍潮水般的衝向洛陽城。

沈勁這時除非有撒豆成兵的技術，也許可以守住洛陽。

可他沒有這個技術，因此，洛陽宣布淪陷，沈勁也同時被捕。

慕容恪知道沈勁是個人才，屬於德才兼備的那種人，因此力勸沈勁投降。可沈勁立場堅定，不管慕容恪如何費盡口水，他就是不聽，就是死了，變成鬼也跟燕國打到底。

慕容恪一聽，這不是忠臣，而是忠臣中的典型，好像現在這樣的人沒

107

第二章　雙雄對峙

有幾個，早就屬於國寶系列的稀有動物，殺了有點可惜，還是留下一個做種子，否則政治生態也太不平衡了。

可中軍將軍慕輿卻反對，說：「這樣對政治生態雖然有點保護作用。可這傢伙肯定不會幫我們做事。而且他是個有能力的人，一放走，馬上就是我們頭痛的敵人。老大為什麼留下他？」

慕容恪這才殺了臉上沒有一點懼色的沈勁。

慕容恪輕鬆拿下洛陽之後，晉國沒做出什麼強烈的反應，好像洛陽不是晉國的土地一樣，人家拿去就拿去吧。

第六節　孤膽英雄的壯舉

王猛看到晉國這麼沒有個性，也太沒骨氣了，決定戲弄一下晉國，練練兵。燕國現在有那慕容恪和慕容垂，內部團結、力量強大，是惹不起的。

要想練手，只有晉國。

王猛做這個決定時，是太和元年，也就是司馬奕享受皇帝待遇的第一年。這哥兒們仍然走不出倒楣的惡性循環——他那個老婆才剛當幾天皇后，馬上就覺得皇宮裡水土不服，死得很乾脆。

這時，王猛的職務是輔國將軍——比大將軍大司馬還差一截。可有時，並不是誰級別高，誰就說了算的。像皇帝的級別夠厲害了吧？可晉國的皇帝除了司馬炎外，其他十多個皇帝，不管大事小事，說出的話，大多都可以劃為放屁系列，人家不嫌臭已經不錯了，很少把他們的話當話。王猛現在的級別雖然不是最高的，但全秦國人都知道，現在大秦權力最大的

第六節　孤膽英雄的壯舉

是苻堅，可苻堅卻全聽王猛的。

王猛說：「要玩一下晉國。」

苻堅說：「那就玩唄！」

王猛就帶著另一個強人姚萇出發，目標是荊州的南鄉郡。

荊州刺史桓豁趕忙帶兵過去救援。但王猛說過，只是要戲弄一下，並不跟他們真正的對戰。於是就擄了一萬多戶居民往回撤，讓桓豁只望著那片無人區發呆。

我想，王猛的初衷肯定還想玩下去，但由於西部地區，仍然有不服秦國的勢力存在，如果老在這個地方玩，還沒有玩出名堂來，後院就有失火的危險——雖然這些武裝也鬧不垮強悍的秦國，但終究是個煩人的事，讓你在這裡玩得一點也不盡興。

一開始鄙視秦國的人是李儼。

這傢伙原是西涼張家的員工，後來覺得張家這個公司老是發達不了，公司不發達，員工還有什麼前途，因此就跳槽到先進國家大秦謀求發展。

可這傢伙是個心情很浮躁的人，到了秦國不久，又覺得膩了起來，便又跟原來老闆取得聯繫，恰好有個羌族的老大斂岐也不服秦國的領導，帶著自己部屬四千戶人家在略陽宣布跟秦國脫離一切關係，向李儼稱臣。李儼聽到這個外表強悍的傢伙居然在自己的面前稱臣，馬上就高興得要當場休克，覺得自己立刻威風得天下無敵，誰也不用理了，就想嘗一下當中間力量的滋味。

可中間力量是他可以玩的嗎？

王猛從南邊回軍，馬上帶著一萬七千人討伐斂岐。

西涼張家的現任老大張天錫也不放過李儼這個賣國賊，老早就想衝上去猛揍他一頓了，只是顧忌他的後臺老闆，這才忍了又忍，此時看到李儼

第二章　雙雄對峙

居然很傻很天真的地玩起中間路線，而王猛也已經出手，正是大好時機，也帶著大軍向李儼殺了過來。

王猛仍然帶著姚萇過來。姚萇是姚襄的弟弟，本來也是這一帶的人氏，而略陽的羌族以前全是姚家的老部下。這些人看到舊老闆來了，哪還服從歛岐的領導？

歛岐天亮醒來時，就發現不對勁了，怎麼這麼多的人都不聽自己的指揮了？他馬上知道，他只能玩到這時，再玩就玩掉腦袋了，便跑得路都不見。苻堅馬上任姚萇為壟東太守。

這時李儼被張天錫打得眼睛都睜不開，已經連丟幾個地方，這時正在抱罕那裡向秦國道歉，請求中央快去救他，再晚就來不及了。

王猛派邵羌去追擊歛岐，自己親自率軍向抱罕出發。

張天錫看到王猛大軍前來，派楊遹帶兵迎戰。楊遹哪是王猛的對手？一開戰就被「大破之」，直接損失一萬七千人。

王猛繼續進軍，跟張天錫在抱罕城下對峙。

張天錫吃了個大虧，知道王猛強悍，要是再硬打下去，肯定沒好果子吃，因此就不再出戰。

這個地方原本是張家的地盤，現在等於是在張家的門口作戰，對張家而言，是主場，後勤工作可以得到有力保障；對於王猛來說，客場作戰，最不宜往下拖，再拖下去，就會拖出軍中缺糧這些事故來，那可一點不好玩了。

王猛對問題進行了一次全面的分析之後，寫了一封信給張天錫。內容大意是，我到這裡來並不是要當侵略者，而是來扁李儼而已。現在我們兩個在這裡對壘，再這樣下去，就會精疲力竭，誰也沒什麼好處。建議你退回去，結束無效對壘，讓我把李儼搞定。我把這個叛徒帶走，你就把這裡的人全遷回去，這才是雙贏的辦法。

第六節　孤膽英雄的壯舉

　　張天錫也覺得天天在這裡做這種靜止對抗，進不得退不得，弄得玩情婦都沒有激情，實在是件無聊的事，就答應了王猛的要求。

　　王猛看到張天錫大軍退走，大大地鬆了一口氣。他名義上是來救李儼的，其實是要徹底搞定這個反覆無常的小人。

　　他把李儼定位為反覆無常的小人，實在太正確了。

　　張天錫退後，李儼的態度又強硬了起來，居然不同意王猛的軍隊進城──這個意思就是有本事再給老子表演個攻堅戰，老子睜大眼睛看你的能力。如果一定要進城，只給王猛大人進來。嘿嘿，王大人你有這個膽嗎？

　　王猛還真有膽！

　　而且膽子比李儼想像的大得多了。他只穿著一件白色的便裝，坐著一頂軟轎，懶洋洋地叫人抬著，像個去哪裡拜訪老朋友的土財主一樣，帶著十多個跟班，就去見李儼。

　　李儼雖然態度很強硬，但卻還沒有宣布自己再次做陳勝吳廣，高舉造反的大旗，還是在大秦的領導下的，看到王猛真的有膽過來，自己倒是有點把持不住了，只得趕快跑過來，親自替王猛開城門。

　　這些情節全在王猛的預料之中。

　　在李儼隆重地開啟城門，正要帶領大家喊「歡迎歡迎，熱烈歡迎」時，王猛的那些跟班猛衝上去，把李儼狠狠地按倒在地，然後捆了起來。

　　李儼這才知道，自己真的玩不過人家。這傢伙雖然有折騰的愛好，但卻又很珍惜自己的生命。被捕之後，馬上向王猛出賣了他的一個部下。

　　這個部下叫賀肫。賀肫在張天錫撤軍後，就建議李儼趁機猛扁王猛一頓。他的理由也很充足──王猛孤軍前來，任務是來救他們的。他們現在肯定不會有什麼防備，兄弟們突然衝上去，勝算絕對百分之百。

第二章　雙雄對峙

　　這確實是個好建議──至少也比李儼光說狠話，卻又不敢行動強得多。

　　可李儼是個豬頭，居然在這個時候，心地忽然善良起來，人家不遠千里來救我們，我們卻這樣對待人家，太不厚道了吧？我們就死守在城裡，讓他們堵在城外，堵得累了睏了他們自然走了。

　　哪想到，最後卻被王猛用這個辦法玩完了。這才知道，這個世界上有些人是不宜行善的──比如他自己。

　　李儼覺得自己只宜做無恥之事，因此在被捆綁之後，居然做起出賣部下的勾當，說出賀肫曾經很陰險地建議他襲擊王猛。

　　王猛當場斬賀肫。

　　賀肫被拉去砍的時候，到底心裡是什麼滋味？人家只有部下出賣老闆，現在倒好，自己居然被老闆出賣。攤上這樣的老闆，也只有這樣的下場了。

　　李儼倒好，被押到長安後，苻堅居然還讓他當上光祿勳，而且還封為歸安侯──這時他徹底相信自己真的只宜做無恥的人了。

　　王猛的這場戰鬥，場面沒有什麼好看可言，但一襲便衣就搞定李儼，把這個頭痛人物一舉搞定，膽量足夠、算計到位，堪稱經典，不服不行。

第七節　五公紛亂

　　在王猛初顯身手時，燕國首席強人慕容恪的生命值卻直線下滑。

　　慕容恪治國有能力，打仗也猛，可性格卻有點弱，在關鍵的大事上，霸氣不足。比如他的哥哥傳位給他時，他寧死也不接受，硬是當一個頑固

第七節　五公紛亂

的守舊派，一定要按傳統把位子讓給他的姪兒。而且這個姪兒連慕容儁也覺得不是個好人。但他硬說行——這種違心的話，看起來很大公無私、很有謙讓的傳統美德，但對大燕國的發展卻是致命的。

慕容恪最清楚，他的那個兄弟慕容垂雖然被他的哥哥噁心到想吃其肉的地步，長期以來都在皇帝哥哥的打壓中生活著，但絕對是個能力不比他差的人才。所以，他認為，慕容垂應該是自己最佳的接班人。他不但在平時不斷地向慕容暐灌輸這些想法，而且在快死的時候，還把那群姪兒叫來，對他們語重心長了一番，說：「吳王慕容垂的能力比我高十倍，只要把大權交給他，我們大燕的前途就會更加光明，人民的生活會更好。如果讓吳王閒置不用，我們的事業就有玩到底的可能。」

為了發揮雙保險的效果，他又把這些內容跟另外一個強人慕容評說了，請慕容評把好這個關。

他在進行了這一番交待之後，就掛掉了。

他大概以為，他在生命最後一刻的隆重推薦，他的那個姪兒皇帝慕容暐再怎麼沒有良心，也會看在他的面上聽他一次。而且又有慕容評把好這個大關，總不會沒有作用吧？

哪知，慕容評首先就不同意他的話——我想，這並不是慕容評沒有發現慕容垂是個人才，而是認為要是慕容垂太有才了，他一上臺，自己就不能威風下去了。因此，在慕容恪死後，慕容評直接讓慕容冲當了大司馬——這個慕容冲是慕容暐的老弟，當時不過十七歲，卻全面掌握著全國的槍桿子。當然，看在死去的慕容恪的面子上，也對慕容垂進行了一次提拔：荊州刺史、車騎大將軍。你一看這個任命書，就知道這個提拔跟不提拔是沒有什麼本質區別的。現在荊州還掌握在晉人的手中，這個刺史只是個空頭職稱，除了能印在名片上嚇唬一下鄉下來的傻子，滿足一下小小虛榮心外，其他什麼作用也沒有；至於車騎大將軍，從理論上看，那是軍

113

第二章　雙雄對峙

職，級別很威風，可如果皇帝不為你撥點部隊，手下就只有幾個肌肉發達的侍衛而已，什麼事也做不了，還不如地方強人那樣，官職不大，但有自己的勢力，想過老大的癮頭時，早上宣布，下午就可以在第一把手的位子爽歪歪，把「老子天下第一」的感覺狠狠地塞到心頭。

其實，導致這個局面的責任，好像應該由慕容評和慕容暐來承擔。但我認為，這個責任中最大的那一部分，仍然可以由慕容恪承擔。你想想，在他成為全國第一號實權人物時，那是說什麼話都算話的時期，而他並沒有讓慕容垂得到多少權力，仍然只在吳王的位子上混飯吃。他早就應該把慕容垂提拔到他副手的位子上，讓這個猛人逐步掌握大權，全力打造慕容垂這個品牌，到他死的時候，他就是一句話不說，也沒誰能把慕容垂怎麼樣。

可他從沒有這麼做。至於他為什麼不這麼做，史書沒有給出答案，但我仍然強烈地認為，除了性格上的軟弱外，還有一點私心在作怪。這兩種心態加起來，慕容垂就只有在自己的職位上，什麼事也別插手，只能向陶侃學習，積極鍛鍊身體，努力讓自己長壽一點，等到慕容恪死後，才得以被重用了。而事實是，慕容恪一翹辮子，慕容垂的命運就更難轉變，燕國也從此從強盛走向衰敗。

慕容恪與世長辭，好像最開心的是燕國那幾個既得利益者，其實最高興的，卻是苻堅。

苻堅這些年來，開始派兵到處點火，找人練手，發動了一些大大小小的戰爭，但很少主動去惹燕國。那是因為有慕容恪在那裡把關。

在苻堅和王猛面對燕國的版圖、商量著如何把燕國搞定時，自己的國家卻先亂了起來。

大家知道，苻堅即位，靠的完全是政變，雖然得到人民的擁護，但苻生的兄弟們卻一點也不高興──按道理來說，把苻生拉下馬之後，應該

第七節　五公紛亂

從他們當中選一個優秀青年來擔任皇帝。可苻堅只是跟他的哥哥表演了一下互謙互讓的風格，然後就一屁股坐上皇位，他們只在一邊當觀眾。這些兄弟越想心裡越有氣，最後，終於集體向苻堅爆發。

最先跟苻堅公開作對的是苻幼。

這個事件發生在前年即興寧三年的十月。那時，苻堅正帶兵在杏城作戰，讓王猛和李威留守長安。苻幼看到大軍出征，就簡單地認為，現在長安城肯定是空虛得不能再空虛了，二話不說，帶著部隊，信心滿滿地向長安進軍，以為只這一仗就可以開創苻幼的新時代。哪知，這傢伙自信心超級爆棚，但能力卻是菜鳥中的菜鳥。他帶著部隊衝到長安城下，李威出城迎戰，根本沒花什麼力氣，就「斬之」。

這一戰一點也不激烈，在當時也沒造成極大的影響，但卻是揭開了秦國內戰的大幕。

當初苻幼準備行動時，曾經跟苻柳和苻雙取得聯繫，決定團結一致，把苻堅拉下臺。可後來苻幼行動時，那兩個同夥卻沒有行動，只在一旁觀望，而沒有積極響應，勇敢地跳出來。

苻幼死後，苻堅也聽到了苻柳和苻雙也是同夥的消息，他相信這些消息是真的，但要求一定要保密，堅決不追究。不追究的原因就是，苻柳是苻健生前最喜歡的兒子，而苻雙是他的親兄弟，苻堅不願做出傷感情的事來。

可他不想傷感情，人家卻不把這個兄弟感情當一回事。這幾個傢伙一點也不吸取教訓，總是看苻堅不順眼，再加上他們參與苻幼事件已經是公開的祕密了。他們由此認為，苻堅不會放過他們──與其等苻堅來抓他們，一個一個地殺掉，不如先跟他攤牌，如果發揮得好，搞定苻堅也不是沒有可能。

第二章　雙雄對峙

　　兩個人又覺得只靠他們的力量，有些單薄，就又跟苻廋、苻武取得聯繫。這兩個人都是苻柳的兄弟，早就恨苻堅恨得天天咬牙切齒。四人一見面，酒還沒喝上幾口，馬上就達成共識，聯合起來，武力推翻苻堅。

　　這四個人絕對不是做大事的人，才一商量，政治綱領還沒有最後定稿，八卦就弄得滿天飛，大家都知道這四個人準備做什麼了。

　　苻堅當然更加知道，他還不想傷感情，更不想讓這幾個傢伙把事情鬧大，就想了個折中的辦法，下詔讓四個傢伙都回首都，以後在中央機關工作，你好我好大家好。

　　四人一看這個詔書，把我們當豬頭看了？一張破紙就想搞定幾個強人？我們的頭腦沒這麼簡單吧？

　　不接受，堅決不接受！

　　根據史書的記載，苻堅的這份詔書是充滿了好意的，可事實上，卻成為了這個歷史事件的催化劑。

　　太和二年十月，四個人鐵了心叛亂，在接到這個詔書後，一致認為，不能再等了，同時向苻堅公開攤牌。

　　在處理這件事上，苻堅很老道，直到這時，四個反對派都已經高調舉起「打倒苻堅」的大旗，他仍然在做著和平解決的努力——苻堅是什麼人？王猛又是什麼人？他們肯定知道，這些和平努力是永遠不會實現的。他們這麼做，並不是在爭取這四個反對黨回頭是岸，而是透過大打和平牌，取得人民的同情心，在政治上大大得分。

　　當然，以苻堅的性格，如果四個傢伙真的放下武器，表示改過自新、重新做人，估計苻堅也會放他們一馬，奪過兵權，給個高官的級別，領著全國最高薪資，讓他們這輩子過上幸福生活。

　　苻堅派出使者，而且還讓使者帶著他咬過的梨子過去，說明自己是真

第七節　五公紛亂

心和解的。可四個傢伙集體把那個破梨退了回去。堅定地表示，一定要反叛到底。讓你知道，我們是一群有信仰的人，是一群勇於拚命的人──你就是說我們是亡命之徒，也沒關係，但堅決不吃你的那個梨子。你們拿回去，讓他獨吞苦果啊！

苻堅終於宣布和平努力已經徹底失敗，只有在戰場上對決，看誰勝誰負了。

太和三年正月，秦國的全境，冰天雪地，冷得要死。

苻堅終於發出了冰冷的討伐命令。

此時，四大叛亂勢力分布是：苻柳在蒲阪，苻雙屯上邽，苻廋據陝城，苻武在安定。在長安北面一字排開，口號喊得響徹雲霄。

按照苻堅的戰鬥部署：後將軍楊成世、左將軍毛嵩分討上邽、安定；輔國將軍王猛、建節將軍鄧羌攻蒲阪；前將軍楊安、廣武將軍張蠔攻陝城。

苻堅還提出了具體作戰要求，攻蒲阪和陝城兩路大軍只在那裡紮營，進入休息狀態，等上邽那一路完成任務後，才採取行動。

苻廋這時看到政府軍比他們想像的強大多了，不得不讓自己冷靜下來，對雙方力量和人才進行了一次評估，馬上得出結論：如果以他們四人的力量，最多只能把國家折騰一段時期，在一段時間內不斷地製造戰地新聞，吸引他人的目光，戲弄一下苻堅，讓他在鬱悶中度過。但己方的贏面實在太小了，不如引進外援，讓國際力量參與進來，把生意做大。

他馬上自動向燕國請降，請燕國派兵來跟他們一同作戰。

陝城是什麼地方？

大秦帝國東方大門。

這時大門全面開啟，敵人馬上就要大喊大叫衝進來，場面可怕得要

第二章 雙雄對峙

命。秦國朝野上下同時震動：啊這個苻武，你也太缺德了吧？自己跟自己兄弟玩玩也就算了，怎麼來這一招？這一招也太狠了。

這一招確實太狠。

可再狠的招，找錯了人，狠招也不狠。

如果這時，慕容恪還活著，這一招的殺傷力足以穿透苻堅和王猛的生命。

但慕容恪剛剛歸西，掌握燕國方向盤的是慕容評。慕容評雖然不是個豬頭，也曾經打過很多硬仗勝仗，但到底沒有遠大的策略眼光。這傢伙剛抓到大權，還沒有當穩實際最高領導人，時刻都懷疑有人乘他權力還沒有鞏固之際，要突然向他的屁股猛踹一腳，後果就嚴重了。因此都把精力放在這些事上，連國際新聞也很少看了。

當那個魏尹（即首都市長）慕容德上疏請中央趁秦國內戰全面爆發，全力插上一腳，勝利果實那是巨大無比的。現在這個世界上，哪種機會最大？就是敵人兄弟互相爭鬥，內部自相殘殺的時候，這是敵人主動奉獻出的機會啊！你想求也求不得。要是這個機會一消失，以後就是用老婆情婦去換人家兄弟火併一場也換不來啊！

老大，下決心吧。決心就是勝利！

連很多業餘軍事觀察員都看出，如果出手，就能把關中一把拿到手裡。

哪知，慕容評卻遲鈍得很，說：「越到這個時候，我們越要冷靜。苻堅和王猛是什麼人？你去看看秦國這幾年的發展和他們 GDP 成長的速度就知道了；你看看王猛擺平李儼的事就知道了。以前慕容恪還活著的時候，都不敢動他們一點腦筋。慕容恪的智商是我的好幾倍啊！他都不敢，我們這幾個菜鳥明目張膽地跑過去，能吃到巨大的勝利果實嗎？只怕是巨

第七節　五公紛亂

大的苦果啊！誰也不要再提這種叫我們送死的歪理邪說了。」

當然，誰都知道，他的話才是只有豬頭講得出的歪理邪說。可這個社會就是這樣，對歪理邪說的定義權永遠是握在當權派手裡，由他說了算。別人的聲音再大也是無效。

苻廋發信之後，天天伸長脖子，等著親人大燕軍的到來，哪知脖子都伸得成頸椎炎了，還不見一個燕軍的影子，啊！這幫孫子也太不講工作效率了。

他馬上意識到，不是燕國人工作不講效率，而是慕容評的頭腦發生了短路，便又想到那個強人慕容垂。就又連夜加班寫了一封信，派人送給慕容垂和皇甫真，把大道理又詳細地講了一大篇。

這兩個強人當然知道，對燕國來說，這肯定是歷史性的機會。可這個歷史性的機會，最後卻被一個極端自私的菜鳥搞砸。

兩人只是鬱悶地對著苻廋的信，眼巴巴地看著機會像風一樣，不斷地從身邊吹過，自己空有一雙大手，卻一點也抓不住。

而且局勢還在繼續向有利於燕國的方向發展。

三月七日，上邽之戰打響，被苻堅寄予厚望的楊成世被苻雙打了個遍地找牙；毛嵩也被苻武一頓暴揍。兩人夾著尾巴跑回長安，苦著臉說：「敵人太厲害了，最好換人，請板凳隊員上場了。」

苻堅除了換人，沒有別的辦法，派武衛將軍王鑑、寧朔將軍呂光等幾個人帶三萬人去迎戰。

苻雙和苻武每人勝了一場，心情正好得要命，覺得要是停下腳步，勝利就會止步，因此正帶著部隊狂奔而來，前鋒由苟興帶著，已到榆眉。

王鑑一看，老子就不相信一群與人民為敵的人能有多少戰鬥力。正要下令迎頭痛擊，把他們痛扁一頓，為政府軍找回個臉面，下一步再來個全

第二章　雙雄對峙

殲敵軍，取得更輝煌的戰果。

呂光卻不同意。理由很簡單，就是敵人剛打贏了一場，士氣正在最高點上，個個士兵正威風得很。這時跟他們硬碰硬，太不划算了。我們就在這個地方跟他們耗，比耐心，比誰的口糧足，誰的時間多。呵呵，過一段時間，沒有糧草了，不撤退算他厲害。他撤退的時候，就是我們的機會。

王鑑同意。

於是雙方對峙。

總時長為二十多天。

苟興的耐心還沒有耗盡，但糧草先吃光了。

沒有糧草，耐心還能堅持下去嗎？苟興看到沒吃的了，果斷地下令先跟敵人拜拜，等帶了糧草再來比比。

可呂光卻沒有等下一次的耐心了，對王鑑說，可以打了！

大軍全力追擊，苟興大敗。王鑑並沒有停下腳步，直接向苻雙和苻武部發起衝鋒。苻雙和苻武大概覺得苟興肯定會把王鑑打敗，因此一點準備也沒有，又被王鑑殺了個灰頭土臉，搶路狂奔。王鑑這次的收穫是：俘斬一萬五千人。

苻武和苻雙兩人放棄安定，一起向上邽逃去。

王鑑不管他們跑到哪裡，都跟在他們的屁股後面殺過去。他們前腳一到上邽，王鑑大軍後腳也追到上邽。

另一個戰場，是頭號猛人王猛與苻柳對峙。

王猛帶著大軍，只在城外安營，然後高掛免戰牌。

苻柳天天出來叫戰。

王猛不理。

苻柳連續叫戰了幾次，叫得大家的嗓子都啞了，消耗了許多的西瓜霜和喉糖，卻一點作用也沒有。苻柳以為王猛不理的原因，其實就是一個「怕」字——這個心態，很多歷史都證明，絕對是個錯誤，這個分析方法，絕對是個錯誤的分析方法。豬頭的辦法永遠最有送死的效果。

　　苻柳把王猛劃入膽小鬼行列之後，自己的膽子就無窮大了起來。

　　五月，他留下兒子守著根據地，拖住膽小鬼王猛，自己帶著二萬多主力部隊，準備渡過黃河，直取長安，讓王猛在這裡等死吧！

　　哪知，他的這個行動全在王猛的預料之中。王猛花了這麼多時間在這裡裝傻，等的就是這一天。他知道苻柳的大膽計畫後，馬上派鄧羌率軍搶在前頭等著。

　　苻柳威風凜凜地帶著大軍向長安出發，說進長安以後，我就是老大，全體士兵都成為首都居民。

　　哪知，才走了一百多里，部隊正在夜裡行軍，大家心情好得很。鄧羌早已等候多時，突發聲喊，齊心殺敵。

　　苻柳一看，到底還是中計了，大膽真的要不得。

　　這一次，鄧羌的部隊是七千人，對著苻柳的兩萬人，最後「敗之」。

　　苻柳只得撤退。哪知，碰上了王猛這樣的人，大膽冒進固然沒有好果子吃，而退兵回來，後果更加嚴重。打死他也想不到，王猛這傢伙太過缺德，在前頭取勝了一場，還在後路又張網等待。他正在往根據地狂跑，又被王猛一頓狂殺，比前一次更慘，被王猛「盡俘其眾」，他只帶了幾個貼身保鏢進了城。

　　王猛這一次不再膽小了，叫大家向蒲阪城猛攻，誰節省力氣斬誰。

　　不久，也就是這年七月，王鑑攻下了上邽，斬苻雙和苻武。宣布他們的家人無罪。

第二章　雙雄對峙

　　九月，在王猛的猛烈進攻下，苻柳終於頂不住了，王猛的部隊衝進城來。

　　王猛斬苻柳以及他的全家人。他進城之後，派鄧羌帶部隊與王鑑會師，共同進攻陝城。

　　四大勢力三個玩完，你就是用腳趾頭去想，也知道苻廋已經沒市場了，何況他的對手又是王猛。

　　十二月，王猛攻陷陝城，生擒了苻廋。把這最後一個勢力押回長安，向苻堅交差。

　　苻堅還算是個厚道人士，宣布看在大秦締造者苻健的面子上，赦免了苻廋：理由是苻健只剩下這個兒子了，要是再砍掉這顆腦袋，大秦的開國皇帝就成了絕後之人，影響太大了，連死人都受不住。

　　至此史稱「五公之亂」（從苻幼開始到現在，算是五大勢力。這五大勢力都是公爵，所以稱五公）徹底結束。

　　這場內亂耗時近一年，戰鬥場面雖然不很精采，但卻足以有條件成為歷史的轉捩點。假如大燕國的大權掌握在慕容垂手裡，而不是捏在慕容評這個沒有一點策略眼光的豬頭手上，苻堅和王猛這兩個黃金搭檔的合作就全面結束了。

　　但燕國沒有選擇慕容垂，而是選擇了慕容評。

　　燕國選擇了慕容評，歷史就選擇了王猛。

　　從此，王猛和苻堅這對黃金搭檔再沒有給慕容氏這樣的機會了。

第三章
桓溫再起兵

第三章　桓溫再起兵

第一節　北伐燕國

　　大秦帝國度過了這個大難關。

　　毫無理由地讓最強大的敵人從困難中抬起頭來的燕國，終於也走到了他們最後的日子。

　　兩年前，晉國還是秦燕首選的欺負對象，誰想高興一下，就拿晉國來當陪練，既爽了心情，又有物質收穫，還提高了本領，鍛鍊了士兵。

　　在秦燕兩個超級大國的當權派的眼裡，晉國弱得像個產婦。但燕國的那個慕容評卻從來沒有想過，晉國弱得像產婦的原因就是精力都花在內鬥當中，不管誰當權，都有一群堅強的反對黨，成天讓你在鬱悶當中工作，不得不集中精力，甚至用國家的資源來對付政敵，大家玩的時間一長，強人們的心態就發生質變，就從國家的長城，變成禍國殃民的帶頭人。而且已經形成光榮傳統，領導人換了幾屆，強人們死了幾批，這種傳統卻還在發揚。

　　慕容評的腦袋不但不去思考這些問題，而且也走上了這條路，只顧權力，只想腐敗，其他的一概是次要的。於是，國力迅速衰弱。

　　弱到什麼地步？

　　弱到連晉國也敢來欺負的地步了。

　　晉國現在的強人是桓溫，這傢伙的能力還是有一點的，如果一開始就大大重用他，讓他直接從一個憤青成長為一個將領也不是沒有可能的。

　　可是司馬昱這個豬頭政治家，卻硬是把他當成內部定時炸彈，處處打壓他，最後就把他真的打壓成定時炸彈了。

　　當然，這個炸彈現在還沒有引爆，還在想著如何再立點功勞，撈足政

治資本，把自己的威風吹得更大更強更嚇人一點，再引爆不遲 —— 反正現在都是自己說了算，跟實際領導人沒什麼差別，何必搶在火候成熟前動手，白白丟掉人氣？

他以前不敢對燕國動手動腳，那是因為慕容恪在最高領導人的職位上堅守著 —— 一個連冉閔都能痛扁到死的對手，他能咬得動嗎？因此，就只有等。

終於等到慕容恪死翹翹了，也等到慕容評把這個公司弄得到處是呆帳壞帳的時候了。

此時不下手，更待何時？

太和四年三月，桓溫正式宣布啟動第二次北伐。

按照桓溫的方案，此次北伐行動的領導成員包括：徐、兗二州刺史郗愔、江州刺史桓沖、豫州刺史袁真。

一般強人到了這個時候，都會將大家團結起來，一致對外，爭取勝利。可桓溫不是別人，還在利用這個機會，進行內部奪權活動。

他對郗愔老在京口那裡當老大很不爽，很想把京口劃到自己的勢力範圍內，因此經常說：「京口酒可飲，兵可用。」那是個好地方，可卻是人家的地盤。

而郗愔對政治的敏感度實在太低，一點也沒領會桓溫的話，既然說這個地方的米酒好喝，京口人民歡迎你來啊；既然這裡的兵可用，我們就團結一致跟敵人死拚到底，共同振興晉國啊！而且還把這些內容，用他那個很出名的章草寫了一封信給桓溫，表達了他的願望，並請求桓溫命令他「督所部出河上」 —— 郗愔的書法很厲害，尤其是章草，後來，王僧虔曾說：「郗愔章草，亞於右軍」，跟王羲之有得一比，該是當時書法界的強人了。

第三章　桓溫再起兵

這時，他的兒子郗超正在桓溫手下當差，是桓溫的參軍，看到老爸的信，差點把粗話都罵了出來，這麼大的年紀了，居然連這點事都搞不清楚，還表什麼決心。這是在把自己往死路上硬塞。當場把那封很有藝術價值的信撕了個粉碎，然後再幫他老爸重寫一封。口氣從頭到尾都低調得要命，大致是說，我這樣的人，練練書法，過年時到大街上擺個攤，幫人家寫點春聯，賺點私房錢，那是很稱職的，但不是當將軍上戰場的料了。現在身體各部位越來越老化，行動已經不靈活，請老大讓我退休算了。至於我手下的這些子弟兵，還是由老大親自領導。

桓溫一看，啊！這個老人家終於覺悟了。你覺悟了，老子也好講話得很。馬上任郗愔冠軍將軍、會稽內史。至於徐、兗二州的刺史，桓溫就不得不採納老人家的建議，全部寫到自己的名片上。

到了四月一日，桓溫率五萬大軍從姑孰出發，揭開了北伐的序幕。

桓溫以兗州作為北伐的起點，郗超認為這個起點選錯了——當然，不是從風水的角度考量的，而是認為，從這裡出發，路程太遠，而且汴水太淺，水運很困難，會造成後勤不暢的後果。還是考慮換個場地吧。

桓溫覺得這個參軍的話一點沒有參考價值，連回答都懶得回答。

六月，桓溫的大軍到達金鄉，正好碰上大旱，河水全部乾涸。桓溫部隊的糧草全靠水運，現在碰上這麼一個幾年不遇的大旱，後勤馬上就受限起來。

可桓溫卻一點也不消極，叫毛虎生把自己的部隊變成挖掘運河工程隊，要在短時間內趕工程，開出一條三百里長的運河，連通汶水和清河。呵呵，看看這個運河水清又清，現在還怕什麼大旱？你旱吧，只能旱死敵人，不會旱死大晉帝國的子弟兵的。

他帶著船隊從清水河進入黃河，回頭一看，幾百里的船隊，壯觀啊。

第一節　北伐燕國

誰有過這麼壯觀的船隊？

可當他心情超爽的時候，郗超又過來猛潑冷水，說：「船隊很壯觀，我們的軍容很整齊。可要是敵人不跟我們開打，只是斷了糧道，只一招就可以把我們逼到最危險的地步。因此我建議，停止水上耍威風，帶著全部部隊，直赴敵人的首都 —— 按現在燕國的形勢，敵人肯定不能抵擋。我們是來消滅敵人的，不是來旅遊的，要搶在時間的前面，盡快把敵人消滅乾淨。否則等到入冬，就吃不消了。要不，就採取穩紮穩打的策略，先駐紮在黃河和濟水一帶，把水路牢牢掌握在手裡，做好一切準備，等明年展開夏季攻勢。」

桓溫一聽，你這個臭嘴完了沒？老子怎麼越看你越像那個唐僧？一囉嗦起來，就可以把人煩死。

他把郗超的嘴巴堵住之後，下令建威將軍檀玄，你給老子把湖陸拿下，用勝利的事實讓那些無聊人士無語。

檀玄進攻湖陸，不但「克之」，而且生擒燕國的寧東將軍慕容忠。

燕國的高層震動，任命慕容厲為征討大都督，帶二萬部隊迎擊。

雙方在黃墟決戰。

燕軍大敗。而且敗到全軍覆沒的地步 —— 不過，還剩下一個人跟一匹馬跑回去，向中央報告。這個「單騎奔還」的人士就是燕軍前線最高指揮官慕容厲。

接著，燕國高平太守徐翻舉郡來降。

再接著，桓溫的前鋒鄧遐、朱序又在林渚開闢新的戰場，把傅顏痛打一頓，取得新的勝利。

慕容暐沒有辦法，雖然一敗再敗，敗得已經煩了，但你煩敵人不煩，因此，你再怎麼煩也得陪人家把仗打下去。他又派慕容臧帶著部隊去抵抗

第三章　桓溫再起兵

侵略者桓溫。

慕容臧也是個菜鳥，才接受任務沒幾天，陣地還沒有擺好，可怕的侵略者已經衝殺了上來，弄得勢如破竹。

慕容臧想不到這仗這麼難打，弄得手忙腳亂，不斷地向中央告急——再不派部隊支援，我就光榮犧牲了。我犧牲了，你們也沒什麼好處啊！敵人更加不會因為我死了就不打了。我保證，敵人會打得更囂張。不信可以試試。

慕容暐當然想救慕容臧。可是叫國防部過來盤點一下，實在沒兵可派了，啊，慕容臧，你叫老子救你，可誰救老子？

不知是誰出的主意，說可以請秦軍過來支援一下啊！

慕容暐一聽，想也不想，當場拍板，就派散騎常侍李鳳去秦國跑一趟。

桓溫的大軍繼續聲勢浩大地前進。燕國原兗州刺史孫元以前大概受過不公正的待遇，從現任刺史變成原刺史，心頭早就氣得不行，早就恨不得敵國的大軍殺過來，自己好當一個「燕奸」，響應敵人，讓原來的老闆看看做人不厚道是有報應的。這時看到桓溫的大軍威風凜凜地開到，而且打到現在，不管慕容暐派誰過去，他都保持不敗的紀錄。這正是他當「燕奸」的大好機會，馬上宣布帶著自己的部下起兵響應桓溫。弄得燕國更加被動起來。

桓溫順利進到枋頭，離鄴城已經不遠。

慕容暐好像已經聽到桓溫軍的號角聲，更加怕了起來。

他找到現在全國最大的當權派慕容評，問他怎麼辦？

慕容評卻比他更怕，兩個膽小鬼在一起商量，只能得出膽小的平方。

結果是，兩人一致認為，再在這裡死撐，只能撐死，不如抓緊時間，

收拾行李，拖兒帶女，跑回老家。那裡冰天雪地，冷得要命，桓溫的部隊肯定不會追到那裡去──我們在那裡同樣可以過著幸福生活。

如果他們的膽小計畫得以實施，桓溫的這一次北伐就會以勝利告終，就會證明郗超那番囉嗦的話，除了煩人的負作用外，沒有一點是正確的。

也許，桓溫也知道，郗超那話是有道理的，但他主觀的認為，燕國死了慕容恪，剩下的全是一群吃閒飯的傢伙，比賽做壞事，那是一個比一個優秀，一個比一個有創意，可真正能擺到臺面上的，已經沒有什麼人了，只要自己的部隊沒有碰上瘟疫之類的問題，就什麼都不怕，不管哪個地方，都可以狂扁過去，不管走哪條路，都是勝利的道路。

可這時，桓溫意想不到的一個猛人站了出來，在歷史的臺面上狠狠地表演了一把。

第二節　再度功虧一簣

這個猛人就是慕容垂。

郗超能看到的地方，慕容垂當然也看到。

他看到慕容暐和慕容評就這麼號召大家打點行裝，能拿的盡量多拿，弄得一片悲觀，知道這樣下去，大燕真的就完蛋了，忙出來說：「臣請擊之；若其不捷，走未晚也。」

慕容暐和慕容評一看，居然還有人願意去當炮灰。好啊，就讓他去啊。不是說他能力很強？是天下無敵的奇才嗎？就說：「好，你去吧。打敗了，光榮犧牲了，別說是我們叫你去的。」

兩人馬上以最快的速度下了個命令，免去那個只會叫苦不會打仗的慕

第三章　桓溫再起兵

容臧的職務，讓慕容垂接過使持節、南討大都督的大印——當然，現在這個大印只有慕容垂覺得有點可愛，別人都把它當成燙手的山芋，丟掉還來不及——帶五萬人去跟桓溫作最後的決鬥。

慕容暐雖然對前途很悲觀，但還沒有完全放棄，看到慕容垂這麼有信心，便也有點想挽回損失的念頭，再派樂嵩去秦國，請秦國支援一下他們。這一次不是只讓這個友好鄰邦義務做好事、免費救人，而是有報酬的。這個報酬就是「賂以虎牢以西之地」——把虎牢關以西的那一片最具開發價值的黃金地段都免費轉讓給你們。這條件可以了吧？

苻堅一看，這條件好像很不錯，可如果我們大秦不出兵，只怕你們燕國所有地段，不管是黃金地段、非黃金地段都會變成桓溫的地盤了，等你們打得累了，老子出去順手抓一把，估計也能撈到幾塊有開發價值的地皮，所以，這個報酬貌似很大很隆重，其實沒有一點現實意義。

因此，救與不救，完全不用看在這份報酬清單的面子上。

而且秦國的官員基本上都認為，燕國現在受這個罪是活該——以前桓溫都打到我們首都的門口了，燕國卻只在一邊滿臉微笑地當觀眾，摸著鬍子看情節的發展。現在我們也不管他們，也當觀眾。

但這些官員中，不包括王猛。

苻堅是個很聰明的人，看到王猛不說話，就知道他心裡有想法，而且他知道，王猛的想法與眾不同——要是與眾相同了，他還叫王猛嗎？

苻堅現在已經像石勒一樣——石勒在張賓沒表態之前絕對不拍板，苻堅也在王猛不出聲時，堅決不下最後的決定。

他請王猛過來單獨問一下，你有什麼想法？剛才為什麼不發表意見？

王猛說：「老大，你要把形勢全面看清楚啊！現在不是當不當觀眾，要不要幸災樂禍的時候。而是看看我們這本新的三國演義該怎麼發展啊！

第二節　再度功虧一簣

我認為,現在燕國雖然還很強很大,但絕對不夠桓溫打。如果桓溫一下全面占領了燕國的地盤,實力得以大量擴充,直接把前線推進到崤山、繩池一帶,老大就『大事去矣』了。那時就知道這個幸災樂禍的結果比膽還苦啊!所以,不如現在跟燕國聯合起來,一起把桓溫打跑。桓溫一跑,燕國被折騰得也差不多了。我們再把這個差不多了的燕國搞定,那不是容易得像放屁一樣?所以,這次我們一定要發揚國際主義人道精神,出兵去救燕國。這是上策。其他之策最好免談。」

苻堅一聽,好的,拍板了!

八月,他派將軍苟池、洛州刺史鄧羌率步騎二萬以救燕。這支懷著鬼胎,打著國際人道主義大旗的部隊,輕鬆地進入燕國的領土,越過洛陽,直接就來到了穎川──這個結果,是以前苻堅做夢也想不到的,心裡當然爽得要命:呵呵,謝謝桓溫,謝謝慕容暐,更謝謝我們的王猛!前兩位幫老子製造機會,後面這位幫老子抓住了機會。

當然,苻堅還賣了個乖,在大軍全面進入燕國境內之後,還派姜撫去向慕容暐報告,說大秦國抗晉援燕志願兵已經雄糾糾氣昂昂地來到燕國了。

你看王猛這一招,知道什麼叫陰謀詭計了吧?明明是要吃人,可表面看來,厚道得不能再厚道了。

為了表彰王猛貢獻的計謀,苻堅對王猛又提拔了一次,任命王猛為尚書令,掌握政府最高權力。

其實,用不著秦國的幫忙,只憑燕國的力量,對付早已犯了策略性錯誤的桓溫,也是可以的。

桓溫的能力在晉國絕對是最強的,打仗的經驗也是最豐富的,尤其是剛開始,戰鬥都能一路凱歌,取得連勝,讓他以及晉國人民的心情都得意

第三章　桓溫再起兵

洋洋。可這個得意卻在攻進人家的首都時，突然被叫停。

上次伐秦，也是在長安城外的灞上，只要再跨上一步，他就直接跨入另一頁很閃亮的歷史。可桓溫的思維突然遲鈍起來，居然就在灞上停留下來，而且停留得理由一點也不充分——你停下的理由不充分，人家暴打你的理由就很充分了。於是，造成了那次勝利前的徹底崩盤。

這絕對是一次深刻的教訓，只要稍微有點自我反省能力的人，都會認真總結，全面吸取經驗教訓。可桓溫其他能力很強，奪權的手段很厲害，但卻不是個能反省的人。

這一次，他又開始犯前一次的毛病。

燕國的申胤都看出，桓溫必敗無疑。理由如下：

一、桓溫雖然強悍，但晉國太弱，而且他向來沒有經營好跟同事的關係，別看他現在威風，但那些人肯定不希望他成功，必定會想辦法，玩個花招來扯他的後腿；

二、現在是他對我們做最後一戰的最佳時機，他卻一點也不抓住機會，硬是讓大軍在黃河中游那裡遊覽。沒一點冒險精神，又犯了上一次要坐等勝利的大錯。過一段時間，糧草一緊張，不用我們再出手，他就自己玩完，完全複製他上一次的失敗。

然而這一次，桓溫還是想積極一點的，他請了個叫段思的人當嚮導，去找敵人決鬥。

敵人很快找到，但「燕奸」被殺了。

桓溫有點氣憤，派李述再出兵，奪取了幾塊邊緣土地，算是賺回這個面子。

哪知，這個面子還沒賺到幾天，燕國的悉羅騰和染干津聯合出擊，不但打敗李述，而且連李述的人頭也砍了。

第二節　再度功虧一簣

這次，桓溫無邊無際的鬱悶終於開張。

此前，他曾經派袁真去進攻譙、梁兩地，目的就是鑿開石門，打造一條永不斷流的水上運輸線。袁真很快就打下這兩個地方，但石門卻不是說鑿就能鑿開的。袁真在那裡沒日沒夜地趕工，仍然沒有鑿開。

因此，袁真仍然在那裡當工頭，糧道仍然沒有打通。

此時，被打暈了頭的燕國強人們，經過這麼長時間之後，頭腦也清醒了過來，知道如果不抵抗只有死路一條，只有組織力量對抗到底，才是唯一的出路。而且他們也看到了桓溫的軟肋。

被人家抓到軟肋的後果肯定是嚴重的。

燕國的人看到桓溫這麼不作為，完全把機會丟給他們，這時還不動手，不如直接找來繩子自殺算了。慕容德和劉當帶著一萬五千人，大步向石門開去，對袁真的開鑿工程進行干擾。

慕容德的部隊很快就和晉軍接觸。

慕容德居然也玩了個花招，這傢伙對晉兵的戰場風格進行過深入的研究，知道晉國士兵有個突出的特點，就是情緒波動較大，平時膽子不知擱置在哪個保險箱裡，對衝鋒陷陣的事從不積極；可當看到敵人失敗時，膽子突然急遽膨脹，勇氣馬上乘以數倍，勇敢得沒有譜。因此，他認為，對付這樣的敵人最好的辦法就是，設好埋伏讓挑戰的部隊假裝失敗，然後把敵人帶進埋伏圈。

晉軍果然上當，傷亡慘重。

桓溫連續勝利之後，又連續慘敗，鬱悶之後繼續鬱悶，而更嚴重的鬱悶又接著來──後勤部報告：老大，沒有糧草了。

而且據可靠消息，更加生猛的秦兵也已經把他當作打擊目標，雄糾糾地開了過來，估計幾天之內就可以到達前線，並投入戰場。

133

第三章　桓溫再起兵

這仗實在沒辦法打了，誰有辦法誰來打。

九月十九日，桓溫決定不在黃河玩了，叫大家收拾行李，撤軍。

桓溫撤退的代價是很大的：把所有的船隻、軍用物資外加一些武器，通通一把火燒掉。然後大軍從陸路退走。

桓溫連續遭受打擊，心理也被打擊得脆弱起來，怕人家在河裡投毒，居然在行軍途中，叫士兵們不要飲用河裡甚至是井裡的水，而是發揚自力更生、艱苦奮鬥的精神，每到一處，都自己鑿井而飲。

這樣很安全，但行軍進度很慢。

而他們全程得走七百多里。

當然，這七百里放到現在，大軍弄來幾輛軍用大巴，早上啟程，不用十個鐘頭就搞定。可現在桓溫的部隊都是陸軍，來的時候走的是水路，舒服得很，可現在走的是陸路，連一匹老馬也沒有，行軍全部靠走，要磨完這七百里，任務實在是光榮而艱鉅。

更要命的是，還有敵人在屁股後面緊追不放，隨時隨地可以給自己來一腳，那是一點不好玩的。

燕國的那些將領都打出了感覺，看到桓溫就這麼縮回去，就想著盡快追過去猛打，過程一定很爽，效果一定很好。

可慕容垂不同意，他認為，桓溫不是豬頭，他一定有埋伏，誰追上去誰送死。所以，現在我們要做的是，只在原地不動。桓溫看到我們不追了，肯定收起他的伏兵，加快速度南回。到時再追過去，那個過程才叫爽，那個效果才叫好。要記得，我們的部隊是騎兵，很快就可以追上他啊！

他只派八千騎兵遠遠跟著，好像只是在監控桓溫撤軍的進度。

桓溫看到只有這麼一點人跟著，就收起了最後的警惕，下令大家趕快

加速,不理交警的雷達測速,能衝關的盡量衝關,發揚不怕跑路的精神,跑回自己的家園。

大家一聽,當然就一路狂奔,沒命的逃。

慕容垂說:「可以追擊了,給老子把逃跑的侵略軍往死裡打!」

燕軍全是騎兵。事實早已證明,馬的四條腿比人的兩條腿的速度,快了絕對不止兩倍。這時燕軍加速追來,沒幾下就在襄邑追上正在狂逃的桓溫部隊的主力。那個場面是,一方在一路狂逃,另一方緊貼著屁股一路狂扁。

晉兵只有更加拚命逃跑了。哪知,那個慕容德是個缺德的傢伙,早已帶著部隊在前頭埋伏,看到晉軍冒出頭來,當場就是一悶棍,又打死一大片。落後捱打,先到也被揍,真是倒楣起來,兩頭受罪。

好不容易犧牲大部分兄弟(據相關部門統計是三萬)才奪路衝出。

跑到譙縣,大家覺得該完了吧!

哪知,還沒完。

燕兵是打夠了,停止了腳步,但那支大秦國的抗晉援燕志願兵卻又打上來了——既然都到了前線,不打點仗,回去不好交差啊!

桓溫的部隊又被這支部隊攔腰一刀,直接損失一萬多人。

到了這時,桓溫的這次倒楣才告一段落。

從整個過程看,桓溫的準備工作做得很充分,一開始打得很順利,離最後勝利就只有幾步之遙了,全國人民都聞到勝利的味道了,可最後又把過去的錯誤再搬過來,又上演了一次,不但葬送了勝利的果實,反而被人家打得全線崩潰,回到老家時,幾乎全軍覆沒。

這個責任,應該完全由他來承擔。

可他不承擔。

第三章　桓溫再起兵

他說，是袁真造成的。如果袁真的工程能提前完成，糧道暢通，部隊有飯吃，能被人家打敗嗎？現在就因為袁真不能打通石門，拖累了全軍。這樣不稱職的傢伙，應當免職。

於是，袁真就被免職。

袁真不服，上書申辯，說自己沒責任，桓溫有責任，請朝廷明辨。

朝廷當然可以明辨。可關鍵是，現在桓溫就是朝廷，朝廷就是桓溫。他能讓你明辨嗎？你想明辨，那好，你得成為桓溫這樣的強人。

這時袁真正在壽春當第一把手，上書之後，沒見回音，馬上就知道沒戲了，鐵定降為百姓中的一員。他一氣之下，馬上決定不跟他們玩了，要玩就玩另一種：叛變！這傢伙叛變的決心很大，不光向燕國投降，還派人跑到秦國那裡表示自己不當晉國的良民了，為自己上了雙保險。

對於袁真的作為，桓溫只有生氣，也沒有別的辦法。

第三節　慕容垂的逃亡之路

如果在這場戰爭結束之後，大家來個全民投票，票選最倒楣的人，估計大部分人都會把那神聖的一票投給桓溫。

可我卻把票隆重地送給慕容垂。

如果按照燕國那兩個當權派的狂逃構想，估計此時，北方那一塊熱鬧的地盤上，正上演大燕各族人民被桓溫部隊猛打的激烈場面，大家目前正被瘋狂的晉國侵略者追得滿世界跑。是慕容垂在關鍵的歷史時刻，挺身而出，帶著英勇的大燕子弟兵，以不怕犧牲的大無畏精神，抓住桓溫送過來的大好機會，把桓溫打得滿世界亂跑，在生死關頭挽救了國家，就是把這

第三節　慕容垂的逃亡之路

個功勞算成無窮大，也一點不過分，給他發塊跟鍋蓋一樣大可以當斗笠戴的功勳章，也是應該的。

可在這個年代，應該的事就是不發生。

慕容垂回到首都時，不但帶著勝利的表情，也帶著空前的威望。

這個威望是慕容暐和慕容評最不爽的。可這威望不是權力打出來的，更不是權力可以壓下去的。

兩人壓不下去，心裡就充滿了嫉妒。連個美女的嫉妒都很可怕，兩個當權者的嫉妒加起來，產生的能量就不止是嫉妒的平方，而是嫉妒的 N 次方了。

慕容垂顯然並不知道慕容評和慕容暐此時對他的態度，以為自己這次做出了成績，表現出水準，應該得到中央的信任了？應該有點發言權了吧？而且那麼多跟自己痛打侵略者立下汗馬功勞的子弟兵也該表彰一下了吧？可現在中央沒有這個意思，自己不站出來說話，誰站出來說話？

有了這麼多個應該做前提，慕容垂就奏請中央對參戰部隊進行一次表彰，以資鼓勵。

可奏章送去之後，慕容評一看，卻只把這份奏章當作一般信件處理，放在一邊，連已閱兩個字都沒有簽上。

慕容垂看奏章送上好幾天，還沒有回音，就問慕容評。

慕容評仍不理——這傢伙是個典型的奸臣：敵人衝上來時，只想著如何保命，除了逃跑，沒有別的辦法。可當政權穩固，對自己的人卻冷酷得要命，不管你怎麼跟他說話，他永遠都是那個把你當作另類動物的表情。

慕容垂屢次請求。

慕容評屢次不理。

慕容垂生氣了，就大聲在大家面前質問慕容評這件事，並跟他爭論起

第三章　桓溫再起兵

來：難道表彰一下為國家立下大功的子弟兵都不行？以後誰還為我們去打仗、去保家衛國？

於是，兩人的矛盾終於不可調和。

一般到了這個地步，矛盾只有擴大，不會縮小。

慕容評對付桓溫一點也沒有辦法，但對付慕容垂的辦法卻很多、很毒。

他不光自己對付慕容垂，而且還找到一個強而有力的同盟。

這個同盟者就是太后可足渾氏。可足渾氏跟慕容垂的過往前面已經講過，這裡就不再囉嗦了。

兩人坐在一起，先是把慕容垂的戰功全面否定，說對付桓溫那樣的菜鳥，只要是人都能把他搞定，沒有我們前頭的敗仗作基礎，桓溫驕兵必敗，他後面能取得那樣的成績嗎？何況，那也是廣大士兵拚命的結果，現在倒好，功勞全放到他的頭上了？他這麼做，是什麼意圖？是想先抓權，再奪權──傳說中的權臣，就是這樣強大起來的。對於這樣的人，一定不能心慈手軟，要勇於大義滅親。否則，就有亡國的可能。

於是，兩個人咬牙拍板，要搞定慕容垂。

他們當然不知道，他們的一個拍板，是把燕國拍得亡國的板。

不過，兩人的手段很陰險，但保密卻做得很菜。

最先得到可靠消息的是慕容恪的兒子慕容楷以及慕容垂的舅舅蘭建。

蘭建不用說了，肯定是慕容垂的人，而慕容楷也是慕容垂的同情者。兩人知道這個消息後，第一時間就跑過去找慕容垂，並當場建議，先下手為強，這幾個傢伙太氣人了，殺死他們，對國家只有好處沒有壞處。

慕容垂這時還很善良，覺得兄弟生到這個世界上，是做親人來的，應該團結友愛，不是為了自相殘殺，就不答應。

第三節　慕容垂的逃亡之路

才過兩天，那兩人又跑過來找慕容垂，說：「據最新可靠消息，太后已經在昨晚下最後的決心，要搞定你。現在你看著辦吧。你還想團結友愛，人家不團結不友愛啊！人家要動刀動槍了。」

慕容垂一呆，說：「如果我先動手，那就成了動亂的帶頭人了。這個我不想做。我不能做，逃總可以吧？」

慕容評他們的保密做得很菜，但慕容垂的保密卻做得很好。到了現在，他連在兒子們面前都沒有露出一點口風。他不露口風的原因，估計是他對自己的那幾個孩子很不放心——後來的事實證明，雖然慕容恪的兒子堅定地站在慕容垂的一邊，但慕容垂的孩子卻有幾個跟他立場不一致。

不過，他的大兒子慕容令跟他絕對是保持高度一致的。慕容令是那個段才女的兒子，對母親被可足渾氏那個女人害死，很不服氣，天天都想報仇雪恨。這時看到老爸的臉色鬱悶，就知道老爸碰到麻煩了。能讓老爸那張臉鬱悶到這個地步，只有慕容評和可足渾氏以及慕容暐可以做到。

他偷偷問老爸：「他們是不是想搞定你老人家？」

慕容垂說：「是的。」

慕容令提出建議，先跑回龍城，然後寫信給皇帝認錯，請求皇帝寬大處理。然後在龍城等待，如果他們想通了，不把我們當死敵了，允許我們回來，我們再回來。如果他們不允許，我們就在那裡武裝割據，這個世界誰怕誰。

慕容垂一聽，好兒子，好主意！

父子倆迅速做好外逃方案。

十一月，慕容垂向中央上書，說天天坐在辦公室裡吃好喝好，身體有點發福，血脂有點高了，想去打打獵，鍛鍊一下身體，去掉那層脂肪。打獵的地點是在大陸——這個大陸，可不是現在這個大陸的含義，而是指

139

第三章　桓溫再起兵

現在河北的涿縣。

這個報告其實是虛晃一槍，他早就已經脫掉那一身名牌，換上平民服裝，混出京城，下一步就是以龍城為終極目標，一路狂奔。

剛開始很順利，一路無事。可才到邯鄲，他的那個兒子慕容麟就不合作了。這傢伙是慕容垂的小兒子，卻不怎麼可愛，因此，慕容垂向來不喜歡他，有什麼好吃好喝都很不情願讓他沾邊。這時他看到老爸這麼跑著，跟隻喪家狗沒有什麼差別，而自己也跟著受累──往日有享受你不叫我，現在碰到困難了，卻叫我跟在你屁股後面狂奔，奔得老子的腳都痛起來，而且現在離龍城還那麼遠，不知還要發揚不怕跑路精神跑多久啊！而且事情一敗露，恐怕還跑不了幾天，就被人家抓獲歸案，然後集體押往刑場，一同開斬，那可划不來。反正老爸向來也不把我當他的兒子，我現在為什麼把他當老爸？

這個想法一出現，他馬上決定，老爸遲早要被人家殺掉，不如自己出賣他，也算肥水不落外人田！慕容麟馬上掉頭跑回鄴城，當面向慕容評報告：我老爸已經叛逃！

在慕容麟當逃兵時，慕容垂身邊的人看到人家的兒子都不跟了，估計再走下去，前途大大的黑暗，也都選擇了跑路。

慕容垂的人馬立刻就變成了一小撮，很孤單地繼續狂奔。

慕容評接到報告後心想，算你狠啊。老子還沒有下手，你倒先把尾巴擺了出來。老子以前還怕搞定你，人家有閒話，說老子做冤假錯案，陷害功臣，殘殺兄弟。現在我是為民除害，是在狠狠打擊分裂者。呵呵，有把柄在手就是不一樣，比陷害人有底氣多了。

既然不用陷害，就得走一下流程。當然這個流程很簡單，只是向皇帝進行彙報，然後請求派兵追殺。

第三節　慕容垂的逃亡之路

慕容暐除了准奏之外，還會說什麼？於是中央派慕容強帶兵過去，把慕容垂一幫人捕獲審判。

慕容強一直追到范陽，這才追上慕容垂他們。

到了這時，慕容垂再怎麼善良也不會束手就擒，而是叫他最放心的大兒子慕容令帶著部下斷後。

慕容強的名字很威風，但能力確實不怎麼樣，看到慕容令擺開拚命的架勢，就不敢再前進了。

慕容令對老爸說：「現在我們的意圖暴露了，死守龍城的計畫也泡湯了。不如跳槽到秦國去。聽說苻堅的人才引進政策還是不錯的。」

慕容垂同意。馬上來個化整為零，全跑到山上躲了起來。

慕容強突然間找不到幕容垂他們，只得回去報告：慕容垂及其成員已經失蹤。

其實他們並沒有真正的失蹤，而是順著路向南，返回鄴城，準備投奔秦國。

慕容評和慕容暐以及那個可足渾氏除了那幾手自以為很陰險的伎倆外，別的想法都很菜，一點也沒有想到，慕容垂居然又回鄴城。

他們一點也不設防，更沒有在路上布關設卡，向全國發出通緝令。不過，慕容垂他們仍然經歷了一場嚇得要死的險境。

他們來到鄴城時，當然不敢公開露面，就躲在顯原陵的墓地裡——他們以為這個地方陰森森的，不會有什麼人來。可很多時候，你以為沒有人來的時候，人家偏要來。

而且來的全是騎兵，差不多幾千人，個個肌肉發達，驃悍得很。

這些人是來打獵的，不知是什麼原因，突然以顯原陵為目標，從四面八方包圍了上來，個個滿臉橫肉，全是殺人的神態。

第三章　桓溫再起兵

　　慕容垂一看，跑不了啊！當場疲軟在現場，連那個一直幫他出主意的兒子也徹底沒辦法了，只站在那裡表現出很傻很天真的表情，只敢放屁不敢說話。

　　除了等死，沒有別的路子。

　　可意外之後，更有意外。

　　當慕容垂他們做好等死的心理準備時，突然那些獵人的獵鷹朝反方向紛紛飛走了。那些騎兵只得追他們的獵鷹而去。沉重的馬蹄終於越跑越遠，最後什麼也聽不見了。

　　危險過去之後，慕容垂認定，這是老天放他一條生路！當場宰殺白馬，舉行了一個悲壯而堅決的儀式，向老天表示衷心的感謝，也跟所有的心腹發誓會做到底──且盟從者。

　　吃了白馬的肉，喝了白馬的血後，慕容令的剛強心態又迅速地復原，當場向老爸建議：「現在誰也不知道我們就在這裡，不如直接殺進去，把慕容評解決了。只要給我幾個敢死隊，我就可以完成這個任務，容易得像放屁一樣。」這很像當年冉閔大敗之後回鄴城的情景。

　　慕容垂卻否決了。他這時當然不是怕搞定了慕容評會被人家說是缺德，而是怕一旦搞不定，他就全完了。既然還有退路，為什麼做這種冒險的事？

　　慕容垂的倒楣不但是受到當權派的擠壓，連自己的兒子也老是當反對黨，而且當得最堅決、最徹底。他剛被逃跑的那個小兒子狠狠地出賣了一把，讓他割劇龍城的圖謀全面泡湯。現在他的另一個兒子慕容馬奴又要把他出賣給慕容評。可這個兒子絕對不是做奸商的料，買賣意圖還在心頭打轉，就被老爸看出了心思。

　　你敢出賣老子，老子就敢殺你！

第三節　慕容垂的逃亡之路

慕容垂果斷出手，把馬奴的頭斬了下來。

然後繼續南下。

到達河陽，準備渡過黃河時。那個渡口管理人是個眼光很厲害的人，但更是個豬頭。他一看到慕容垂，馬上就認出來。在這個渡口當了這麼多年的差，人家都不知道被提拔到哪裡去了，老子仍然是渡口管理中心的主任。現在機會終於來了。這傢伙只想著抓了通緝犯，立下這個大功，想不破格提拔外加一大筆獎金都難。

他只顧在心裡盤算，卻一點不想想，他現在面對的是什麼人？是一個苻堅和桓溫都心裡發怵的強人，殺的人比他見過的人還多。他這個當了這麼多年渡口管理中心主任沒得到提拔的人，能抓到人家嗎？他才宣布關閉渡口，慕容垂就大刀招呼過去——你以為老子怕當這個殺人犯？告訴你，老子連兒子都殺了！

處理了那個渡口主任之後，慕容垂帶著心腹們渡過黃河，進入洛陽，帶著所有的死黨以及全家老少來個舉家叛國投敵，只留下那個可足渾氏硬塞過來的老婆在這個地方——想再嫁人也沒誰干涉，想守寡也隨妳的便，通通跟自己無關了。

城防司令吳歸知道後，也學那個渡口主任，帶兵追來，追到文鄉，追上了他們。不過，吳歸比那個渡口主任乖多了，跟慕容令一交手，就知道這個功勞不是誰想立就可以立的。馬上停止行動。

慕容垂終於順利跑到了秦國。

很多人會認為，現在這個世界上最高興的就是慕容垂了。其實，這絕對不正確。慕容垂在燕國那裡轉了個大圈，最後居然逃得性命，而且把該帶來的人都安全地帶出來了，當然很高興。

但不是最高興的人。

第三章　桓溫再起兵

　　苻堅才是最高興的人。

　　這傢伙那雙貪婪的眼睛早就把燕國當成一塊大肥肉盯得死死的，日日夜夜、時時刻刻都想發兵過去，把那塊領土的統治者打個落花流水，然後劃歸自己的名下，只是知道這個慕容垂厲害，所以就不敢亂來，按兵不動，現在都按得手心全是汗水。這時看到慕容垂居然跳槽過來，心裡當然超級高興：嘎嘎！這塊肥肉老子吃定了！

　　大家知道，苻堅也像三國時代的那幾個老大一樣，看到人才眼睛的瓦數就突然增大，心情就特別舒暢。這時他發現，不但慕容垂是個人才，而且他的那個大兒子慕容令也是個少有的猛人。每天都恨不得跟他們在一起。每次朝會時，都用特別的目光看著他們。

　　如是照這個情節發展下去，慕容氏父子在秦國發展的勢頭肯定很猛，前途肯定無比光明。

　　可王猛卻不爽了。

　　我們無法知道王猛當時真正的內心世界裝的是什麼。他在苻堅百分之百地看好慕容氏父子時，對苻堅說：「老大。你只看到他們是個人才。可你卻看不出這兩個傢伙都是野心家。是屬於虎落平陽、龍游淺灘的人，一旦機會來到，他們就會來個虎歸深山、龍入大海，那時我們就有苦頭可吃了。因此，現在就應該把他們解決了。」

　　應該說，王猛的這個分析有一部分是正確的。有一部分正確，另一部分就不正確了。慕容垂父子確實是龍虎之類的人物，如果讓他們自立，確實是很可怕的，不好對付。但如果真的對他們加以重用，讓他們沒有感到一點信任危機，估計他們也不會玩虎入深山、龍歸大海那一套的，肯定會成為大秦國的有用人才。可惜王猛不知出於什麼考慮，一開始就打壓慕容垂。

後來的很多人都把王猛比作諸葛亮。在其他方面，我認為，他跟諸葛亮的區別很大。比如打仗，他可以帶著部隊衝鋒陷陣，直接戰鬥在第一線，能夠親自進城去扁李儼，比很多孤膽英雄做得還精采──這一點，估計「一生唯謹慎」的孔明是不敢做的。但在對待慕容垂的事上，他跟羅貫中筆下的孔明對待魏延卻有著驚人的相似。諸葛亮一見到魏延，馬上喝令拉下去斬了。表面的理由是賣主求榮，該死！背後的理由卻全是騙人的鬼話：有反骨。好像他的眼睛裝有 X 光一樣，可以看到那塊反骨正在茁壯成長，不殺，以後我們就沒有活路。後來魏延果然造反，可大家都知道，那個造反完全是孔明逼出來的。

當然，現在王猛的理由好像很有前瞻性，但這個前瞻性完全是莫須有的翻版。

但這次苻堅不聽王猛的。

他任命慕容垂為冠軍將軍，封賓徒侯，慕容楷為積弩將軍。

第四節　秦國進攻燕國

前面說過，為了抵抗桓溫，燕國曾經向秦國求救，秦國也確實派出了一支志願兵部隊，而且急行軍還真趕上桓溫潰敗，然後猛打了一下，也算是兩國軍隊並肩作戰了一回。於是，兩國就結成了友好鄰邦，天天說秦燕兩國人民的關係是兄弟關係，兩國人民的友誼是萬古長青的，是誰也破壞不了的。而且，從那時開始，兩國的大使互訪就從不間斷，你來我往，關係密切得很。

當然，你知道，這是比屁話更臭的話。

第三章　桓溫再起兵

但慕容評卻堅信他們和秦國的友誼堅固得很，是牢不可破的。

在慕容垂投奔秦國之後，那個在秦國待了一個多月之後回家的使者梁琛回到燕國。這傢伙雖然在秦國那邊好吃好喝過著極端腐敗的生活，但仍然是燕國心，在秦國答應讓他離開後，立即開足馬力，狂跑回燕國，連衣服都不換就是向慕容評彙報。彙報的大致內容是，現在秦國天天都在大練兵，到處都在深挖洞，廣積糧，時刻都在準備戰鬥。我估計啊，我們跟他們這個兄弟關係沒多少日子了。而且現在慕容垂又跑過去，而他們全部接納，還讓他當高官，混得比在這邊還好。我們還是做點準備吧！

慕容評趕跑了慕容垂，覺得現在什麼障礙也沒有了，堵塞在心裡的那一團鬱悶早就消失，現在正高興，哪相信梁琛的話？——你有點神經過敏了吧？人家練兵我們就沒有和平了？我們也在練兵啊。一個超市都還有保全，一個國家總得養國防軍吧？既然養兵，哪能不練兵？

梁琛看到慕容評這個態度，就又去找慕容暐。

慕容暐更不相信。

梁琛這才知道自己遇上傳說中的昏君了。自己跑得腿毛都掉光了，腿骨都痠得要斷了，為的就是趕快回來提醒老大，盡快做好準備。哪知，卻被當成了個神經不正常的人看待——只怕再說下去，自己就會變成破壞兩國人民偉大友誼的罪魁禍首，不是被強迫送去精神病院接受折磨性的治療，就是被解除所有的職務，從明天起吃飯馬上有問題。

他不敢再在慕容暐和慕容評面前多嘴，

但他仍然不甘心，又去找太尉皇甫真。

皇甫真聽了他的話，臉上全是憂慮，當場寫了一份奏章給慕容暐，大致是把目前的形勢分析了一下，然後指出，慕容垂事件很可能演變成伍子胥那樣。不要全部相信苻堅和王猛的話。要加強警惕，多在與秦國交界的

第四節　秦國進攻燕國

地方部署兵力，防備一下，也沒有什麼不妥啊！

慕容暐一看，心頭也有點震動起來。但大權都在慕容評手上，他再怎麼震動也沒震動出什麼效果來，仍然只能找來慕容評。

慕容評一來，就不耐煩了——又是這件事。老子以前以為杞人憂天只是笑話，哪知還真有這麼一回事。秦國現在是什麼綜合國力？剛打了一場史無前例的內戰，弱得要命，現在依賴我們當他們的保護傘，他們才能夠把日子過下去，哪敢對我們這樣的超級大國動刀動槍的？苻堅和王猛可沒有蠢到自動找扁這個地步啊！你放心，我說沒事就沒事。如果真的有事，也是秦國他們有事，不會是我們有事。

沒幾天，秦國又派石越為使者來到燕國。

慕容評看到石越來了，就像現在很多地方官迎接外賓一樣，一定要把他帶去參觀那幾個形象工程，大大地炫耀一番，坐的是豪華車，吃的是滿漢全席，讓他看看天朝大國的富裕豪華程度，嚇一嚇西部貧困地區來的人，覺得大大的有面子。

在慕容評覺得面子很足的時候，高泰和劉靖看到石越很不對勁，就對慕容評說：「老大啊，你看看，石越那個神態，怎麼越看越像蔣幹？不如把我們強悍的一面給他瞧瞧，讓他們知道我們是有準備的，是強大的，他們不可以亂來。可現在老大只讓他們看這些豪華腐敗的生活，恐怕會被看不起啊！」

慕容評一聽，你們知道什麼？沒事把妹去，別來這裡多嘴。

高泰看到慕容評那個惡狠狠的目光，當場就嚇呆了。回到家後，馬上就跑到醫院裡透過關係要一張診斷證明，不工作了，直接辭職回家——只怕再當這個官，沒幾天就會當得沒有腦袋了。

在慕容評堅信苻堅還弱小得很的時候，苻堅已經下了最堅定的決心，

第三章　桓溫再起兵

投入最大的資本，全盤併購大燕。

讓苻堅猛下這個決心的直接原因是，前些時候燕國被桓溫扁得差點亡國，都做好捲包袱滿世界跑的打算，最後把秦國當成救命稻草，向秦國大聲求援，而且許諾把虎牢關以西那一塊地皮送給秦國兄弟當作回報。後來，秦國答應出兵，嘴上說是出手救兄弟一把，但其實是做過充分的分析，派兵過去，是想撈他一把。可後來，燕國卻憑自己的力量取得了抗晉戰爭的勝利。秦兵拚命趕來，才抓住最後的機會，向已經敗得不成樣子的桓溫猛踹一腳。這一腳搞得桓溫很痛，但對燕國的勝利已經沒有一點意義了。大概燕國高層都基於這樣的認知，因此，就撕毀了合約，不再提虎牢關以西那塊地皮的事了。

但苻堅卻記得很清楚，派人過去問燕國老大哥，這個條款你們還沒有兌現啊！

燕國說：「有這件事？我怎麼會忘記？」

苻堅說：「是你們的使者當面說的。哪能沒有？你們這是什麼行為？這是不把國際公約當一回事。」

燕國說：「有這回事？肯定是使者胡扯的。是哪個亂說的？我們當時有點手忙腳亂，派錯了人。他說的，只能代表他自己，不能代表我們燕國。」

苻堅一聽，耍賴的見過很多，但這麼赤裸裸的耍賴還真沒見過。跟這些人只有用實力對話了。

當然，如果不是這個原因，苻堅也是不會放過燕國的。他和王猛老早就樹立了統一北方的遠大理想。只是實力還不夠，決心可以下，心裡可以夢想，但不能亂動手腳，即使擦槍走火之類的事故也要避免發生。

可現在不同了，秦國的內亂已經平定，而燕國剛被桓溫打了個手忙腳

第四節　秦國進攻燕國

亂，綜合實力已經大打折扣。更要命的是，決策層的那幾個豬頭居然沒有看出這一點，還以為自己很強，是當今的超級大國，現在應該做的不是防範周邊的侵略軍，而是在加大腐敗，不管人民的死活，每天都盤算著如何敲詐人民的血汗錢。

燕國領導層的這些行為，對於本國人民來說，一點都不幸福，但對於敵國而言，卻是歷史性的機會。

這時，燕國有兩個敵國。但晉國的高層顯然沒有看到這個機會——桓溫雖然天天喊北伐，但卻在這個機會面前沒有什麼表現。以前他不能北伐時，眼裡總是看到很好的機會。可等到可以自由用兵時，卻又顯得很麻木。前一次北伐，機會雖然不錯，但自己把握得不好。這傢伙雖然是個能打仗的強人，但絕對是一個把握不了機會的猛人。

但苻堅清楚地知道，這是搞定燕國的最佳時機——如果這時不出兵，等燕國這幾個一心一意只聚精會神搞腐敗的當權派一完蛋，如果接班人是個英明領袖，那可就不好辦了。現在中國的版圖上，雖然是又一個三國志，好像大家都在一個起跑點上，可燕國的版圖明顯比秦、晉要大，而且燕國的士兵也是很強的——連冉閔都曾被他們打得不剩渣，因此如果來了個好領導人，大家就只有做捱打的準備了，更不用去討論滅燕的議題了。

苻堅不但抓住了這個機會，而且他也有可以完成這個光榮而艱鉅的任務的人才。

你當然知道，他把這個任務交給了王猛。

十二月，苻堅派王猛、梁成、鄧羌帶步騎三萬，拉開了伐燕的大幕。第一個目標是洛陽。

可是王猛卻同時拉開了陷害慕容垂的序幕。

149

第三章　桓溫再起兵

第五節　王猛的智謀

　　很多人都堅定地認為，王猛那雙很有前瞻性的眼睛看到慕容垂的第一眼，就一眼看出這個燕國的逃亡分子以後會發飆，會在淝水之戰中暗助晉國一臂之力，所以才一心一意地不斷謀劃著把這個後患除掉。但我認為，王猛的眼睛絕對沒有這麼厲害——如果他真的能夠預測到慕容垂以後會走上與秦國為敵的道路，肯定會想出其他計策，甚至可以製造一次車禍之類的事故，把慕容垂搞得不剩渣。他現在只是很眼紅這個慕容垂，由眼紅變成嫉妒，由嫉妒更新為仇恨——這種仇恨又不像奪老婆、殺老爸的仇恨那麼有底氣，因此，就做得很不乾脆。

　　他這個仇恨的來源，估計一來是嫉妒慕容垂的能力。慕容垂的能力，那是明擺著的，還是十幾歲的小孩時，就把石虎的虎狼之師打得叫痛不已，雖然後來得不到重用，一直處於替補狀態，但在桓溫差點全盤端掉燕國的時候，他又冒出頭來，把桓溫打得滿世界狂跑，是真正挽救了燕國的人。如果這樣的人還不算人才，這個世界還有幾個是人才？

　　可王猛卻認為，這個世界不需要有那麼多的人才，只有他一個就行了，其他的都應該完蛋。人才越多，他的市場就越小。基於這樣的想法，他可以容忍那麼多沒能力的同事跟他一起工作，但絕對不想讓慕容垂這樣的人才跟他一起搶功勞。

　　而且，慕容垂父子出身貴族，按當時的標準絕對是出身名門，再加上人家是北方大帥哥，在長安城中的大街上一站，立刻把全城的目光吸引過去，成為偶像級人物，人氣不斷地狂漲。而王猛的出身那就不用說了——以前是在白眼中憑著堅強意志硬撐過來的，那些不把世俗放在眼裡、不拘小節的話，其實都是屁話，或者是吃不到葡萄說葡萄酸，其實心

第五節　王猛的智謀

裡的陰影大得很，現在看到慕容垂一來，自己馬上就有點矮下去的感覺。

他仇恨的第二個泉源，估計是苻堅對慕容垂太看重了。據說，苻堅知道慕容垂狂逃而來時，他二話不說，馬上下令在京的中央高層百官，集體到城外迎接狼狽不堪的慕容垂，大聲對他說，我們歡迎你。

王猛看到這個場面，心裡肯定發酸，那顆聰明的腦袋，免不了把兩人進行了一次比較。王猛的出身絕對是最底層的，是貼近地皮的草根。他以前拚命學習，為的就是要狠狠地爭個臉，在歷史舞臺上出個大大的風頭。因此，先投桓溫，後覺得桓溫不是做大事的料，這才繼續過著艱苦的捫蝨生活等待好老闆，終於等到苻堅。因此，當苻堅的手下向苻堅推薦他時，苻堅同意跟他見見面。他是自己跑過去讓苻堅面試的。苻堅是個愛才的人，看到他真的是諸葛亮式的人物，馬上就把他當作頭號親密同袍。而且，還堅決做到，凡是王猛說的話，大家都不要反對，凡是王猛反對的事，誰也不能擁護。誰反對王猛，誰就是跟苻堅作對，與人民為敵，最後還拿了幾顆貴重的腦袋讓大家看到了跟王猛為敵的下場。可現在，慕容垂與苻堅的第一次握手，要比他跟苻堅第一次見面隆重多了。王猛的心情肯定就鬱悶起來，直接用很酸的口氣提醒苻堅，慕容垂不是好人，要提防。哪知，苻堅卻像吃錯了什麼藥一樣，不但不聽王猛的話，反而對慕容垂越來越親密，就連慕容垂帶來的那幾個下一代，也是個個生猛，要頭腦有頭腦，要神力有神力——軟體和硬體配置都很高，這種人在戰爭年代是最吃得開的。每次看到苻堅看著慕容垂一家的那個眼神，王猛的心裡就多一層悶氣。更要命的是，慕容垂可不是光棍一人前來的，而是帶著這麼多條好漢過來，這些人一齊努力，就會形成一個強大的集團，然後四處立功，他王猛再狠，也狠不過這麼多人啊！

如果現在不把他們搞定，以後要搞定，不但難度大，而且恐怕連機會都沒有了——再加上，自己曾說過他們不可靠——這話要是傳到他們耳

第三章　桓溫再起兵

朵裡，恐怕自己的前途都不好說了。

這樣的想法一產生，王猛的心裡就充滿了危機感。心裡一有危機感，最想做的就是把這個造成危機感的傢伙除掉。

當然，王猛知道，要殺掉一個老大看重的人是不容易的，必須找到很嚴重的理由，一個要讓苻堅認為慕容垂一夥非死不可的理由。

大家都知道，慕容垂剛剛投奔過來，還沒有鬆一口氣，連人都沒有認識幾個，再加上慕容垂長期在他哥哥兩代人的懷疑中過日子，早就習慣低調做人，想在他的身上找出一個讓他該死的理由，簡直是白費心機。

王猛不會去白費這個心機，天天去偷窺人家的私生活，想從人家的吃喝拉撒裡抓出那點把柄，即使抓到，也不會把人家怎麼樣。他精心布置了一個圈套。這個圈套一旦成功，他估計慕容垂就是有一萬個腦袋，也得被砍了。

這個圈套是這樣安排的。

王猛接到苻堅交待的滅燕任務後，馬上向洛陽出發。

現在洛陽的守將是慕容築。

而不管誰看到洛陽的情況，都會覺得跌破眼鏡。這個地方雖然與秦國和晉國的邊界相接，是最前線的地方之一，可燕國安排在這裡的守兵卻沒有幾個——原來慕容評這個豬頭現在對秦國無限信任，對桓溫一點也不怕，只擔心北方那幾個少數民族，把大量的軍隊全調往北方。早有人提醒過他，但他卻一點也不在意，把人家的話當無聊的建議。

慕容築在知道秦兵前來之後，就向慕容評告急。

慕容評很快就接到慕容築的信，但他仍然以為這是慕容築身上出現了恐秦症——苻堅哪敢這麼不自量力前來打仗？即使苻堅真的來了，也沒什麼可怕。現在天氣這麼冷，連老子都天天恨不得縮在棉被裡，不敢探出

第五節　王猛的智謀

頭來，而且春節又要到來，要派兵也得過完春節，讓大家好吃好喝之後，再前去支援也還來得及。因此既不派兵過去，也不回覆幾句話，只讓慕容築帶著原來的部下在那裡冷冷地守著。

王猛是什麼人？知道這個情況之後，馬上寫了一封信，派人送給慕容築，直接說，現在你就這幾個兵，能擋得住老子的進攻嗎？告訴你，我的軍隊已經封住了你的所有退路，慕容評現在對你已經不聞不問了。趕快投降吧。

慕容築看到王猛的信，本來已經緊張得要命的心情又增加了無限的恐懼。他再次把目光投向城外，沒看到一個援兵，只看到王猛的圍城部隊，一咬牙，是老大拋棄了我，別怪我不賣命了。你們不把老子的命當命，老子可珍惜自己的生命啊！

於是，慕容築打開城門，向王猛說：「投降！」

王猛哈哈大笑，舉行了一場隆重的受降儀式，接受慕容築的投降。

拿下洛陽之後，王猛就開始實施他搞定慕容垂一家的計畫。

他在出發的時候，就讓慕容令當他的先鋒，然後還做出一副誠心誠意的樣子，帶著禮物去拜訪慕容垂。慕容垂看到王猛親自來訪，心裡就只有高興，沒有別的想法。馬上擺下酒席，招待王猛。兩人喝得很高興——當然慕容垂的高興是真的，而王猛的高興是表演出來的。酒過三巡，王猛對慕容垂說：「老兄，我們這一杯乾下去後，就是老朋友了。今天我就要出征了，你一定要送個東西給我，讓我天天看到它時，就像看到老兄一樣。呵呵，你的這把金刀很好看啊！要是我也有一把那該多好啊。」

慕容垂當然不知道王猛這話是一個大圈套的開始，馬上就說：「王老大要是喜歡就拿去。」然後表演了一下北方漢子的大方，馬上解了下來，送給王猛。

153

第三章　桓溫再起兵

　　王猛假裝推辭了幾次，最後就笑納了——他這個笑是真正的笑，是發自心底的笑，笑得很高興，也很陰險。

　　他拿到這把金刀之後，馬上下令部隊出發。

　　搞定洛陽之後，王猛找到了慕容垂的親信金熙，給了這個金熙大量的現金，讓這個慕容垂的親信變成自己的親信。然後把那把金刀交給他，對他說：「這把刀可不是送給你的。現在交給你一個任務。就是把這把刀送給慕容令，說是他老爸叫你過去的，傳達他老爸的話。話的內容是，我們拚命跑到這個地方，卻又被王猛那傢伙猜疑，天天在苻堅面前挑撥離間。苻堅那雙耳朵是專門為聽王猛的話而生的。現在他好像對我們不錯，可誰能保證明天他不會聽王猛的？只要他一聽王猛的半句話，我們就全部完蛋。聽說現在燕國的當權派們對我們的事已經後悔了，所以，我已經決定回去。現在叫金熙來通知你，你一定要盡快找機會逃出來。

　　慕容令一聽，有點不相信。可他看到金熙，又看到那把從來沒有離開過老爸腰間的金刀，又不敢不相信。

　　如果通訊能像現在這樣，一通電話就可以把這個疑問搞定。可那時通訊落後，他能吼到長安那裡讓老爸聽到嗎？

　　他看著老爸的親信，又看著那把金刀，猶豫了整整一天，最後還是來個「寧可信其有，不可信其無」，帶著自己的警衛連，說是要到效外打打獵，改善一下生活，其實是藉機逃跑。他一出城，就狂奔石門，跑到慕容臧那裡。

　　王猛早就對他嚴密監控，知道他狂逃而去之後，心頭大喜，馬上向苻堅報告：慕容令已叛逃。請馬上誅殺慕容垂。

　　慕容垂聽說之後，也趕快逃跑。可這次他能逃得過嗎？他要是能逃得過，王猛還算是王猛嗎？他才逃到藍田，那王猛早就準備好的追兵已經趕

第五節　王猛的智謀

到，把他抓獲歸案。

情節發展到這個地步，完全按王猛設計的步驟進行著。王猛雖然聰明一世，可他做夢沒有想到，他的這個圈套雖然很成功，也很毒，可還是有漏洞。如果他在這一刻，什麼也不管，叫追兵隊長一旦抓到慕容垂就一刀斬了，以後就什麼事也沒有了。

可他只是把慕容垂抓到手，他以為現在證據確鑿、鐵證如山，苻堅再怎麼可惜人才，也不會可惜一個叛逃敵國的人才。

哪知，苻堅就是苻堅，雖然在其他方面上，對王猛的話沒半點懷疑，只要是從他嘴裡出來的話，他都全盤照收，可在這件事上，他卻堅持自己的原則。

慕容垂被抓回來之後，苻堅馬上在太極殿東堂接見了他。

苻堅對慕容垂說了一大堆安慰的話，大意就是，你不用有什麼擔心。你的兒子一時想不開，就讓它過去吧。他是他，你是你。現在都什麼年代了？還搞什麼株連？你別的心情都可以有，但千萬不要有懼怕的心理。你放心地工作吃飯，放心地睡覺把妹。

苻堅和慕容垂到現在還不知道是王猛導演了這一齣好戲。

王猛一看到這個場面，心裡的鬱悶就不用說了。好不容易搞了個圈套，慕容氏父子先後鑽了進去，哪知卻讓苻堅這麼一寬大處理，居然一點效果也沒有，連王猛自己都覺得太沒面子了。

當然，效果還是有一點點的。

這個效果就是那個慕容令被搞定。燕國的那幾個豬頭當權派看到慕容令跑了回來，而他的老爸仍然在秦國那裡當高官，仍然享受高級公務員的待遇，就簡單地認為，這個慕容令肯定是敵人派過來做臥底的，是放在他們身邊的定時炸彈，就下了個命令，把慕容令流放到沙城——離原來的

第三章　桓溫再起兵

首都龍城六百里——讓你這個定時炸彈在那裡爆炸吧！

慕容令不是一個甘於寂寞的人，他清楚地知道，自己最後將難逃一死。與其最後被動地被抓過去一刀砍下腦袋，不如積極行動起來，做好反抗的準備，即使不成功，也死得不那麼沒面子。

你不知道沙城的居民都是什麼人吧？裡面大多數居民都是燕國的囚犯，而且大多都是當過兵的，犯了軍法，這才流放到這裡，個個性格強悍得很，數量有幾千人，都是不怕死的男子漢。慕容令過去之後，馬上好吃好喝招待他們，跟他們結為朋友，馬上成為他們的老大。

五月分，慕容令決定舉事。開始還是很順利的：擊斬牙門孟嫣，沙城城大涉圭繳械投降。之後，向東發展，進攻威德城，斬守將慕容倉。向東西方釋出文告，號召大家團結起來與慕容評戰鬥到底，迅速得到東北一帶要塞守軍的響應，聲勢猛增。

慕容令接著向燕國舊都龍城進軍。

這時，鎮守龍城的是燕國的鎮東將軍慕容亮，居然還不知道慕容令要襲擊龍城的消息。

形勢對慕容令來說，似乎一片大好。

哪知，慕容令的內部卻出現了內奸。而且這個內奸不是別人，是他的老弟慕容麟。慕容麟，這傢伙不久前就有過出賣老爸的前科。可慕容令現在居然仍然相信他。慕容令不但相信這個兄弟，還相信那個投降過來的涉圭。

慕容麟知道哥哥要進攻龍城之後，馬上派人通知慕容亮：我哥哥要殺進龍城取你的腦袋。

慕容亮怕得要命，馬上關起城門，高掛免戰牌，躲在城裡，一點辦法也沒有。

第五節　王猛的智謀

到了這時，慕容令的形勢仍然占優勢。

可那個涉圭看到連慕容令的老弟都敢出賣他，老子為什麼不敢？這傢伙投降慕容令之後，也得到了慕容令的巨大信任，天天讓他緊跟在自己的屁股後面。涉圭雖然表面哼哼哈哈，表現得很死忠，讓慕容令越來越放心，但心裡卻咬牙切齒。這時機會來了，馬上就向慕容令攤牌。

慕容令打死也想不到涉圭會向他突襲，只得拚命狂逃。在這裡的根基本來就不怎麼牢固，他這麼一逃，本來脆弱的事業馬上全面崩盤——所有死黨通通潰散，只有他一個人快馬加鞭而逃。這傢伙逃跑的經驗很豐富，曾經連續兩次上演逃學威龍的大戲。可這一次卻逃不掉了。涉圭這次發狠起來，硬是猛追下去，最終把他追上，斬首。

涉圭殺了慕容令，就主觀地認為，老子終於立了大功，滿臉笑容地拿著慕容令的腦袋去見慕容亮，以為大賞沒有，表彰一下還是會有的。哪知慕容亮老臉一拉，大手一揮，什麼理由也不說，讓武士過來，把涉圭拉下去砍了。涉圭這時才明白，立功也要看背景，看時機。

於是慕容氏下一代最有能力的人才就這樣完蛋。

雖然這個慕容氏下一代最有能力的人已經玩完，但王猛卻一點也不開心——他想搞定的是慕容垂，這個慕容令只是個配角。一個精心設計出來的圈套，最後只搞定一個配角，算起來是成本大於收穫，細算起來，跟賠本沒什麼區別。

而且以後再找這樣的機會已經很難了。

不過，王猛雖然鬱悶，但他還記得自己的本職，並不是為了修理慕容垂一家，而是為大秦帝國開疆拓土，最後統一天下。現在慕容垂有苻堅當他的保護傘，王猛無法在短時間內陷害他，只得把心思放在統一大業上。

第三章　桓溫再起兵

第六節　凱旋之路

　　很多人以為，苻堅並不知道王猛在陷害慕容氏，而是以為慕容令主動要造反，想叛逃回去。但我想，以苻堅的知人之能，只要把過程稍微回憶一下，就知道這事肯定是王猛搞的鬼。苻堅對慕容父子的為人應當很了解，這對父子好不容易從燕國那裡脫身出來，絕對是同心同德，而且計畫周密，在燕國跑了一大圈，還能跑出來，那智商是沒得說的。哪有慕容令獨自逃跑，留下老爸在這裡被人家殺死的道理？所以慕容令的出逃，是逼不得已的，能讓這個猛男害怕到這個程度，也只有王猛做得到──而且，之前王猛曾多次建議要搞定慕容父子。

　　當然，苻堅嘴上不說。他知道慕容父子的人品和能力，更了解王猛。王猛可以陷害慕容氏父子，但對自己絕對忠心耿耿，沒有半點疑慮。在安撫慕容垂之後，苻堅又把王猛提拔了一下，讓他當司徒、錄尚書事、封平陽侯。

　　王猛卻堅決推辭，理由是，才拿到一座城池，就賞了這麼多，等拿下燕國所有的城市了，怎麼賞啊？這是在透支封賞。透支封賞跟透支生命是一樣的啊！

　　可苻堅還是堅持，要求王猛在謙讓之後接受。這樣兩人都有了面子──你有了謙讓的美德，老子也有重用人才的美名。什麼叫雙贏，這就是雙贏啊！

　　可王猛仍然不接受，這種雙贏沒什麼意義，等以後立了新功再說。這個功勞算什麼。

　　到了四月，苻堅又把這個委任狀送到王猛的手上。

　　王猛再次堅決推辭，老大你也太沒有志氣，取得一個城市，就高興到

第六節　凱旋之路

這個地步？就滿足了？

苻堅這才紅著臉收回這張推銷不出去的任命書，讓這事作個了結。他收回任命書後，向王猛發出命令：帶六萬大軍向燕國進軍。

他在灞上舉行了一場盛大的儀式，替王猛送行。他對王猛說：「現在，我把東征的大權全都交給你，想怎麼打就怎麼打。我認為，首先攻占壺關，迅速平定上黨，然後突襲鄴城，完勝。我現在做你的後勤部長，在你出發之後，帶後續部隊出發。你儘管打你的仗，我來保障後勤。」

王猛信心更足，拍著胸脯說：「老大放心。現在只請老大趕快蓋好收容所，接收燕國的俘虜！」

苻堅高興得嘎嘎大笑。

七月初一，據史書記載，這天日食，不是什麼好日子。

但王猛卻硬是讓人家知道，這個不好的日子是對敵人而言，而對他來說，是個好日子。

他就是在這天，發起了壺關之戰。同時，命令鎮南將軍楊安進攻晉陽。

這時，慕容評也坐不住了，帶著三十萬部隊出來迎戰。

慕容暐聽說秦軍開到，花花公子的本色馬上表現出來，整個人恐懼不已。在慕容評帶著大軍浩浩蕩蕩地出發之後，把散騎侍郎李鳳、黃門侍郎梁琛、中書侍郎樂嵩召來，問：「你們老實說說，現在秦國的部隊到底有多少？現在我們的大軍已經出發，王猛他們會不會向我們的子弟兵挑戰？」你一聽這哥兒們這個驚人的問話，就知道燕國的前途已經黯淡得像黑夜了。

慕容暐的話驚人，李鳳的話更嚇人：「老大放心。現在秦國算什麼？弱得風吹就倒。王猛更是個豬頭，一個只會捉蝨子的人會打什麼仗？如果

第三章　桓溫再起兵

捉蝨子能成為軍事家，人家還辦那麼多軍校做什麼？乾脆都去捉蝨子算了。我們的慕容評老大，可是久經考驗的軍事家、策略家，打了無數硬仗、勝仗。成績都登記在功勳本上。王猛敢跟他對戰？那簡直是雞蛋碰石頭，老鼠鬥獅子，小屁孩對決運動員。」

梁琛和樂嵩的頭腦倒很清醒，對慕容暐說：「老大，人家是專門來找我們打架的，哪能不挑戰？現在只能做好打仗的準備，而不能把希望放在敵人不敢挑戰的想法上。我保證王猛會應戰的。」

慕容暐一聽，很不高興，怒叫道：「老子不想聽這樣的話。你們為什麼要說？」

在慕容暐生氣的時候，王猛已經攻下壺關，活捉上黨太守南安王慕容越。壺關一攻下，王猛的部隊就衝出了瓶頸，大喊大叫著一路狂殺下來。

燕國的部隊本來也是虎狼之師，而且數量龐大，可經過這麼多年的腐敗治軍，戰鬥力早就削弱了，這時看到敵人雪亮的大刀砍過來，全都放下武器，連個抵抗也不做，就都轉換身分，從大燕子弟兵當了秦國的戰俘。

大家互相學習，爭當降兵，只幾天時間，王猛就成了接收投降的大員，一仗不打，就占領了很多地盤。史書的描述：所過郡縣，皆望風降附。

在王猛進展順利時，楊安那一路卻打得很艱苦，連續作戰，卻沒有拿下晉陽。

晉陽是個大城，裡面糧草無數，拿下這個地方，這個意義是說有多重大就有多重大。

王猛留下部將苟萇守住壺關，自己帶著大軍去攻打晉陽。

王猛來到晉陽後，馬上知道，晉陽的城牆品質好得很，裡面的士兵也很頑強，硬打恐怕打到鬍子全白的那一天也不能攻下。他把部隊分成兩個

第六節　凱旋之路

部分，一部分繼續攻城，一部分卻轉成工程兵，負責挖一條通往晉陽城裡的地道。

晉陽城裡的守軍一點不知道王猛還有這麼一條陰謀詭計，只顧猛砍攻城的敵人，覺得王猛也沒什麼本事啊，也是個把士兵往死裡送的傢伙。呵呵，憑你這個豬頭的打法，有多少士兵都不夠我們砍。

哪知，高興還沒有完，突然城中的地上冒出一大批秦國的部隊，大喊大叫著衝殺過來，這才知道王猛太毒了，用地道坑人。

帶兵從地道衝入的人叫張蠔。他進城之後，衝到城門，殺掉那幾個守衛，砍開城門。一大批秦兵早在外面等著，這時看到城門大開，知道張蠔得手了，便放馬衝殺進來。

晉陽的守兵一下就嚇呆了，戰鬥力就在這一呆之間，毫無阻力地直線下跌。

曾經堅不可摧的晉陽城就這樣落入王猛的手中。

九月十日，王猛和楊安進入晉陽，活捉并州刺史慕容莊。

這時，慕容評正帶著大軍浩浩蕩蕩而來，得知王猛已經拿下晉陽，慕容莊已經成為敵人的俘虜，居然就怕了起來，叫部隊停止前進，在潞川那裡停留，只覺得頭腦亂糟糟的一點譜也沒有。

王猛卻有譜得很，得了晉陽之後，乘著士氣高漲，留下毛當守住晉陽，自己帶著大軍直接開到潞川，與慕容評的大軍面對面。

如果光從數量上對比，慕容評這時帶著三十萬大軍，而王猛只有六萬，按常規打法，王猛除了失敗，沒有別的路子可走。

可這時，慕容評心裡一害怕，頭腦也跟那個慕容暐一個樣，只求敵人不殺過來──就這麼永遠你看著我我看著你下去，大家都做和平形象代言人，都熱愛和平，那是很好啊！他根本不敢主動出擊，也沒有一個跟王

第三章　桓溫再起兵

猛對壘的長期規劃，只是傻傻地站在那裡。

王猛卻一點也沒有做長期對壘的打算，他知道，他的部隊不多，是耗不起時間的，現在慕容評正在手腳無措，既無勇氣，又不逃跑，更沒有別的打算，如此「三無」狀態，正是修理他的最好時機——誰叫你在這個時候發呆？落後捱打，發呆也捱打！

王猛十月十日到達潞川，休息了十天之後，於二十一日派徐成去偵察敵人的陣地，要求徐成中午前回來彙報情況。

可徐成不知是半路上看到美女，還是敵人太狡猾，任務不好完成，到了晚上才跑進王猛的帳裡，喘著粗氣彙報情況。

王猛一看，不是叫你中午回來嗎？怎麼這時才到？你以為你是去旅遊？這是在打仗，是你死我活，是真正的時間就是生命。對你這樣吊兒郎當的人只有軍法處置了。於是下令把徐成拉下去砍了。

鄧羌急忙跑了過來，向王猛求情，說：「徐成原來是我的老上司，王老大你放過他一馬吧。現在正是用人之際哪，老大。」

王猛不聽，如果不處置，那軍法不就成花瓶了？

鄧羌再求情。

王猛仍然不聽。

鄧羌火了，一臉憤怒地往回跑。這傢伙一生氣，真的很嚴重。他跑到自己的軍營之後，二話不說，竟然命令大家行動起來，向王猛發動進攻，只一下就鼓聲雷動。

王猛一聽，好像沒有下令戰鬥啊，忙派人過去問。鄧羌很乾脆地說是要攻擊王猛。

王猛一聽，敵人還沒有消滅半個，自己人倒先練起來。只怕不過半天，就會玩完。而且他知道，鄧羌是個力大無比的猛男，明天的決戰全得

第六節　凱旋之路

靠他帶著打衝鋒，要是跟他硬碰硬，一點也不划算。他馬上就對鄧羌說：「我剛才要斬徐成，只不過想試探一下你的態度。呵呵，你真是個夠意思的人——對你的老上司都這樣，你對老大的心就更不用說了。有你這樣的同袍，我還怕什麼燕國？」

他這話，當然是屁話。鄧羌估計也知道，但他只想救他的老上司，目的達到，屁話也可算話。

王猛看到他的話終於平息了鄧羌的怒氣，鬆了一口氣。

那邊的慕容評卻越來越不像話。

這傢伙以前沒當最高領導人時，是一員戰將，也打了不少勝仗，也算是打出來的人物。可當了這個燕國頭號當權派後，那些光榮傳統都丟得一乾二淨，滿腦子全是腐敗的念頭。面對敵人，腦子裡沒一個戰鬥計畫，全是腐敗發財的路子。

他看到王猛就那麼一點部隊，就主觀地認為，王猛是堅持不了多久的，我就帶著大軍在這裡跟他來個「持久戰」，看他的時間多，還是老子的時間豐富。他認為，他只要坐等，就可以把王猛那點部隊等死，像當年司馬懿等死諸葛亮一樣。

可他又覺得老這麼等，實在也太無聊，不是說時間就是金錢嗎？為什麼不一邊等一邊利用這個等的時間發點財？

這傢伙在打仗時，頭腦遲鈍得要命，可一想到發財，思維比誰都敏捷。

他把軍事地圖一攤開，命令部隊把這一帶所有的河道和大大小小的公路全都封鎖。

大家一看，都以為老大這次真的要打起來了，這麼做肯定是防止敵人的間諜進來，都很高興，信心開始上升。

第三章　桓溫再起兵

　　哪知，他封鎖之後，卻下令，以後誰進河道裡撈魚，要繳撈魚費，誰到山上砍柴，要買砍伐證，誰過這些道路，要留下買路錢。

　　大家一看，啊！原來都是在設收費站。而且這些收費專案根本沒經過相關部門，根本沒有一分錢繳到國庫裡，全成了慕容評的私房錢。

　　只幾天時間，慕容評那裡就「積錢帛如丘陵」。

　　大家一看，都氣得要命，誰跟這樣的老大誰死啊！

　　王猛知道後，不由嘎嘎大笑，這樣的極品統帥，他手下就是有億萬部隊，我也可以把他一扁至死。他的原話是：慕容評真奴才，雖億兆之眾不足畏，況數十萬乎！吾今茲破之必矣。

　　王猛命令游擊將軍郭慶帶著五千騎，半夜裡從小道急行軍繞到慕容評部隊的屁股後面──慕容評雖然在半路上設了很多關卡，但那都是收費站，任務只是對付小百姓，目的是發財，因此並沒有誰阻攔郭慶，使得郭慶順利來到燕兵軍用物資的基地。

　　郭慶一看，啊！物資真多。燒了真可惜。但不燒就太可怕了。他一聲令下，五千部隊全成了縱火人員。燕兵軍用物資基地馬上出現了特大火災。

　　這次火災的規模有多大？史書上只有四個字──「火見鄴中」。

　　就連鄴城也看到熊熊大火燒得半邊天通紅。

　　你知道潞川離鄴城有多遠嗎？告訴你，直線距離九十公里，而且中間還隔著那座著名的太行山。太行山有多高？一千五百公尺。

　　慕容暐再怎麼豬頭，也知道部隊的糧草都被人家燒成灰了；他再怎麼豬頭，也知道士兵沒有糧草是不能打仗的，知道自己現在跟官渡的袁紹沒什麼兩樣了，慕容暐心裡大怒，派人過去傳達他有生以來最嚴厲的指責：啊，叔叔。你這是怎麼搞的？只顧腐敗！你要貪汙到什麼時候才鬆手？你

第六節　凱旋之路

要多少錢財才滿足？你翻翻歷史書看看，找到誰像你這樣？在前線不準備打仗，卻把貪汙當所有工作的重中之重？想不到你是這樣豬頭。告訴你，要是打了敗仗，連你的腦袋都被人家割去，要這麼多錢財有屁用？這個簡單的道理，人家就是用腳趾頭都想得通，你硬是想不通。

慕容評一聽，也怕了起來。這傢伙自從成了實際最高領導人之後，除了腐敗時膽子和點子都夠用之外，碰到別的事時都怕得要命。一聽到慕容暐這些話，馬上就害怕起來，怕慕容暐突然進行反貪腐的改革，自己這顆腦袋可就保不住了，這麼多年貪汙取得的成果就等於零了。

他的腦袋在生死關頭，也清醒了起來，知道再不趕快立點戰功回去，實在沒辦法向慕容暐交待，於是趕緊叫祕書起草一份戰書，連看都不看，就直接派人送給王猛，說請放馬過來，跟老子決一死戰！看看這個世界，究竟誰怕誰。

你想想，事情到了這個地步，他能打贏這場戰鬥嗎？

王猛當然不怕他，接到戰書後，簽個同意。

大戰於十月二十三日爆發。

王猛在渭源舉行了個隆重而悲壯的作戰動員，要求大家跟他一起拚死戰鬥，取得最後的勝利，共同建立豐功偉業。

這傢伙絕對是個演講高手，一番話讓士兵們的熱血都沸騰起來，個個踴躍，表示不怕犧牲，要爭取勝利。而且還自覺地向項羽學習，把所有的生活用具全都砸爛，丟掉所有吃喝的東西，只拿著殺人的武器，向前衝鋒。

可在士兵們都大表決心的時候，王猛最倚重的鄧羌卻一點也不激動。

王猛看到敵人的部隊太多了，心裡也有點發毛起來，對鄧羌說：「今日之事，非將軍不能破勍敵，成敗之機，在茲一舉，將軍勉之！」

第三章　桓溫再起兵

　　鄧羌是當時秦國數一數二的猛男，武力指數很高，而且也有不怕死的獻身精神，同時也是個貪官。他聽到王猛的話之後，並沒有像往常一樣，拍著胸脯，大叫著衝出去，而是把握著升官發財的最好機會，對王猛說：「如果老大保證我能當司隸校尉，我保證不讓老大失望。」

　　王猛一聽，啊！到了這個時候，居然跟老子討價還價！說：「這麼大的職務，不是我可以決定的。不過，我可以保證你當上安定太守、封萬戶侯。」

　　鄧羌一聽，你沒有權？你騙小屁孩去吧。大家都知道現在苻堅什麼都聽你的。鄧羌什麼也不說，一臉不高興地走開。

　　不久，兩軍在喊殺連天中短兵相接。王猛看不到鄧羌出戰，知道壞事了，馬上叫人去把鄧羌叫來，可鄧羌卻來個選擇性的失聰，對傳令兵那洪亮的聲音表示，我什麼也聽不見。

　　王猛這才知道這傢伙為了司隸校尉的事大鬧情緒，心裡氣得要命，可現在正需要他去賣命，實在不能得罪他，只好親自騎馬來到他的營帳中，對他說，我答應你的要求！鄧羌一聽，早說不就完了？一定要老子像擠牙膏一樣擠了又擠才出來。

　　他馬上在帳裡擺開酒席，「大飲帳中」，喝了個痛快之後，招呼另外兩個猛男──張蠔和徐成，抓矛上馬，大叫著衝了出去，直接殺進敵人的陣地，在敵人的陣地裡往來衝殺，「出入數四，旁若無人」，連續砍翻幾百人。

　　雙方大戰到中午時分，本來士氣就疲軟的燕兵終於支持不住，全線崩潰，當場傷亡及被俘五六萬人。誰一看這個戰果，都會跌破眼鏡。現在王猛的部隊不到六萬人，如果不是慕容評那麼菜，就是叫秦兵管理俘虜，都還得花點時間和精力呢！

　　戰場上的士氣就是這樣，當你的士兵士氣下跌的時候，敵人的士氣就會大漲。

這時秦兵的士氣空前高漲，個個以鄧羌為榜樣，同心同德發狠，向潰散的燕兵猛追猛砍，短時間內把戰果增加了兩倍——斬殺及俘獲敵軍十多萬人。

慕容評連他貪汙得來的財富都來不及看一眼，就騎著馬拚命逃出。他逃到鄴城時才發現，只有他一個人在拚命跑路，他帶過去的三十萬大軍，已經全部蒸發。

燕兵沒有一個士兵跟上來，但王猛的部隊卻狂追了過來。慕容評一身臭汗地跑進鄴城時，城門才關上，王猛的部隊已經趕到並迅速包圍了燕國的首都。

王猛包圍了鄴城後，知道燕國這群腐敗的當權派的命運已經被自己牢牢地抓在了手心裡。他立即向苻堅上疏：臣以甲子之日，大殲醜類。順陛下仁愛之志，使六州士庶，不覺易主，自非守迷違命，一無所害。

從這個上疏中可知，王猛當時的心情得意到了極點。他雖然早就預料到他能打贏這場滅燕之戰，但絕對沒有想到，搞定這個幾年前唯一的超級大國，竟然這麼容易，幾十萬大軍居然比一盤散沙還容易收拾。要知道，這些部隊曾經在兩年前打敗過桓溫，誰都不敢有動他們的念頭啊！看到勝利來得這麼容易，誰都會得意一下的。

第七節　燕國覆滅

而苻堅就更爽了。他看了王猛的信，笑得就差牙齒沒有落下，馬上回信：「將軍役不踰時，而元惡克舉，勳高前古。朕今親帥六軍，星言電赴。將軍其休養將士，以待朕至，然後取之。」意思是：勝利真是來得太快了。

第三章　桓溫再起兵

啊！不到三個月，就勝利了，搞得老子連慶祝的準備工作都沒有做好。我現在已經高興得坐不住了，馬上狂奔過去，跟你一起攻進燕國的首都，一起得意。

當然，王猛並沒有得意地坐在那裡等苻堅到來。他更知道，完成滅掉燕國，併購慕容氏全部資產的任務，只是萬里長征的第一步。最重要的是如何安撫民心，讓這些剛加入秦國國籍的公民，都團結在以苻堅為首的大秦周圍，跟他們一起奔向美好的明天。這個美好的明天就是，繼續戰鬥，把大晉這個老牌帝國也拿下。

這是身為政治家的王猛必須考慮的問題。他不考慮這個問題，他就不是王猛，只是一個會打仗的將軍。

大家知道，燕國這幾年在慕容評以腐治國（當然他是說以德治國）之下，人民早已亂得不成樣子，現在突然之間碰上兵荒馬亂，政府完全失控，就更是亂上加亂，搶劫犯到處橫行，使得首都郊區成了土匪的風水寶地。

王猛到達之後，還沒有打造好包圍圈，就已公布法令，要求大家安定下來，恢復生活生產秩序。只幾天功夫，「遠近帖然；號令嚴明，軍無私犯，燕民各安其業」。大家都高興地把王猛比做慕容恪，說我們又回到慕容恪時代了——不圖今日復見太原王。

王猛一聽，只有對慕容恪更加佩服了，下令設「太牢以祭之」。

當然，王猛這一招並不是僅僅為了佩服，更是一個政治秀。現在燕國人民不忘慕容恪，慕容恪成了他們心目中的頭號偶像。這個偶像絕對是個政治資本，只要這個資本有利於自己，不管這個人是哪國人，都要利用他來為自己宣傳一下。這才是一個有頭腦的政治人物。否則，你只能算是個政客，甚至只是個腦袋壞掉的官場人士，可以劃歸政壇智障人物系列。

第七節　燕國覆滅

太和五年十一月，苻堅決定親征。他帶著十萬大軍，向鄴城急行軍，只七天時間，就跑到安陽。這傢伙很夠意思，狂跑過來之後，叫大軍來個暫停，擺下一場盛大的酒席，把以前苻洪時代的老傢伙們都請來，大吃一餐——這些人現在都老得不成樣了，八個老人，九顆牙齒，當然吃不了什麼好飯好菜，但個個高興啊！那張漏風的嘴就到處傳揚苻堅是個好老大，連我們這些走路都靠柱子的老傢伙都沒有忘記。

苻堅在安陽大賺了幾個百分點的人氣之後，就下令鄧羌進攻信都。

這時，慕容氏高層已經一片混亂，指揮系統全面熄火，所在轄區已陷入無政府狀態，誰都在打著逃跑的主意。

先是慕容桓帶著燕國的最後力量逃跑。這傢伙本來帶著一萬人作為慕容評的後援。哪知還沒有走到戰場，慕容評就已經被王猛扁得遍地找牙，逃回鄴城，連話也說不出來。他還是堅持把部隊挺進到內黃。哪知，轉頭一看，首都高層的心理已經全面崩潰，一點保家衛國的思想也沒有，光靠自己這一萬人能做出什麼事業來？於是他馬上選好逃跑路線。慕容桓首先清理內部的異族士兵，最後只剩下五千純種鮮卑人，然後帶著這五千士兵向北狂奔，跑回老首都龍城。他以為，龍城那麼遠，秦國不會捨得去追他的。

那個散騎侍郎餘蔚一見，城內連個士兵都沒有了，還守個屁。再等下去，恐怕連投降的資本都沒有了。他在心裡暗笑那個慕容桓是個笨蛋，怕死不會動腦筋，費那麼多力氣狂跑做什麼？老子只這麼幾步過去打開城門，什麼事都可以解決了，下半輩子同樣吃香喝辣泡美女。他帶著五百個親信，公開地跑過去，把鄴城城門打開，高叫：「大秦士兵們，我們鄴城人民歡迎你們！」

慕容暐和慕容評只得拚命從另一個城門逃跑，兩人這時倒也達成一致，決心來個長途跋涉，跑回龍城，躲到什麼時候算什麼時候。

第三章　桓溫再起兵

十一月十日，苻堅進入鄴城，宣布接收燕國的首都。

慕容暐這時超級鬱悶，他逃出城外時，身邊還有一千多士兵，個個都還有武裝，可才跑沒幾步，這些士兵就都各奔東西，誰也不管老大的死活了。慕容暐覺得後面的腳步聲越來越單薄，心裡想，老子衛士的輕功原來如此了得，一千多人走路的聲音就這麼一點兒。就是不當皇帝，去當山大王，估計生活也不會差到哪裡去。

可回頭一看，怎麼士兵們都不見了？一、二、三、……十，啊，就只剩下十多個兵了。難怪腳步聲一點也不大。越看越覺得淒涼。

但再怎麼淒涼，也還得拚命逃跑。

苻堅很快就清楚慕容暐逃跑的方向，派郭慶帶隊追過去。

慕容暐跑了一段，這才發現這路怎麼這麼不好走，都怪這個叔叔，把修路的專項經費都貪汙完了，說什麼，我們只在首都裡當城市居民，這路都是鄉下人走的，為什麼要修那麼好？現在到處是刁民，路一好，正好方便他們進京。只有把路搞壞了，這才堵住他們的進京之路。現在自己被逼到這個地步，牙齒都差不多咬落了，還走不了幾步，而後面追兵的腳步聲好像已經傳到了耳朵裡。

慕容評更是咬著嘴巴，話不敢說。這傢伙透過這些年的大力腐敗，錢多得沒地方放，可心頭還不滿足。哪知，現在一打敗仗，隻身逃出，身上連點現金都來不及帶，自己這些年來兢兢業業的貪腐，所得全變成了人家的財富。實在是冤枉啊，自己白白背了這個大貪官的名，勝利果實卻全被人家拿走──真是比竇娥還冤啊！老天啊，為什麼不再來個六月飛雪？貪官真不好當！難怪都說，腐敗不得人心。

到了這時才知道腐敗的危害，跟那些被押赴刑場了再淚流滿面大叫懺悔的貪官一個樣。

第七節　燕國覆滅

路越來越難走，大家都咬牙認了。更要命的是，路上還不斷地出現搶匪，天天叫他們留下買路錢——啊！這種路居然也要收費。

他們身上沒錢，只有武器。這時衛隊的隊長是孟高。這傢伙對慕容暐倒忠心得很，帶著幾個士兵一路跟搶匪戰鬥，保著這個狠狽的老大繼續前進。

這天他們來到一個叫福祿的地方。

這個地名吉祥得很，大家的心情也放鬆了一下，決定休息一會兒再趕路。地名雖然很不錯，但他們仍然休息得很隱蔽——在一個亂墳堆當中東倒西歪著。

可還沒有鬆一口氣，他們突然聽到嘎嘎的狂笑聲，一隊不下二十條好漢的武裝力量很威猛地出現在他們的面前。這支強盜團夥也跟其他同行一樣，看到這幾個人個個長得肥肥胖胖，身上穿的全是世界頂級名牌，一條褲衩的價錢可夠他們全家買一輩子的衣服。因此就一口咬定這些人身上的油水肯定多得沒有辦法計算。他們不笑才怪。

這個團夥不但人數眾多，而且裝備精良，比之前他們遇到的強匪專業多了。更要命的是，他們都配備有弓箭，可以遠端作戰。

孟高他們不但人數不多，而且都已累得站不起來，手中只有一把刃都用捲了的大刀。

孟高沒說什麼話，只是大刀一揮，衝上前去，連續砍翻了幾個人，之後就累得再也擠不出一絲力氣，最後撲上去，死死地抱住一個敵人，猛摔在地，大叫一聲：「老子沒料了！」——男兒窮矣！

那些團夥看到這傢伙這麼生猛，便向他射箭。

孟高中箭死去。跟孟高一起死去的還有那個艾朗。

慕容暐乘著這個機會，溜了出來，連馬也沒有了。

第三章　桓溫再起兵

慕容暐還算幸運。

因為他才跑了幾步，郭慶就追了上來，一把將他抓住——如果他再走下去，肯定又會碰上搶匪，那些團夥肯定會把他當著富家公子一刀砍死。而郭慶卻只是把他抓住。

慕容暐在不把人命當命的土匪面前，弱得像根草，一路屁不敢放一個，可在秦國士兵面前，卻耍起大牌。在郭慶部將巨武來捆他的時候，大叫：「你是什麼人？皇帝是你可以捆的？」

巨武大叫：「現在除了你自己之外，誰還把你當皇帝？告訴你，現在你在老子眼裡，身分只是個街頭小混混，連大流氓還不如呢！你囂張什麼？你老實，老子還捆得鬆一點。」

苻堅問慕容暐：「為什麼不投降？」

慕容暐這時倒很有才，答：「狐死首丘，欲歸死於先人墳墓耳。」

苻堅這個人最大的特點就是心腸有點軟，聽到慕容暐這話，就覺得心頭髮酸，吩咐把他放了，讓他回到宮中，召集原來的所有手下，組織起來，補辦個投降手續，算是自覺宣布破產，讓大秦公司併購，從此就轉換身分，成為苻氏手下的員工。

至此，曾經是超級大國的燕國就這樣完蛋。燕國從宣布掛牌上市的那一天開始，前後總共執行了三十四年，最後為苻堅所滅。

郭慶繼續向東北進軍，橫掃燕國的殘餘勢力，先後把慕容評和慕容桓抓到手。

於是北方土地全部歸於大秦帝國版圖。

第四章
桓溫的落幕

第四章　桓溫的落幕

第一節　失勢的隱祕原因

　　桓溫對那個袁真很生氣，覺得這傢伙一點也沒有大局觀，捨不得為上級承擔點責任，一受點委屈，就做出叛國投敵的事來。而且投降的對象也不選好，硬是投降那個腐朽的燕國。

　　他時刻都想去把袁真一舉搞定，可時機總是不成熟。沒幾天，叛國投敵的袁真卻死翹翹了。幸虧，燕國的腐敗程度也跟晉朝一個樣，某個強人死了，死黨們都表現得極為忠心耿耿，表示堅決擁護強人的兒子繼續當他們的老大。因此袁真一死，他的手下又讓他的兒子袁瑾當了壽春的第一把手——那時是慕容評當政，這傢伙正不斷加大力度腐敗，只恨時間和精力不夠用，哪還有心思管誰當壽春的第一把手？

　　桓溫聽說袁瑾接老爸的班，又聽說王猛已經進攻壺關，也認為現在是搞定袁瑾的時候了。

　　太和五年八月，也就是王猛搞定壺關的時候，桓溫帶著二萬人從廣陵出發，向壽春發起軍事行動。

　　八月十一日，桓溫在壽春郊區打敗袁瑾的部隊，包圍了壽春。

　　袁瑾吃了個敗仗，馬上向朝廷求救。慕容評本來已派孟高前去救援，可因為王猛的攻勢太猛，燕國的首都被包圍得連一條狗都跑不出去，哪還顧得上壽春這個小地方？孟高只得又回去了。

　　袁瑾只得繼續被包圍下去。一直堅持到太和六年正月——當然，這個春節，袁瑾過得很苦很鬱悶。

　　這時燕國已經徹底崩盤，燕國大好天下成了秦國土地的一部分了。袁瑾一看，啊！老爸選擇投降的對象也太不專業了。自己投奔過來，目的是想讓燕國當他們的保護傘，哪知，他們還在這裡堅持，保護傘卻已經先玩

第一節　失勢的隱祕原因

完了。

袁瑾知道，憑自己這一點力量，是頂不住桓溫沒日沒夜的包圍的，直接向晉國投降，估計沒什麼好果子吃——堅持對抗，最後城破，被桓溫抓住更沒有好果子吃。於是袁瑾只得向秦國投降，說苻堅才是壽春人民的大救星，請苻老大趕快前來搭救啊！

苻堅想不到桓溫努力圍攻壽春幾個月了，居然還沒有搞定壽春，還等他去收拾，當然高興得哈哈大笑，馬上把可愛的袁瑾和朱輔（另一個壽春守將），分別大力提拔一下：袁瑾為揚州刺史，朱輔為交州刺史——從這個任命書上看，苻堅就已經在心裡樹立了滅晉的偉大理想。這個理想沒有錯，只是後來他在操作上出現了失誤，這才造成了歷史的遺憾。當然這是後話。

他在提拔這兩個新投降人士之後，派武衛將軍王鑑和那個猛男張蠔帶二萬人前去救壽春。此時，桓溫的圍城部隊也只有兩萬人，而且圍了這麼多天，還拿不下壽春，估計士氣也被消磨得差不多了。王鑑和張蠔即使不能全盤搞定桓溫，但把桓溫趕走還是完全可以的。

這是按常規道理得出的結論。

可有時道理並不是到處都可以通用，尤其是打仗，讓人跌破眼鏡的事實在太多。

王鑑和張蠔帶著一腔勇氣，帶著二萬部隊很威猛地殺過去，完全是勝利在望的勢頭。

桓溫派桓伊和桓石虔在石橋迎戰。

這個桓伊就是桓宣的兒子，打野戰比他的老爸有能力多了，硬是把大喊大叫衝殺過來的秦兵打得大敗。

王鑑吃了個敗仗，只得退回慎城，很鬱悶地看著壽春方向，卻一點辦

第四章　桓溫的落幕

法也沒有。

援兵一被擊退，壽春城裡守軍的士氣就全盤崩潰，最後的那點信心也全部喪失。

桓溫抓住機會發動總攻，晉軍四面八方衝進壽春，把那兩個剛當上刺史的傢伙全部活捉，押回建康，跟他們的家屬一起，全部處決。

桓溫拿下壽春之後，信心又狂漲起來，對以前的敗仗好像也有了交待。這時，他已經成為晉國頭號大臣，可以誰也不放在眼裡了。大家知道，這傢伙以前是一副憤青的姿態，很想做一番可以在歷史上留下光輝的事業，前期發展的勢頭很不錯，做得比前幾代強人都厲害多了。而且歷史也為他創造了幾個機會，這些機會有的就曾經抓在他的手中，卻硬是把握不了，最後機會變成了危機，從大勝變成大敗，讓他很沒有面子。還有一些機會，他是只看在眼裡，卻被那幾個當權派拿得穩得很，硬是不放手交給桓溫，最後敗得比他還慘。但那些當權派卻全不當一回事——那幾個以名士事業為第一要務的傢伙，並不在乎統一，只專心防範桓溫，堅定地認為，只要把桓溫死死地壓住，這個天下就不會有什麼大事發生，他們就可以在吃吃喝喝中保證名士事業的高速發展。

桓溫在受盡了名士當權派們的擠壓之後，心態當然就發生了本質的變化，從憤青變成權臣，在權臣的位子上又讓野心繼續膨脹，覺得對自己而言，皇帝這個職務也是小意思。

而且這個野心一點也不隱蔽，曾經在一個失眠的晚上摸著枕頭，說了一句著名的話：「男子不能流芳百世，亦當遺臭萬年！」

這傢伙也跟很多強人一樣，不是唯物主義者，十分相信術士們的那一套鬼怪理論。他有了這個理想之後，覺得還不夠踏實，就把杜炅叫來。據說這個杜炅的眼光很準，只要在你的臉上停留幾秒鐘，就能把你的未來猜得很精確，雖然不比當年的郭大師，但跟郭大師的距離也不很遠。

第一節　失勢的隱祕原因

他問杜炅：「你看看老子的面相，說說老子能當到什麼樣的大官？」

杜炅說：「老大你的事業可以做得很強大啊！我保證你可以做到全國第一號大臣。」

桓溫一聽，你小子這話是什麼意思？難道老子只能位極人臣？告訴你，老子要當的是皇帝！連這點都看不出，還好意思靠這個技能混飯吃？

他本來的計畫是，找個機會把腐朽的燕國打敗，建立一個豐功偉業，然後回到朝廷狠狠地威風一下，接受九錫，走司馬氏當年的路線，把司馬氏的後代給廢了，自己當上皇帝。哪知，枋頭一戰，卻反被腐朽的燕國打了個大敗，差點連命都要不回來。

對於桓溫的這次失敗，很多人都摸不著頭緒，不知道這傢伙老犯同一錯誤的原因是什麼。我認為，是因為他的想法不夠正確。他北伐並不是為了真正的統一，而是為了建立一個豐功偉業，然後用這個豐功偉業來向司馬氏叫板。因此，他必須走穩妥的路線，怕萬一失敗，手中實力受損，逃回去之後，沒有叫板攤牌的資本，所以，就想穩紮穩打，在保住實力的基礎上，收拾燕國，使得他強上加強。想不到，計畫很不錯，但現實太殘酷，這個威風北伐的結果是大敗。

這讓桓溫很氣憤。可氣憤也沒什麼用。

好不容易取得了這個勝利，他的氣憤這才消失，覺得面子、威望應該足夠了。

他把那個郗超叫過來。

郗超聰明的程度，在同時代人中，很少有人比得上。他是郗愔的兒子，可性格跟老爸一點都不相同，完全是老爸的反對派：他的老爸吝嗇，把錢財看得比天大，努力斂財但節約得要命；他卻大手大腳，可以在一天之內把他老爸的錢財發放完畢，比政府發放救災物資還要乾脆俐落。他老

177

第四章　桓溫的落幕

爸是天師道最虔誠的信徒，他卻天天唸佛。他老爸對司馬氏忠心耿耿，他卻把桓溫當作這輩子的老闆，天天為桓溫出謀劃策，是桓溫的主腦人物。

桓溫這個人歷來超級威風，從不把誰放在眼裡，但在跟郗超聊過之後，臉上的自滿，一掃而光，說郗超深不可測，把他當作頭號人才，引進到自己的帳下，成為自己的首席參謀，跟王珣成為桓溫最鐵的死黨。

桓溫平時有事都跟郗超商量，也很把郗超的話當話，可硬是在前次北伐當中，不聽郗超的話，最終遭到慘敗。桓溫吸取上次教訓，覺得這些大事也不能老聽方士的鬼話，還是問一問郗超，看看他的意見。

他問郗超：「這次勝利可以彌補上次的那場敗仗吧？」──足以雪枋頭之恥乎？

他滿以為郗超會爽快地說，早就彌補了。哪知郗超卻說：「未也！」兩個字，簡潔得讓桓溫倒抽一口冷氣。連這個勝利都擺不上桌面，以後還有什麼搞頭？這個年代仗倒是容易打，可勝仗實在太難打了啊！

他呆呆地望著郗超。

過了很久，郗超又去桓溫那裡聊天，把一整天的時間都聊光了，到了晚上，郗超還沒有離開的意思。

桓溫看到這個樣子，知道郗超還有話說，就叫郗超今晚在這裡留宿。

到了半夜，郗超對桓溫說：「老大，你一點危機感都沒有嗎？」

桓溫說：「你還有什麼話？趕快說，別老是吊老子的胃口。」

郗超說：「老大當了這麼多年的最高領導人，威風了大半輩子，都威風到六十歲了，最後卻在北伐這個事上搞砸了。如果到了這時，還不能再做出個大事業來，這輩子就沒有什麼再大的作為了，人民也看衰了老大啊！」

桓溫說：「那該怎麼辦？」

第一節　失勢的隱祕原因

郗超一咬牙，說：「向伊尹和霍光學習！」

桓溫一聽，這話對老子的胃口。

伊尹和霍光的英雄事蹟大家都知道吧？這兩個傢伙最得意的事情，是進行宮廷政變，把皇帝拉下馬。成為權臣們廢掉皇帝的光輝榜樣。哪個權臣想搞定皇帝，都把他們當作樣本，說是向他們學習。

可是伊尹和霍光搞定皇帝，都是有充足理由的，是得到全國人民的擁護的。他們的理由是那兩個皇帝太不像話，個個荒淫無比，讓人沒法活下去了。大家沒法活下去了，就讓皇帝也沒法活下去。

現在這個大晉皇帝卻低調得很，連一點緋聞都沒有鬧出，要拉下他，理由一點也不充分啊！人家只會說桓溫政變，是與人民為敵的。而且大權一直是你拿在手上，這是大家都知道的事，因此更不能說皇帝有過重大決策失誤。

兩人商討了大半夜，最後決定來個人身攻擊。而攻擊的部位就是司馬奕的性器官。

柯林頓的那幾個政敵要把他搞臭時，就抓住緋聞不放，把他在白宮裡的風流事抖出來，讓全世界人看。這事放在中國古代，就相當於淫亂宮中，不是一個好皇帝，是可以算成一條罪狀的。可現在司馬奕卻沒有這樣的緋聞，因此他們就來個逆向思維，說司馬奕的性功能早就等於零，吃了一大堆藥都沒用，是標準的陽痿皇帝。而且還是個標準的同性戀者，每天都跟相龍、計好、朱靈寶三個人妖在宮中玩。現在司馬奕的兩位美人田氏和孟氏卻生了三個孩子。只要腦子正常一點的人都知道，像司馬奕這樣的人能生孩子嗎？誰說他能生孩子，誰肯定也是個陽痿的人。

大家當然都不願當陽痿病人，因此都同意這個說法。

這個說法一成立，那幾個孩子就不是司馬家的後代了。

第四章　桓溫的落幕

不是司馬氏的後代,哪能讓他們當下一代的接班人?

桓溫和郗超先是把這個消息當成八卦流出去,沒幾天就成了大新聞——本來大家對宮廷的事就很感興趣了,這時突然流傳這麼一個小道消息,個個興奮得很,只要嘴巴閒著,都免費為桓溫散播謠言。最後,正應了那句名言——謊言重複一千遍就成為真理。

於是司馬奕就成了貨真價實的陽痿病人。其實連司馬奕也知道,自己的性功能也許不很傑出,但離陽痿的距離還遠得很。但他卻不可能到處脫掉自己的褲子,進行一次環球裸奔,讓鐵的事實證明,自己還生猛得很。

桓溫看到全國人民都在傳頌著皇帝的光榮事蹟,大家都一致認為,還讓一個這樣的人當皇帝,實在是丟了大晉人民的臉。桓溫的目的達到了。

太和六年十一月九日,桓溫從廣陵返回首都,才到白石,就讓人先跑過去,向那個資深第一寡婦褚蒜子暗示,把司馬奕這個丟臉的皇帝廢掉吧,讓司馬昱再上一層樓,當上皇帝算了。否則,人民不服氣啊!大晉現在最需要的是雄糾糾氣昂昂的第一把手。這個使者在暗示之後,就明示,把桓溫早已起草的「太后詔書」送給褚蒜子。

當時褚太后正燒香拜佛,求佛祖保佑司馬氏千秋萬代、一統江湖。

守衛送來這個「詔書」。

褚蒜子拿著這個等她簽字後生效的「詔書」,心裡很複雜,倚在門口那裡只看了幾行,說了這麼一句:「我也有點懷疑這個事。」這到底是她內心世界的真話,還是說出來應付桓溫的?現在只有鬼才知道。但從她的表現來看,應付桓溫的成分多一些。現在這個國家,是桓溫說了算,而不是她說了算,桓溫決定了的事,誰反對誰滅亡。倒不如先順著他的意思,走一步算一步,或許還有轉機——反正這個司馬奕也不是什麼英明之君,能力還真比不過司馬昱。

她只看了幾行，就叫人拿筆來，在詔書後面加上：「未亡人不幸罹此百憂，感念存沒，心焉如割！」。這話無論從哪方面來說，絕對是她當時內心世界的真實寫照，尤其是「心焉如割」四個字。

司馬奕絕對想不到，一個「陽痿」的八卦就成了他下臺的唯一理由。他這皇帝當得窩囊，而下臺的理由更窩囊。

第二節　清除異己的代價

十一月十五日，桓溫把文武百官全都叫到金鑾寶殿，宣布把這個廢柴皇帝廢掉。

當皇帝有一套麻煩的流程，而廢皇帝也有一套不簡單的流程。而且這麼多年來，沒有進行過這個工作，在場的誰也沒有經驗，不知從哪個方面入手。

大家都愣在當場。

連桓溫都不知道如何是好，他做夢也想不到，居然在這個地方卡住。當然卡這點殼，並不能擋住歷史的車輪，可他也怕突然出現什麼意外，那可就不好收拾了。

後來，那個王彪之看到這個情況，知道如果拖下去，讓事情泡湯，桓溫肯定不會罷休，到頭來亂子的規模會更大。心裡一急，不是說要學習霍光嗎？王彪之馬上把《霍光傳》拿來，大家一起研究，當場就把方案敲定。

這樣一來，王彪之就成了核心人物，大大地名士了一把，大家一看，原來免去皇帝職務還有這麼多學問，真是讓人大開眼界，能參加這種百年

第四章　桓溫的落幕

一遇的盛事也值得了——雖然司馬奕大倒其楣，但關我們這些靠貪腐吃飯的屁事——只要不反貪腐就行，誰當皇帝都一樣，地球照轉，太陽照樣出來。

王彪之叫大家按他的安排站好位，然後讓褚蒜子宣讀那份檔案，把司馬奕說得一文不值，毀壞國家形象，沒有資格再在這個位子上坐下去。本著庸者下、能者上的用人原則，免去司馬奕皇帝的職務，降為東海公；皇帝一職由司馬昱擔任。

宣讀完畢之後，桓溫叫督護竺瑤和散騎侍郎劉亨，代表朝廷從司馬奕的手中接過大印。司馬奕就算換班完畢。之後穿著平民的服裝從西堂出來，然後上了牛車從神虎門離開。

大家一看，原老大因為陽痿，就被免去一切職務，從皇帝變成這麼個可憐樣，都覺得這個世界實在說不清啊！大家都在那裡嘆著氣，目送司馬奕離開。

桓溫率大家帶著皇帝的專車去迎接新的英明領袖司馬昱。

司馬昱這時卻表現得十分低調，在大廳當著大家的面換上跟司馬奕同個品牌的衣服，面向東方，像劉備一樣，什麼話也不說，只是流著老淚，把自己弱勢的一面表現得十分到位。然後才對著皇帝大印一拜再拜，而且淚水依舊。

司馬昱這些淚水肯定不是劉備產品，而是真實的。這哥兒們長期在中央主持工作，歷來把桓溫當作頭號壓制對象，前幾次不讓桓溫揮兵北上，而在歷史性機會面前，硬是派殷浩、褚裒之流帶著大軍北伐，仗越打越不像樣。哪想到，這麼多年的壓制，不但沒有把桓溫壓垮，反而把他壓得更加強大、威風起來——威風到敢把皇帝拉下馬的地步。他能把司馬奕拉下馬，當然也可以把自己拉下馬啊！而且，他知道恆溫對司馬奕沒有很大的反感，但對自己肯定有著極大的仇恨，如果有一天，他看自己不順眼起

第二節　清除異己的代價

來，那下場可就要多難看有多難看了。

這傢伙這麼一想，就覺得登上皇位，跟被押赴刑場沒什麼兩樣。

但到了這個時候，你不想做也得去做。這個世界到底還有沒有道理啊，連皇帝也不好當了。不好當也得當，如果好當了，能輪到你這人來當嗎？

司馬昱就在當天拿著皇帝的大印當了這個全世界最不好當的皇帝。這天是太和六年十一月十五日。登極儀式大家就熟悉多了——這些年來，司馬氏的第一把手，都是短命鬼，隔幾年就來個徹底換屆。大家瞇著眼睛都可以按一二三把流程走得很乾脆：改元咸安元年，其他流程則完全照搬，任務完成，大家下班回家吃飯、洗腳睡覺。

桓溫還怕出亂子，居然到處派出戒嚴部隊。

這傢伙雖然膽子很大，製造了一個八卦就把司馬奕趕下臺，可過後又覺得有點心虛起來。他熬夜寫了一份報告，內容是向司馬昱說明，自己這次打倒司馬奕擁立他的理由。然後拿進宮裡，打算親自給司馬昱看。

哪知，曾經的口水專家司馬昱這時變成了流淚專業戶，一看到桓溫就不斷地發動淚腺，什麼話也不說，只是唰唰地流著淚水。弄得桓溫什麼辦法也沒有，拿著那份熬了一整夜的稿子，又退了回去。

桓溫把一個弱勢老闆打倒之後，又扶持了一個弱勢老闆，覺得威望應該樹立了，可以跟那些潛在的反對派算一算帳了。

第一個被他列為重點打擊對象的人是司馬晞。

這哥兒們是司馬睿的兒子，也是現任皇帝司馬昱的哥哥。他成為桓溫打擊的對象，並不是因為做過什麼反對桓溫的事，翻開前面那幾頁歷史來看，他從未跟桓溫發生過什麼不愉快。桓溫要搞定他，是因為這哥兒們愛好軍事，據說專業知識還真有一點。這話傳到桓溫的耳朵裡，桓溫的第一

第四章　桓溫的落幕

個反應，就是這哥兒們絕對不是自己一路的，得想辦法把他除掉。

這一次，王彪之為他立了大功，他覺得王彪之不但是個人才，而且也是他的死黨，因此就向王彪之徵求一下意見。

哪知，王彪之在這方面卻有原則得很，說：「司馬晞不但是皇室中輩分最高的，而且沒犯過什麼錯，把他拿下實在沒有什麼理由。我反對這個做法。」

桓溫一聽，這傢伙不知是以前頭腦進水，還是現在頭腦進水，居然這麼不配合老子。這是什麼年代？把一個看不順眼的人拿下還需要什麼理由？司馬奕被老子抓過什麼把柄嗎？老子同樣把他一舉搞定。現在仍然用這個辦法搞定司馬晞。

當然，現在他不用像對付司馬奕那樣去製造那些無聊的八卦來搞臭司馬晞了，而是直接向哭鼻子皇帝司馬昱上疏，把司馬晞狠狠地誣陷了一頓，然後要求司馬昱把老兄的所有職務都免去，讓他回家過自己的晚年生活——連同他的兩個兒子一起回去，免得老爸一個人在家太無聊。

司馬昱雖然一上臺就是一個弱勢皇帝，但桓溫讓他的弱勢更加深入下去，派毛安之帶著一支部隊接管了皇宮的保衛工作。

接下來被他搞定的就不是一個人了，而是兩個大家庭。

第一個家族是殷浩家族

殷浩跟桓溫是小時候的朋友，跟他從沒什麼利益衝突，主要是因為朝廷要利用殷浩來平衡他的權力，這才把兩人推到權力場上的對立面。桓溫知道殷浩也不是自願跟他為敵的，後來他把殷浩拉下臺之後，又準備讓他重新任職。只是殷浩太過激動，激動得塞了一封白紙回信，桓溫這才大為生氣，宣布與殷浩斷絕所有關係。

即使如此，桓溫還沒有把殷家恨到非要滅族的地步。

第二節　清除異己的代價

導致桓溫怒火中燒的也是一件小事。

殷浩死的時候，桓溫看在老朋友的面子上，寫了一封唁函，派人送過去，對老朋友的逝世表示沉痛的哀悼，以後要化悲痛為力量，繼承老朋友的遺志，繼續報效國家。這也算是桓溫主動向殷家示好的動作，如果殷氏後人能抓住這個機會，完全可以緩和兩家的關係。哪知殷浩的兒子殷涓的頭腦也是個花崗岩，不但在現場對桓溫的使者一點也不理會，而且事後也不回一封信，沒有對桓溫老大在百忙中還記得老爸的死，派人前來追悼的事表示衷心的感謝，這件事讓桓溫大為生氣。當然，這也不至於導致桓溫起殺心。真正讓桓溫覺得殷氏該死的是因為殷浩跟司馬晞走得太近。

第二個家族就是庾氏家族。

你知道，庾翼在強人的職位上威風時，最看好桓溫，曾經大力提拔過他，算起來也是桓溫的恩人之一。但桓溫這樣的人心裡是沒有一點感恩圖報之情的。庾翼對他有恩，庾家的另一個子弟庾蘊卻硬是不斷地跟桓溫作對。這時庾蘊是廣州刺史，也算是地方強人之一，手裡有人有槍，而且庾家的勢力經過庾亮和庾冰兄弟多年的打造，人脈資源極廣，一直讓桓溫感到壓力，老早就想著把這個家族端下去。晉朝最突出的特點就是強化了士族在政治上的作用——一旦某個強人掌權，那個強人的親戚都一哄而上，共同瓜分權力，在很短的時間內成為權力中心的家族，比皇家的權力更大更厲害。王氏家族、庾氏家族，到現在的桓氏家族，以及後來的謝氏家族，都是這樣形成的。

於是，當這個家族當權時，最想做的就是努力搞定另一個家族。在這樣的背景之下，庾蘊還主動跟桓溫過不去，不斷地引起桓溫的憤怒，那就只有找死了。這傢伙只有能力惹怒桓溫，卻沒有擺平桓溫的膽量，更沒有擺平桓溫的能力。

桓溫把庾家和殷浩一起列出來，共同打擊，看是你們兩個過氣的士族

第四章　桓溫的落幕

厲害，還是老子這個現任強人有能力。

這個切入點就是司馬晞。負責這次行動的人就是桓溫的弟弟桓祕。

十一月十七日，桓祕開始打擊異己。他覺得新蔡王司馬晃是個軟骨頭，因此先把這個司馬晃抓起來，帶到太極殿，面見司馬昱，讓司馬晃承認自己跟司馬晞以及司馬晞的兒子、還有殷涓、庾倩、庾柔等等很多人勾結起來，聯合陰謀叛變。

司馬昱雖然智商不高，但絕對不是豬頭，他只是個不做實事的傢伙，但腦筋急轉彎方面的能力卻很高──否則，是不能成為清談高手的。他當然知道，司馬晃的這個供詞，沒有一句是真話，完全是桓溫給的臺詞。所以，在司馬晃「供認不諱」時，他只是流淚──這哥兒們當了皇帝之後，權力比以前縮水，但淚腺比以前發達。

在司馬晃全盤招認之後，桓溫就下令，把所有參與「陰謀」的人員全部逮捕，移交司法機關──其實大家都知道，真正搞陰謀的是他，而不是別人。

庾倩和庾柔都是庾蘊的弟弟。

桓溫這時已經到了可以隨便殺人的地步了。他對大家說：「司馬奕生育能力等於零，那三個兒子不知是哪裡來的野種，讓皇家丟的臉實在太大了，估計我以前北伐失敗最大的根源就是因為這個綠帽子。大家想想，老天爺、老祖宗會保佑這樣的野種嗎？連老祖宗都失望了，這北伐不失敗，實在是沒有天理的。」於是，他不殺司馬奕的三個兒子，也是沒有「天理」的。

十一月十九日，桓溫把司馬奕的三個兒子以及這三個兒子的母親一起誅殺。

跟很多同樣的歷史時期一樣，每到這時，總會跳出某個小人配合，讓

第二節　清除異己的代價

權臣們的血腥手腕更加深入。

這時勇於跳出來的就是御史中丞、譙王司馬恬。這傢伙第一個聽懂桓溫的暗示，立即上疏，請皇上依法行事，下詔處置皇上的哥哥司馬晞。

司馬昱接到這個詔書，啊！這是什麼世道？居然要老子下令殺自己的哥哥。連哥哥都保不住了，還當個屁皇帝。你們來當好了。這一次，司馬昱沒有哭，而是下了一個詔書，大意是說，現在朕的心情悲痛的程度已經到了頂點，這樣的事都不想聽了，更不想開口說什麼。這事，以後再說。

司馬恬碰了軟中帶硬的釘子，不敢再說下去了。

桓溫看到司馬恬實在太菜，只得出面，用了最嚴厲的措詞，說司馬晞罪該萬死，不殺他不足以平民憤，不殺他不足以光復大晉。

司馬昱一看，民憤個屁。其實不殺司馬晞是不足以平桓溫之憤而已。司馬昱雖然是個軟腳蝦，當皇帝當到現在，最大的舉措就是不斷地流淚，但這時看到哥哥要成為桓溫刀下之鬼了，就決定強硬到底。他向他的老爸學習——他的老爸在王敦逼迫的時候，就曾說下野算了。這時他也向桓溫回了一封信，大致是說，你要是真的把我當成皇帝，就請接受一下我的意見。如果不把我當成皇帝了，我就馬上宣布下野，你來當算了。

桓溫不知是哪根筋作怪，收到這封信後，居然「流汗變色」——這傢伙早就有了傳說中的「不臣之心」，按說對這麼一個只有淚水、沒有實權的皇帝，應該一點也不在乎才對，哪會對這麼一封越看越覺得可憐的信「流汗變色」？我估計桓溫以為自己這一封信送上去之後，司馬昱就會一邊流淚，一邊寫上「同意」兩個字，哪想到司馬昱硬是不同意，而且還表示就是下臺也不會簽署殺哥哥的詔書。他想不到這個司馬昱居然還有這麼剛強的一面，居然也敢跟他對抗，看來自己以後施政還是有一點阻力的。這麼一想，汗就自動冒了出來，臉色就禁不住地發生了變化。

第四章　桓溫的落幕

目前桓溫為自己安排的任務並不是當皇帝，而是先把所有的障礙清除。因此，還不到跟司馬昱攤牌的時候，還得遷就他一下。因此，就讓了一步，只把司馬晞父子免職，全部把戶口遷到衡陽，在那裡享受小百姓的幸福新生活。

至於其他人，桓溫下令全部斬首滅族！

於是，以庾倩、庾柔為首的庾氏家族、以殷浩為首的殷氏家族，以及曹秀、劉強兩人的全家，也都到刑場上開斬，來個「刑場全家福」。

這時，桓溫最急切修理的庾蘊倒還沒有抓到，還在廣州刺史的位子上。這哥兒們也是個花花公子，雖然手裡有刀有槍，但一點剛硬的性格也沒有，聽到桓溫斬首他們家族的消息後，什麼也不想，拿起奶粉一頓猛吃，就把自己吃死了。

整個庾氏家族就這樣徹底玩完──當然，並不很徹底，還剩下那個庾友。庾友是庾蘊的哥哥，現任東陽太守，不管怎麼算，都會在斬首名單之中。可這哥兒們卻沾了兒媳婦的光，在他所有親朋都押赴刑場，執行死刑時，他卻接到一張赦免通知書。你知道他的兒媳是誰家的美女吧？

皇帝家的？

呸！現在皇帝算老幾？連他的哥哥都差不多保不住了──以前衛灌的兒子就是駙馬，可仍然被搞定。

這個兒媳婦是桓豁的女兒。而桓豁是桓溫的哥哥。桓溫可以不看皇帝的面子，但也得看哥哥的面子啊！

還有兩個庾家的人，庾希和庾邈聽說桓溫已向他們大開殺戒後，不願送死，更不想像庾蘊那樣自己了結，而是帶著家屬連夜跑路，躲到海陵一帶的荒村之中躲起來。桓溫雖然到處釋出通緝令，但也抓不到他們。

桓溫這一次大開殺戒，把內部敵人一口氣消滅光──其實也沒有幾

第二節　清除異己的代價

個真正的敵人，除了庾家的幾個兄弟對他稍微有點威脅外，其他人只是因為被桓溫看不順眼，而他又恰恰想藉著大量血腥來替自己樹威，這些人就只得去死了——桓溫的威名果然就大樹了起來，誰看到他，誰都得低下腦袋，夾著尾巴，對他除了哼哈之外，還是哼哈。

就連那個後來勇於跟苻堅硬碰硬的謝安，見了他也在遠方下跪，向桓溫叩頭，而且叩得連桓溫都覺得過分起來，說：「謝安，你這樣做，有什麼必要？」原文是：安石，卿何事乃爾？

謝安說：「未有君拜於前，臣揖於後。」居然把桓溫當作皇帝來對待了。

桓溫一聽，心情大爽！有素質的人就是不同啊，這麼遠就看出老子有皇帝之相。他當然不知道，後桓溫時代就是由謝安主持收拾的。

對於桓溫這個行動，苻堅的評價很正確。

苻堅聽到桓溫的這些光輝事蹟後，馬上嘎嘎大笑，說桓溫在灞上、枋頭吃了大敗仗之後，氣沒有地方消，既不肯自我反省，又不能再出兵報仇，心頭鬱悶，就拿自己的老闆和同事開刀。跟什麼樣的人一樣呢？就是那種受了老婆的欺負，然後在老爸身上出氣的那類人。他的原話是：怒其室而作色於父，

桓溫每天威風凜凜，他的那個首席死黨郗超同樣威風凜凜。

現在最怕桓溫的是誰？

就是那個在清談場上混到五十一歲突然被推上皇帝寶座上的司馬昱。

這哥兒們一見到桓溫，淚水就習慣性地猛流，天天怕桓溫哪天情緒不穩定起來，把他拉下臺——光拉下臺，然後讓他繼續清談，也沒什麼，只怕拉下臺之後，就來個滅族，那可是天下最可怕的事啊！

司馬昱也是個封建迷信的信徒，向來注意天上那幾顆關鍵星星的行動。

第四章　桓溫的落幕

根據相關部門的報告，前段時期，「熒惑守太微端門」，也就是說，熒惑星跑到太微星座的門口前，賴著不走——這個後果很嚴重，一個月後，司馬奕就從皇帝變成了平民。

當然，這事對司馬奕來說，後果很嚴重，但對司馬昱來說，應該是好事才對。可司馬昱仍然覺得不好。不是他覺得皇帝這個職業不好，而是覺得在桓溫面前，這個皇帝實在是天下安全係數最低的職業了——生命甚至比黑煤窯裡的工人還沒有保障。

在他當皇帝後不久，也就是當年的十二月二十七日，那顆最不受歡迎的熒惑星的過動症又發作，反方向運行，進入太微星座，像在自己的家一樣，滿星座裡亂跑。

司馬昱的心情馬上亂了起來。當時，郗超正在旁邊——郗超開始混官場的時候，是司馬昱手下的員工。後來桓溫發現他是個人才，這才把他引進。因此，郗超雖然是桓溫的頭號死黨，但對司馬昱這個老上司還是很不錯的。

司馬昱對郗超說：「你說說，現在還會不會發生前一段時間的事？」

前一段時間的事，就是司馬奕被搞定的事。

郗超說：「皇上有多少心可以放多少心。桓老大這麼做，一切都是以國家利益為重的。現在他正忙於北伐的事呢！我拿全家的性命作抵押，絕對不會再發生這樣的事了。」

你想想，連司馬昱都這樣對待郗超，其他人就更不用說了。

只要腦袋還正常運轉的人，都知道郗超之於桓溫跟當時孫秀之於司馬倫不一樣。不同的是司馬倫是一個標準的豬頭，而桓溫卻是個猛人；孫秀完全是小人嘴臉，小聰明多得數不清，但人品很壞，什麼都想貪一下。而郗超並不愛財，人品還算不錯，能力也比孫秀強多了，只是一心一意地為

桓溫的個人事業而奮鬥。

但不管怎麼樣，現在桓溫是當朝權臣，而郗超是當朝權臣的頭號心腹，拉攏郗超就等於巴結了桓溫。因此他的官不大，但所有的人都向他逢迎，在他門前排隊送禮的人跟春節期間火車站售票窗口的人差不多。

就連謝安也不例外。

有一次，謝安和王坦之一起去見郗超。謝安和王坦之的官比郗超的職務都高。謝安現在是侍中，而王坦之是衛將軍，都是國家高級公務員。可現在郗超的人氣太旺，排場實在太威風，排隊的人太多，兩人從早等到晚，仍然坐在冷板凳上，礦泉水都喝了差不多一箱，仍然輪不到他們進去會見。

王坦之有點不耐煩起來，不過是桓溫手下的一個幕僚，架子擺得沒有譜了，老子走了。

謝安拉住他的衣角，說：「你要是想多活在這個世界上幾天，就請多忍一下吧。」

王坦之摸摸腦袋，身體一軟，又坐了下來。

第三節　皇位的殘酷遊戲

在當時，苻堅絕對是胸懷最寬廣的皇帝。

他能做到今天的地步，節節勝利，跟他的胸懷有很大的關係。如果他不那麼信任王猛，按照當時的官場規則來對待王猛，估計現在王猛都還在基層鍛鍊。可苻堅只對王猛面試了一次，就知道這帥哥雖然身上的蝨子多，但他的智慧比蝨子更多，是個曠世奇才，因此就無比地信任他，只短

第四章　桓溫的落幕

短的一段時間，就不停地對他進行大力提拔，後來提拔的速度雖然放緩，但卻把全部權力都交給他。

王猛得到這樣的信任，就更加為苻堅賣命了，只幾年功夫，幫苻堅擺平內亂，搞定燕國，使秦國一下就成了當時的超級大國，誰都可以不放在眼裡了。

苻堅對王猛就更加放手了，把關東六個大州的事務全部交給他處理——你愛怎麼樣就怎麼樣，不用再請示我。

王猛都覺得不好意思起來，上疏說只當一個州的第一把手就足夠了，其他州請老大趕快任命其他人。

可苻堅卻不答應，說：「現在老子講清楚，這個天下是我們哥兒倆共享的。只等統一了全國，我們就來個以陝為界，你管東邊，老子管西邊。請你不要再說什麼話了。再說，要是交給一些廢材去管理，只會把事情弄糟，把局面搞死——那可是你的責任。」

王猛沒有辦法，只得繼續當六州州長。

苻堅對寬大這個原則不但堅持得一點不動搖，而且還有點過了頭。就連那個慕容評被抓回來，居然還大大地重用。如果是曹操之類的英雄，肯定會把慕容評砍掉，而且砍掉的理由不是跟正義之師作對，而是因為太過腐敗把自己的國家搞亂，不殺不足以平民憤——既殺了敵人，也懲治了貪腐，是一件打著燈籠都難找的民心收穫啊！

可苻堅卻只管表現自己的寬大胸懷，對民心的拉攏很不在意。

他對慕容評的寬大處理，連慕容垂也看不過去了，對他說：「老大，慕容評是什麼人？是個完全可以劃歸惡霸之類的人物。現在老大卻讓他仍然當高官，實在有點不像話了。對這種人，除了誅殺之外，沒有更好的處理辦法了。」

第三節　皇位的殘酷遊戲

　　苻堅一聽，這話好像也對，這個慕容評還真的不是個好東西。他雖然清楚地知道慕容評不是個好東西，可因為那個寬大的心理作怪，不但不把慕容評處死，還讓這個腐敗透頂的人去當范陽太守──讓他繼續貪腐下去。

　　大家一看，只好無語了，都知道這個世界確實太適合貪官生存了。

　　咸安二年的六月，苻堅把王猛調回首都，把一大串職務貼到他的名片上：丞相、中書監、尚書令、太子太傅、司隸校尉，特進、常侍、持節、將軍、侯如故。

　　這麼多職務，要全部記住，估計得花時間死記硬背一堂課。苻堅現在覺得王猛超可愛，恨不得把所有的官都放到他的身上。

　　至於那六個州的第一把手，就讓他的弟弟苻融去當了。

　　這時，晉國又發生了一次內亂。

　　內亂的規模並不大，帶頭人就是那逃亡的庾希和庾邈。庾希絕對是個豬頭，他在逃亡時，是徐州和兗州的刺史，手裡控制著兩州的人力財力和兵力，一聽到桓溫要搞定他們時，沒有一點對抗的念頭，立刻就化裝逃跑。逃跑之後，又覺得跑得太不值得了，好歹也是個強人出身，就這麼一逃了事，太窩囊了。這麼一想，血氣就衝上腦門，決定挽起袖子跟桓溫大打一場。

　　他找到那個武遵，糾集了一些街頭小混混，把農具和菜刀改裝成武器，叫大家白天睡了個大覺，晚上混進京口城，然後突然大喊大叫，進行了一次暴動。

　　晉陵太守卞耽正摟著情婦很幸福地睡大覺，突然被大喊大叫聲嚇醒，只憑經驗就知道城裡發生了暴動。啊！現在暴動也太容易發生了，這些天來好像城裡的百姓安靜得很，怎麼突然夜裡就發生了？他跑出來要了解一

第四章　桓溫的落幕

下大致情況。可他還沒有開口，人家就告訴他，老大不好了……

「什麼不好了？不就是一件暴動嗎？有什麼了不起？關起城門，不要讓這個事件蔓延到首都就行。只要在天亮之前平息事態，什麼事也沒有……」

「不是啊老大。是庾希他們攻進城裡來了。這個，這個可不是，不是一般的暴動啊！」

卞耽一聽，頭馬上就大了起來，叫了幾個貼身保鏢，跑了出來。

果然看到大街上到處是暴動的人，手裡全是由農具改裝的武器，見人殺人，大喊大叫，瘋狂得很。

卞耽只看到大街上滿是暴動分子，根本不知道這些暴動分子就這幾個，什麼也不想，連城門都不敢過去，而是翻越城牆，一路狂跑到曲阿。

庾希還是有一點政治頭腦的，占領京口之後，馬上扯上司馬奕的旗號，說是這次暴動不是無緣無故的無聊之舉，而是接到原皇帝司馬奕的最高指示，要求全國人民團結起來，打倒桓溫的統治，恢復司馬奕的皇帝職務。

這次暴動的規模很小，但影響很大，因為京口離首都不怎麼遠，也帶給建康不少騷動，以致不得不宣布戒嚴。

卞耽在跑路之後，馬上知道庾希的這次暴動力量單薄得很，而且參與的都是業餘部隊，除了喊口號聲音很大之外，仗打得很菜，於是馬上就組織了附近各縣的部隊兩千多人，去鎮壓暴動。

庾希聽說城外來了政府軍，本來有點頭大，可知道是卞耽帶領的，信心馬上就高漲起來：「呵呵，老子以為是哪位大軍事家來了。原來是卞耽。這傢伙輕功不錯，翻牆功力比那個韓壽強多了——韓帥哥只能翻過籬笆牆，你連城牆也一把翻過，連個骨折之類的外傷也沒有發生。根據經驗判

第三節　皇位的殘酷遊戲

斷，精於逃跑的人，仗打得絕對很菜。」

他決定打一仗，拿卞耽的部隊來鍛鍊一下自己的業餘部隊，順便用個勝仗來鼓舞一下人心。

可結果，卻被卞耽打了個大敗，趕緊關起城門，做縮頭烏龜。

桓溫又派東海內史周少孫帶兵前來，與卞耽會師，一起攻打庾希。

七月一日，周少孫攻進京口，把庾希、庾邈等一干帶頭人全部捕獲，並當場處決。隨著這一刀的砍下，曾經威風得想拿王導開刀的庾亮後代，全部滅絕。庾氏這個世族變成了死族。這就是世族的另一面。

當這個世族還有個威風凜凜的猛人，連下人都可以封侯，到處威風，放出的屁全國人民都叫香。可一旦強人撒手，新科強人上場，原來的世族處理不好關係，市場立刻疲軟，最後成為新科強人狠下殺威棒的犧牲品。

用個很抽象的話來說，這就是政治！

七月二十三日，司馬昱再一次用鐵的事實證明，晉國皇帝的寶座座落的位子，絕對不是好位子。

此前的皇帝，除了一位把丹藥當飯吃的傻子之外，其他皇帝都年輕體壯，但個個都生命短暫，還不到三十而立就先死了。司馬昱沒有當皇帝時，身體也沒什麼大毛病，一天到晚喝酒喝到醉，把妹泡到累，什麼問題也沒有，五十歲了，仍然占據著清談榜上的頭號位子。可才把屁股放到那個皇位上不到一年，就覺得身體發生了狀況，而且發生得很突然。

他迅速知道自己不行了，交待後事的時機已經徹底成熟。他趕快下詔，叫桓溫立刻到首都來。而且二十四小時之內，連發四道詔書。

估計桓溫以為這哥兒們想騙自己，因此，硬是不理會——你以為老子沒見過詔書？有必要這麼一天發四道同樣的詔書？哈哈，詔書是最高指示，可老子不理，你這個詔書也是最高屁話。

第四章　桓溫的落幕

司馬昱不會因為桓溫不來就繼續病著撐下去。

他看到桓溫不來，只得緊急敲定自己的接班人。讓大家討論了幾天才選出新的領導人。

他現在指定的接班人是司馬曜。

這個司馬曜才十歲。

本來，按照司馬昱的這個年紀，孩子都應該成年才對。而他也確實很早就生育過兒子。他原來的老婆是王述的堂妹，嫁給他之後，連生兩個兒子：司馬道生、司馬俞生。可這兩個兒子都是街頭混混的料，人品差得連老爸都看不順眼。最後，司馬昱把他們母子全都關在私家的拘留所裡，不久，全都死了。

這兩個兒子死後，他的另外三個兒子也跟著一起死去。這讓他很鬱悶。可更讓他鬱悶的是，五個兒子一死之後，他雖然不遺餘力地把妹生育，可是整整十年，也生不出一個兒子來。

眼看自己的年紀越來越大，身體的那些器官也越來越疲軟，再這樣下去，估計這輩子就沒有繼承人了。

他後來認為，肯定是他泡的這些妃子生不了男孩子，因此就找了個資深的面相專家，請他來到家裡，檢查一下，看看哪個妃子有能力生男孩子。

那位資深的面相專家一進司馬昱的大院，看到司馬昱這個小老頭居然有這麼多漂亮妃子，啊！太不公平了，老子的老婆沒一個比得上這裡的美女啊！這傢伙心理一不平衡，馬上就大搖其頭，說：「我可以拍胸脯保證，老大再怎麼努力，都不會生出一個男孩子來。不信，就拉倒。我是實話實說。」

司馬昱當然不願拉倒，又把家裡的其他侍女全叫來——我就不信，

第三節　皇位的殘酷遊戲

這裡這麼多女子，就不能找出一個會生男孩子的來。

當然，他也在心裡做好準備，如果仍然沒有，那就叫這個專家陪同，來個全國海選，總能海選出一個來吧？

在司馬昱做好備案的時候，那個面相大師卻宣布備案作廢，因為他發現了一個能生男孩子的美女（此其人也）。

司馬昱一看，你這個大師，專業能力不錯，可審美眼光太菜了。這也算美女？沒見過美女也見過明星畫報吧？有這麼黑的美女嗎？一看這個膚色，百分之百地都以為是剛公款去非洲半年回來的，那個身體雖然修長，可比例失調，上長下短，彎腰到欄裡餵母豬，是很合適的。

這個「美女」叫李陵蓉，名字不錯，現在供職於紡織廠，每天跟梭子打交道，多年來，工作也還稱職。只是外觀太不順眼，連她的同事都叫她「崑崙」。這個崑崙，當然不是譚嗣同「去留肝膽兩崑崙」的那個崑崙，而是馬來人的代稱。當時的人把馬來人都稱為「崑崙」。這說明，東南亞人在那個時期就已經與中國有來往了，也說明這個李陵蓉的相貌實在不符合當時中國人的審美標準。

司馬昱這時雖然有點想吐，但生子心切，哪還管得了那麼多？而且都是半夜工作，燈光一黑，非洲美女跟韓國明星還有什麼區別？

後來這個「崑崙」還真替他生了一個男孩子，這個男孩就是司馬曜。司馬昱覺得只生一個實在不行，得再生一個，才是雙保險。便繼續在「崑崙」身上努力，果然又生出一個兒子來。這個兒子叫司馬道子。

七月二十八日，司馬昱在病危中宣布，司馬曜為太子。同時也起草了一份遺詔，以便死後能在第一時間發表。

司馬昱到了這個時候，仍然怕桓溫怕得要命。這哥兒們學劉備學得上了癮，不但淚腺發達，就連這個遺詔也照搬了劉備的方式。要求「大司馬

第四章　桓溫的落幕

溫依周公居攝故事」，而且還強調：「少子可輔者輔之，如不可，君自取之。」劉備當初這麼做的用心是什麼，現在大家都還在猜測，但所有的猜測裡面，都沒有誰認為劉備是怕諸葛亮的。現在誰都認為，司馬昱這麼做是因為百分之百的怕桓溫，怕桓溫把他那兩個來之不易的兒子搞定，怕這個皇帝寶座不好坐，因此不如先請求桓溫「自取之」。

他在起草完這個詔書之後，準備定下稿來，請大家幫忙看看，還有沒有什麼錯別字之類的。不一會兒，王坦之就拿著那份原稿進來。

司馬昱問他有意見嗎？

王坦之先把詔書當著司馬昱的面，一把撕得粉碎。

司馬昱雖然腦袋不如淚腺發達，但絕對不是司馬衷，一看王坦之這個樣子，馬上就知道，他不滿自己這麼學劉備，就說：「人要看得開一點。反正這個天下也是意外得到的，我都不在乎，你何必不滿意？」原文是：天下，儻來之運，卿何所嫌！

王坦駁斥道：「皇上也太沒志氣了。你知道不知道這個天下是誰的天下？這是宣帝和元帝拚命得到的天下。你要是這麼做，先帝們不答應，人民也不答應！」

司馬昱雖然是個清談高手，平時口才很強悍，但這時卻詞窮了，找不到駁倒王坦之的理由，只得讓王坦之把內容改為：「家國事一稟大司馬，如諸葛武侯、王丞相故事。」明確要求，桓溫向諸葛亮和王導看齊。

這麼一改，雖然仍然讓桓溫成為說了算的實際最高領導人，但卻從法理上切斷了他登上皇位之路──當然，他完全有力量把司馬氏打翻在地，宣布大晉公司破產，掛上桓氏公司的招牌──可桓溫雖然有這個雄心壯志，但沒有這個膽量──當時還是個很講正統的法理社會，強人們一邊眼紅著那個皇位，一邊又怕人家說他名不正言不順。以前陶侃也是這

第三節　皇位的殘酷遊戲

個心態。只是陶侃比桓溫會做人,力量雖然一點也不比桓溫差,但卻不囂張。

司馬昱這一次真的像電影裡的烈士一樣,關鍵的話一出口,然後就死了。

那天,是七月二十八日,他五十三歲,天氣同樣沒有什麼反常。

大家聽說司馬昱掛了之後,每個人臉上表現的不是悲痛——反正這些年來經歷最多的事,就是英明領袖永垂不朽的事,大家早就麻木了,何況還攤上這麼一個動不動就淚水滿臉的皇帝,天天上朝,一看到那個模樣,什麼好心情都被破壞了。這種皇帝早就該死了。

大家可以不悲痛,但不能不怕。

怕這個皇帝一死,桓溫下一步不知要做出什麼激烈的動作。說不定突然宣布自己當皇帝,然後來個秋後算帳,把他們通通列為打擊對象,那才是最麻煩的事。

他們馬上覺得現在到了歷史最關鍵的時刻,臉上全都怕得要命,雖然早已發表了司馬昱的遺詔,他的兒子可以登上皇位,繼續當他們的英明領袖,領導他們繼續將政策進行到底。

可是大家你看我我看你,沒誰站出來執行司馬昱的命令,讓司馬曜當上皇帝。大家都主張:「還是等桓溫回來吧。」

如果這個主張被通過,歷史可能就在這個地方有個轉折。

第四章　桓溫的落幕

第四節　盧悚的最後一擊

因為桓溫的本意是想叫司馬昱像傳說的堯和舜一樣——當然，並不是想叫司馬昱像堯舜那樣英明，他要是那樣英明，他這個強人還有個什麼市場，他只是希望司馬昱重演一下堯舜的禪讓，把皇位禪讓給他。因此，在司馬昱召他入宮時，他沒看到宮中有這個意思，就耍大牌，硬是不來。

現在司馬昱死了，他仍然沒有到場，估計是希望大臣中那些膽小鬼來個改天換地的提議：司馬氏當了這麼多年的老大，公司一點沒有起色，當他們的員工也當得膩了，還是換個董事長吧！誰都知道，要換這個董事長，除了把桓溫換上去，別的人，人家就是叫你過去你也不敢。

歷史的車輪也確實開到了這個情節的邊緣。

如果那個「還是等桓溫回來」的建議獲得通過，桓溫的事就成了。

這時，王彪之站了出來。這哥兒們很有在關鍵時刻挺身而出的膽子。桓溫廢掉司馬奕的過程卡住的時候，是他出來化解了一場危機。現在他又站了出來。只是當時他好像是站在桓溫的立場，可這時他卻成了桓溫的反對黨。

王彪之還是很講藝術的，並不直接說，為什麼要等桓溫？而是說：「皇帝掛了，再任命新皇帝是合法合理的事。桓溫那樣一心一意為國的人只有贊同，沒有異議。大家說要等他來才決定，這不是把桓溫看成權臣嗎？這是抹黑桓溫！誰抹黑桓溫，就是桓溫不怪罪，老子也不答應！」

這話一出，現場馬上附議。

於是，司馬曜就在當天當了皇帝。

司馬曜在大赦之後，下詔要求桓溫到京，像周公那樣當攝政。

哪知，又是王彪之出來，仍然用抹黑的理由阻止了這個詔書。

第四節　盧悚的最後一擊

這樣一來，弄得桓溫很不爽。這傢伙這時就像考生一樣，除了第一志願，還有個第二志願。他的第一志願就是盼望司馬昱自覺禪讓，第二個志願就是當攝政。哪知，現在他的兩個志願全部落空。

這個詔書只是讓他回來中央任職，而且又是那句老話：向諸葛亮和王導看齊，做一個忠於皇帝的首席大臣。這個諸葛亮和王導雖然大權在握，但與傳說中的周公還是有很大差距的。周公是抱著成王上班，坐在那個座位上處理事務，哪像諸葛亮和王導這樣，只在自己的丞相府裡拍板？規格那是差了一大截啊！

桓溫這時才後悔，自己也太自信了，以為現在已經威風到讓司馬昱自動退出歷史舞臺的地步。如果當初帶著自己的心腹跑過去，司馬昱敢下這個詔書嗎？那幫大臣敢讓司馬曜當皇帝嗎？現在倒好，想要利益又要面子，最後倒留給人家大大的機會，自己什麼也得不到。

要實現野心，就不能顧面子。

桓溫很鬱悶，但這個鬱悶又不好跟人家說，最後只是對他的老弟桓沖訴苦：「他們只讓我當諸葛亮和王導！」其實，歷史上在官場上混的人，能混到諸葛亮和王導這樣的地步，也沒有幾個。但他仍然不滿足，可見他的野心已經大到不能再大了。

他堅定地認為，遺詔中沒有禪讓，沒有讓他成為周公的安排，肯定是謝安和王坦之搞的鬼。他的這個堅定認為對了一半，因為只有王坦之搞了鬼，謝安卻沒有沾上邊。

沒幾天，司馬曜再下詔，請桓溫回到中央上來，在新的工作職位上當輔政大臣。可桓溫卻硬是不理——你叫老子做王導，老子就是不做。老子仍然當地方強人，拿著槍桿子，看誰敢去做諸葛亮。

你想想，晉國最高領導人就是這個素質，能把晉國帶好，那一個偉大

第四章　桓溫的落幕

的政治家實在太容易當了。我們來對比一下大晉最強勁的對手——秦國的猛人們，就知道，只要猛人的政治素養好，這個公司發展的勢頭就會猛得沒法擋。

王猛現在絕對是秦國第一猛人。他的這個猛人由兩個人共同打造。一個就是苻堅，苻堅對王猛完全信任，只要王猛有要求，他都能滿足，王猛沒有要求，他也硬是要提拔王猛，否則就覺得對不起他。

在王猛回到首都時，苻堅覺得沒有個任命書，實在不好意思見到王猛，因此馬上就任命他為都督中外諸軍事——這可是相當於國防部長的職位。

但王猛不接受。

而此時，桓溫也堅決不理會司馬聃的輔政詔書。兩人的表現沒什麼兩樣，但卻有本質的差別。桓溫不理司馬聃，是因為心頭不服，是在賭氣；而王猛卻認為，自己實在不應該要這麼多的官。

王猛不接受，但苻堅也不答應。王猛連續上書三四次，苻堅仍然不管，說：「你要是再說你不能勝任這個職務，就等於說我不能勝任這個位子一樣，我們一起辭職回去捉蝨子了，行了吧！」

王猛當然不願回去捉蝨子，只得老老實實地接受。

這樣，苻堅把內政與軍事全交到了王猛的手上，自己很舒服地過著皇帝的生活，跟個名譽董事長一樣。

苻堅的這一步棋，走得絕對正確。王猛雖然大權在握，但十分忠心，一點野心也沒有，只是老老實實地工作，不斷發揮自己的能力，不管什麼事，處理得都讓人家心服口服，大家對他的工作表現都很滿意。

秦國在短時間內得到了更大的發展。史書上說，秦國這一段時期「國富兵強，戰無不克，秦國大治」。用現在的話來說，就是一片大好！

第四節　盧悚的最後一擊

苻堅嘎嘎大笑，覺得王猛太可愛了，已經可愛到沒有辦法獎勵的地步了，就對太子以及弟弟說：「以後你們看到王猛，就像見到我一樣。誰也不得表現出半點威風來。」

在王猛帶著秦國繼續壯大時，晉國又發生一場內亂。這場內亂本來規模也不算大，但社會影響卻是巨大無比。

動亂的帶頭人叫盧悚。是一個無學歷、無職務的人。本來是彭城人，但彭城有很多流民都在晉陵這裡借宿。據相關部門統計，現在晉陵的彭城人有八百多戶。大家知道，以這種形式存在的群體，最容易出現不穩定的局面。這些群體為了能在這個地方生活下去，都團結在一起，並且都有一個強人當他們的精神領袖。現在盧悚就是帶頭人，平時負責處理一下這個群體的事務，很得大家的擁護。

這傢伙當了幾天的流民老大，天天有那麼多的粉絲跟在他的屁股後面，很威風，但又覺得沒有個光榮稱號，這個威風就有點打折扣，就像個沒有牌照的豪華禮車一樣。他知道，他這樣的人是不能向政府領到一張任命書的——政府不把他搞定，那是因為幾個強人忙於爭權奪利，忙著與時間賽跑貪腐，捨不得花時間來整頓他一下而已。因此，這個稱號是不能指望政府給他的。他只得動腦筋自己想，最後打造了一個很有盧悚特色的稱號——大道祭酒，掛到自己的名字前面，全稱是「大道祭酒盧悚」。

政府官員沒有什麼意見，他手下更是沒有什麼意見。

他當了這個大道祭酒一段時間後，又覺得不威風了，得想辦法把事業做得更大。否則天天當這個祭酒，人家以為老子是個十足的酒鬼。

他也知道，光憑他這個胡搞出來連自己都搞不懂是什麼意思的「大道祭酒」，除了矇騙他那幾個鐵桿粉絲之外，沒有一點號召力，要把事業做大，仍然是那句話「泥鰍翻不起大浪」，要硬來，只是找死。

第四章　桓溫的落幕

　　這傢伙雖然是個草根人物，但還是有一點政治眼光的。他知道自己這牌子不響亮，但可以借個響亮的牌子來用一用啊——不是有「借雞生蛋」這個說法嗎？

　　他瞄準的牌子確實很響亮。

　　這個響亮的牌子就是司馬奕。司馬奕現在的身分是廢皇帝。

　　盧悚主觀地認為，司馬奕一下從皇帝的位子上被拉了下來，心裡的委屈肯定是無窮大，肯定恨不得把這個天下搞得天翻地覆，只要自己跑過去，加一點油，燒一把火，就一定會把他的激情燃燒起來。

　　咸安二年的十一月，他派他的死黨許龍跑到司馬奕的居住地，面見這個前皇帝，撒了個謊，說是奉褚太后的命令，要恢復司馬奕的職務，請司馬奕馬上回首都繼位。

　　司馬奕絕對不是司馬衷，被貶到這個地方後，情緒正低落，天天鬱悶得想死，突然聽到許龍的話，眼睛當場大亮，命裡有這個皇帝運，誰也搶不走啊！呵呵，老子馬上回去，這個行李也不用收拾了。

　　歷史上沒有說明司馬奕的智商有多高，但這個時候他的智商肯定下跌到了最低點。這個許龍是什麼人？一身臭汗地跑過來見他，渾身散發泥土氣息，而且還是孤身一人前來，連個證明也沒有。這樣的人是傳達宮中消息的人嗎？

　　許龍看到司馬奕這就相信了他的謊言，心裡高興得要命。皇帝就這個水準？

　　可他想不到，皇帝的能力不高，可皇帝身邊的另一個人腦袋卻不簡單。

　　而且這個人不是什麼猛人。

　　她是一個女人，而且連個美女也不是。

第四節　盧悚的最後一擊

她是司馬奕的乳娘。

這個乳娘長期在皇家工作，見了很多世面，一看到這個許龍，就知道這傢伙是假冒的，因此就勸司馬奕要冷靜對待，這麼大的事，哪會就派一個農民來通知？

司馬奕一聽這話，這才覺得腦袋深處發出一聲大響，啊！差點往死路大步前進了。當場改變主意，說：「我不聽你的。」

許龍急了，說：「司馬奕啊，你怎麼聽一個女人的話？」

司馬奕大怒起來，叫道：「你騙人也要有點技巧啊！這是什麼事？太后就派你這樣的傢伙前來？告訴你，要是太后真的叫我回去當皇帝，肯定會派首席大臣帶著法駕前來，規模隆重得要命。哪會只派你這樣一個我連面都沒見過的人前來？你這個騙子也太不專業了，也不會來個山寨版啊，多來幾個兄弟，把場面搞得熱烈隆重一點。真是太假了。老子要是不抓你，倒顯得老子也是個傻子。來人，把這個騙子抓起來。」

許龍這才知道，口才不好，千萬不要多嘴。

不過，這傢伙的口才不好，但逃跑能力還不錯，看到司馬奕身邊那幾個人要過來抓他，連忙撒腿就跑，居然脫身而去。

盧悚一看，一個廢皇帝擺什麼臭架子？居然這麼不配合。你不配合，老子仍然要做！

盧悚把行動的時間定在十一月五號的早晨。這傢伙信心足，膽子大，手下只有三百條好漢，就想把大晉一把挑了。他在天還沒有亮的時候，就帶著這三百死黨，向建康的北門 —— 廣莫門發起猛攻，個個大喊司馬奕萬歲 —— 你以為你不到場，老子就不能打你的招牌了？告訴你，只要是招牌，老子同樣打。人家法院都可以缺席審判，老子為什麼不能缺席打招牌？

第四章　桓溫的落幕

　　廣莫門的衛兵們長期做著和平戰士，做夢也想不到這麼一個太平盛世會發生這樣的動亂。一時都糊塗了，還來不及反應，就被人家打了進來，個個只得拚命逃跑。

　　盧悚他們一看，首都衛戍部隊都是這個料，還沒有正式比賽就認輸逃跑了？看來離成功不遠了。

　　盧悚的人數雖然不多，但計畫倒很周密，早就計劃好了進軍的路線。攻入城中後，也不在京城觀光一下，目標就鎖定皇宮，直接從雲龍門（這可是皇宮的正門）衝入皇帝上班的地方──金鑾寶殿，開啟武器庫，一下就弄到了大量的武器。

　　皇宮裡的衛兵更菜，這些傢伙天天守在這個地方，大貪官、大美女倒是見了很多，可敵人卻從沒有看到過，這時突然看到這些傳說中的敵人在大清早現身，衝到神聖的宮殿裡大砍大殺，血腥而恐怖，個個都站在那裡很傻很天真地發呆，居然忘記了自己的職責就是對付這些人。

　　這時，游擊將軍毛安之得到消息，帶著自己的部隊趕到，而且他自己衝在最前面，與盧悚的部隊作戰，連殺幾人，這才阻止了盧悚進攻的勢頭。

　　這時，左衛將軍殷康和中領軍桓祕也帶兵前來與毛安之會師。

　　盧悚這才知道，要搞定一個老牌公司真的很難。

　　在盧悚覺得很難的時候，人家的大刀已經砍在他的頭上，把他砍死。跟他起事的那幾百個死黨也都被殺得一個不剩。

　　從這件事上，我們可以知道，晉國這個朝廷實在太脆弱了，只幾個無業遊民，就差點把皇帝的頭砍了下來，宮中衛士的戰鬥力基本等於零。

　　如果盧悚的能力再高一點，策劃、組織能力再強一點，司馬氏的前途也許就到這裡了──當然，司馬氏完蛋之後，笑到最後的肯定不會是盧

第四節　盧悚的最後一擊

悚，而是那個桓溫。桓溫這時正愁沒有人幫他搞定司馬膻，自己找不到理由當皇帝。要是盧悚這一次把司馬膻搞定，桓溫就會帶著部隊，殺上首都。你想想，以桓溫的部隊，要搞定盧悚這樣的人，還不是容易得跟放屁一樣。當然，桓溫肯定沒有意識到這一點，否則，他早就偷偷摸摸幫盧悚一把了。

盧悚只一個上午就把自己玩完——腦袋一飛，就萬事大吉。可那個司馬奕的頭卻大了。這哥兒們當初有點激動，差點上了盧悚那個小兒科的當，挺身而出去當盧悚的旗號，後來，雖然被乳娘勸住，但這事要是傳出去，他那個腦袋可就一點也不安全了。這哥兒們別的能力不知道有多高，但自我保護意識還是很強烈的。他覺得危險一來，馬上就高調宣布，從今天開始，一切工作都圍繞酒、色這兩個中心點展開，別的通通不管，哪天喝得不多，哪天就不算完成任務，哪天不跟美女睡覺，那天就過不了關。

因為美女睡多了，那時避孕方法不多，因此就免不了有哪個美女要生兒育女出來。如果是生了女兒，司馬奕一概不管，如果是生了男孩，他二話不說，馬上弄死。當然，他並不是有重女輕男的心理，而是怕桓溫不放過他——以前桓溫廢他的理由就是陽痿，就是不會生兒子，現在他居然生了兒子，桓溫肯定會把他處理掉——現在桓溫要處理他，容易得跟吃豆腐沒有什麼兩樣。

桓溫知道這哥兒們這麼配合他，也認為司馬奕已經沒有什麼作為了，終於不在他的身上花什麼精力了。

第四章　桓溫的落幕

第五節　爭鬥不休的結局

　　第二年正月，晉國又毫無理由地進行了一次大赦，並改元為寧康元年。

　　桓溫終於宣布要回到首都，說是要晉見皇帝大人。

　　晉中央高層馬上就忙了起來，制定好接待規格，派謝安和王坦之代表皇帝去新亭迎接桓溫。

　　謝安現在的職務是吏部尚書，而王坦之則是侍中。兩人的職務都不低。王坦之此前做事都顯得很大膽很有魄力，曾經幾次搶到話語權，硬是把桓溫的希望打破。謝安雖然在前幾次什麼話也沒有說，但桓溫卻一直懷疑謝安跟王坦之聯合反對自己，因此現在他最恨最想殺死的兩個人就是謝安和王坦之。

　　王坦之在當桓溫反對黨時，聲音很大，態度很堅定，手段很乾脆，可這時要真正面對桓溫時，膽子不知躲到什麼地方去了。他才一接到去迎接桓溫的任務，建康城裡就到處八卦，說根據可靠消息，這一次桓溫非要殺死謝安和王坦之不可，然後端掉司馬氏的招牌，自己做皇帝。

　　王坦之怕得要命，臉色白得像剛被誰抽乾了血一樣。

　　謝安倒是神色不變，看到王坦之這個模樣，就對他說：「國家的命運就看我們這一趟了。要拿出魄力來啊！」

　　歡迎儀式是在城外舉行的。

　　桓溫來到城外時，所有官員都已經在那裡列隊等候。大家看到桓溫到來，就都自覺地跪下磕頭。

　　桓溫看到這個模樣，心頭很爽。他為了讓自己的威風更上一層樓，把

第五節　爭鬥不休的結局

這些高級官員的底氣壓到最低點，在接見這些官員時，把場面弄得一片森嚴，四周全是軍容整齊、威風凜凜的士兵。嚇得那些官僚個個氣不敢出，唯恐桓溫突然發飆起來，那可就一點不好玩了。

而最害怕的就是王坦之，全身盜汗，衣服全都溼透，連拿在手裡的笏板也都顛倒了，一句歡迎的話也講不出。

只有謝安還在硬著頭皮支撐著這個局面。

謝安來到桓溫的帳下後，很悠閒地坐到沙發上，對桓溫說：「老大，我聽說，要防備侵略者，一般都是把部隊部署在邊境上啊！好像不是安排在後牆那裡埋伏啊！」

桓溫一聽，臉色有點僵，但還是狡辯說：「不得不如此。」這傢伙雖然都六十來歲了，好事壞事都做了很多，做得不擇手段，可臉皮硬是厚不起來，被謝安一點破，馬上就對警衛團的兄弟們說，你們的任務完成了，不用再埋伏下去了。然後跟謝安在那裡聊天——這可是謝安的強項。因此，越聊越開心。

這時，還有個插曲。

在謝安和王坦之跟桓溫見面時，那個郗超卻躲在帷幕後面偷聽，以便為桓溫分析下一步該如何走下去。哪知，正聽得入迷，突然一陣大風吹來，把帷幕吹開，硬是把他躺著的姿態暴露了出來。

所有在場的人，都看到他那個難看的姿態。

謝安笑著說：「郗生可謂入幕之賓矣。」弄得郗超很難堪。

桓溫進入首都做的第一件事，就是追查盧悚殺進皇宮的事件。這傢伙估計真的憤怒了，別的人他都沒有處分，但是卻把桓祕、毛安之等幾個人狠狠地處分了一下，這幾個人都是關鍵時刻英勇平定盧悚的功臣啊！大家心裡都委屈得要命，那個桓祕更是氣得想殺掉桓溫！可這些人一個都不知

第四章　桓溫的落幕

道，現在桓溫最不需要的就是他們這樣的功臣！他們要是像人家那樣，不多管閒事，只顧自己吃喝賭嫖，讓盧悚這個壞蛋殺了司馬曜，那才是大功臣——這個大功臣是他桓溫的大功臣。

現在他們是誰的大功臣？

司馬曜的大功臣！

桓溫在處理這幾個立功立得不對時機的人之後，身體也不適起來。他只在建康停留了十四天，於三月七日，就急忙返回姑孰。

三月十四日，晉國大強人桓溫就再也強不起來了，帶著巨大的遺憾徹底歇菜。

這年桓溫六十二歲。

桓溫的能力和成就，在當時算起來十分出色，他前輩的那幾個強人，沒有一個取得像他這樣的成就。而且在他成為強人的時候，機會擺在他的面前：他有機會而且有能力搞定秦國，也有機會搞定燕國，然而最終都敗在勝利在望的那一刻。

整體而言，桓溫有抓住機會的能力，也有打勝仗的能力，但卻沒有決一死戰的魄力——說好聽點，是沒有大軍事家的果斷；說得不好聽一點，就是沒有賭徒孤注一擲的膽子。

這就注定了桓溫到死也做不出歷史性的大事業來——即使在後來想廢司馬氏而代之，可事到臨頭，又很窩囊地縮了回去。

而他取得的唯一的大勝——滅蜀之戰，居然是因為那個傳令兵在關鍵時刻錯誤地傳達他的命令才取得的。我們可以斷言，如果那個傳令兵的心臟稍微強一點，那根椎棍準確地擊在鑼面上，桓溫恐怕在那場戰鬥中就光榮犧牲了。

沒有膽量，注定不能成為偉大的統帥。（德國名將克勞塞維茲）

第五節　爭鬥不休的結局

　　桓溫的心態，注定他不是一個偉大的統帥的同時，也注定他沒有幾個有能力的心腹。他雖然牢牢地拿著全國的槍桿子，誰都可以不放在眼裡，但他的反對派不但數量可觀，而且立場堅定，只要有機會，就跟他過不去。

　　他不在建康的時候，這些反對黨拚命阻止他奪權。後來他死了這條心，在病重的時候，想當當曹操，加個九錫，這總可以吧？

　　哪知，還是不行。

　　事情的經過是這樣的。

　　桓溫覺得自己的身體確實已經不行了，想想自己這一輩子，當了個全國一號強人，立了個誰也比不上的大功，是現在說話最算話的人——連皇帝司馬奕也可以拉下馬！能夠做到這個地步，手中的權力也跟曹操差不多了吧？現在老子不想折騰去當那個皇帝了，當個曹操總可以吧？

　　這傢伙到了這時，性格仍然不改，心裡想著這個九錫想得要命，可硬是不敢提出要求，而是來個暗示，要求朝廷自覺把這個榮譽授予他。

　　現在主管中央的是王彪之和謝安這幾個人。這幾個人是他最堅定的反對黨之一，雖然他們表面都一團和氣，有時還附和一下桓溫的意見，但他們的內心最恨這個傢伙，歷來把他以及他的家族當成禍國殃民的反動集團。在知道桓溫想提出這個要求時，兩個人就把太極耍得比張三豐還厲害。

　　負責起草這個詔書的人叫袁宏。

　　袁宏雖然不是歷史上有名的文學家，但文筆肯定不錯，領了這個光榮任務後，連夜起草。然後拿給王彪之看。

　　王彪之一看，哇！你的文筆實在太好了，我是越看越喜歡。呵呵，讀好文章真是一種享受啊！只是這樣的好文章最好不要給人家看啊！

第四章　桓溫的落幕

這時，桓溫已經不斷地派人催促，弄得袁宏很害怕。

他又拿去給謝安看。

謝安更絕，什麼話也不說，拿起紅筆，在上面就修改。改完之後，叫他重抄。抄來之後，又改。這個詔書在謝安那裡改來改去，十多天還沒有改完。

改得袁宏都崩潰起來——他知道，要是再改下去，他的腦袋就要危險了。很多事就是這樣，高層們互相扯皮，最後倒楣的是他們這些小人物。他只得去找王彪之，求王大人看在他上有老母下有小兒的份上，幫他想個辦法啊！

王彪之看到袁宏的淚都流了出來，就把底牌亮了出來：「現在桓溫都病得差不多了。估計沒幾天就完蛋了，再拖幾天，就什麼事也沒有了。」

袁宏這才知道，王彪之和謝安都是桓溫反對黨的核心成員。

不光袁宏知道王彪之和謝安是桓溫的反對黨，桓溫的兄弟桓沖也知道。

桓溫因為兒子桓熙的能力太菜，因此不敢把權力交給這個兒子，而是把兵權轉讓給他的弟弟桓沖。

桓沖在桓溫病重時，曾經問桓溫：「如何對付謝安和王彪之他們啊？」

桓溫說：「你不用對付他們啊！你也對付不了他們的。」這傢伙這時的腦袋還是清醒的。他知道，現在謝安他們已經站穩了腳跟，要是向他們動手動腳，就會大失民心，到頭來桓家也沒什麼好果子吃。他不能動王家和謝家，他的這個老弟更不能動。

桓溫知道他的兒子不行，但他的兒子認為自己行得很，看到老爸把大權交給叔叔，覺得自己太沒面子了，心裡很不服。當然，最不服的是那個桓祕。這傢伙是桓溫的四弟，前段時間好不容易平定了盧悚的動亂，最

後不但不記功，反而受了處分 —— 這個世界還講不講點道理啊？他奈何不了桓溫，但桓沖沒什麼了不起的吧？

在桓溫差不多嚥氣的那天，他找到桓溫的另一個兒子桓濟，說：「你老爸現在病糊塗了，不把你們當他的兒子，要把我們的命運全交給桓沖了。這怎麼行啊！」

桓濟絕對是個豬頭，一聽這話，馬上就激動起來，說：「四叔啊，你說該怎麼辦？」

桓祕說：「還能怎麼辦？趁著你老爸還沒有嚥氣，交接手續還沒有辦好，我們就先武力解決了。」

桓濟一聽，馬上說：「有道理。」

兩人馬上定好陰謀，準備透過武力把桓沖搞定。哪知，桓沖的情報工作做得很好，兩人還沒有做好準備，他已經把兩個人的計畫調查得清清楚楚。這時桓溫的生命已到最後時刻，按照道理，身為桓溫指定的接班人的桓沖應該來到現場，時刻準備接班。可他知道桓祕他們的詭計後，馬上躲得遠遠的，沒有進大營 —— 因為大營裡邊已經埋伏好桓祕的刀斧手，只等他一腳雄糾糾地踏進來，然後大家手起刀落。

沒多久，桓溫就翹了辮子。桓沖雖然沒到現場，但他卻牢牢地監控著這一切。他哥哥剛一嚥氣，馬上就採取行動，派幾個肌肉發達的大力士過去，把桓祕、桓濟、桓熙抓了起來。這幾個傢伙做夢也想不到他們的陰謀已經洩漏，更想不到，桓沖會在這個時候動手，一點防範意識也沒有，等人家的打手衝了上來時，才知道大事不妙。因此被抓得一點反抗的力量也沒有。

抓住這幾個動亂的帶頭人之後，桓沖這才進了大營，宣布主持桓溫的後事。

第四章　桓溫的落幕

桓溫生前想當曹操的心願沒有實現，但死後的待遇還是很高的——所有治喪規格全部參照霍光的喪事來進行。估計司馬曜對桓溫還是有點感激之情的，如果桓溫當初不向霍光學習，廢掉司馬奕，讓他老爸當上皇帝，他現在只是一個皇家貴族，皇帝這個位子無論如何也輪不到他坐上去。

這麼一想，就讓他跟那個死去的霍光並列一下吧。

桓溫享受了霍光的待遇，可他的兩個兒子桓濟和桓熙卻被軟禁在長沙，享受著囚犯的待遇。朝廷宣判桓祕永不錄用，從此之後當一輩子農民。

當然，桓沖也沒有忘記哥哥的恩情，在把桓溫的這兩個兒子擺平之後，讓他的另一個兒子桓玄繼承他的爵位——南郡公，領取他的薪資，讓他這輩子不管怎麼奢侈也有花不完的錢。

桓沖雖然接過哥哥的班，成為當時的強人，而且名字也很像個猛人，其實他的性格很溫和，做事風格跟他哥哥完全不一樣。

他剛掌權時，很多人都勸他趕快把反對黨的核心成員搞定，鞏固自己的權力基礎。可他不但不答應，反而不斷地把權力返還給中央。

於是在後桓溫時代，桓氏家族就開始慢慢走下坡。

桓氏家族的勢力下滑時，晉國的事業不但沒有什麼大的起色，反而還在跟秦國的一場較量中輸得很慘。

第六節　桓溫之死的唏噓

本來，司馬氏的朝中最缺的就是軍事強人，好不容易出現了桓溫這條好漢，桓溫的軍事能力雖然不低，但也不算出色。他還在的時候，秦國多少還有點顧慮，他一死，苻堅就笑了起來，心裡癢癢的，想著如何從晉國

第六節　桓溫之死的唏噓

那裡得到一點便宜。

哪知，苻堅還沒有找到下手的地方，那個晉國的梁州刺史楊亮不知從哪裡揀到那麼多的信心，覺得桓溫一掛，現在強人位子空缺，老子趕快立個功，占領幾塊地盤，中央的那些人肯定就會讓自己成為後桓溫時代的強人。他這麼一想，也不分析一下，憑他的那個實力，能跟王猛他們打嗎？

他派他的兒子楊廣進攻秦國的仇池。

秦國的梁州刺史也姓楊，叫楊安。

兩個梁州刺史就這樣進行一次決戰。

結果楊廣被打了個大敗。

原來沮水兩岸有很多地方武裝，都打著晉國的旗號，這時看到楊廣敗得沒有渣，信心立刻崩潰，紛紛丟下根據地，逃得連影子也不見。

楊亮想不到會出現這種結果，心頭也怕了起來，知道這個強人可不是誰都可以去當的，就退到磬險固守。

苻堅看到了晉國這邊的軟肋，認為晉國現在只把精力放在江南那片魚米之鄉，根本沒有注重四川一帶，就決定派兵把四川搞定。

寧康元年十一月，苻堅派益州刺史王統和祕書監朱彤帶著二萬人向漢川出發；前將軍毛當、鷹揚將軍徐成帶三萬人直指劍閣。這次軍事行動的任務就是拿下晉國的梁州和益州。

楊亮沒有辦法，這個徹底死了當強人之心的傢伙，這時又不得不面對敵人的進攻——因為他現在仍然是梁州刺史。他帶領當地的少數民族武裝獠族部隊共一萬多人，與秦國軍隊對抗。這個獠族的族名好像很凶惡，其實戰鬥力從來就不很強，再加上有楊亮這樣的豬頭當上級，打起仗來就更沒有什麼新意了。

雙方在青谷會戰。

第四章　桓溫的落幕

楊亮大敗，逃回西城。

朱彤迅速攻下漢中。

徐成拿下劍閣，於是通往四川的道路就徹底打通了。

接著，楊安進攻潼梓。只幾個回合，潼梓守將投降。

到了這時，四川整個地盤都差不多丟光了，荊州刺史桓豁覺得問題真的嚴重了，派竺瑤去救。

可竺瑤也不是什麼人才，走到半路時，聽說廣漢太守趙長已經光榮犧牲，心裡就怕了起來，馬上就下令大軍向後轉，先退幾步再說。

益州刺史周仲孫開始時倒顯得很有骨氣，帶著大軍在綿竹一帶擺開陣勢，一副與侵略者決戰到底的派頭。可一聽說敵人的毛當部已經差不多到成都城下了，臉色立刻大變，那股抵抗侵略者的熱情當場蒸發。為了保證跑路的速度，也不管安頓在綿竹的子弟兵了，只帶著五千騎兵拚命逃往雲中。

於是苻堅就這樣占領了晉國的梁益兩大州，占領得很輕鬆，輕鬆得連苻堅都有點過意不去──大家都知道，蜀道難得要命，是完全可以做到「一夫當關，萬夫莫開」的。可晉國的這幾個守將，不但全是豬頭，而且還是怕死的豬頭，每個人手下都有一大堆軍隊，最後連個像樣的仗也沒打一場，就一個接著一個地宣布失敗，一大片領土就這樣丟掉。

桓沖對益州的丟失顯然很不甘心。

他任命毛虎生為益州刺史兼建平太守，同時又任命毛虎生的兒子毛球為梓潼太守，要求父子兩人一起反擊秦兵，奪回丟失的領土。這對父子倒是打仗的料，開頭打得不錯，一路進軍到巴西。可後勤跟不上，軍隊到了巴西，但糧草還不知在什麼地方，就只得退回巴東。

在秦國搞定四川之後，秦國的皇宮裡卻出現了一件怪事。

第六節　桓溫之死的唏噓

這年十二月，大家都還沉浸在取得益州的勝利喜悅之中，突然有個人闖進明光殿，然後大叫「甲申、乙酉，魚羊食人，悲哉無復遺！」這話的意思是，甲申年和乙酉年鮮卑人要鬧事（魚和羊合起來就是鮮字），而且場面很慘，將把大家收拾得一個不剩。

苻堅一聽，馬上一口咬定是妖言惑眾，下令把這個傢伙抓起來。但大家在皇宮裡搜查了好長時間，就是找不到這個傢伙。

很多人覺得這事古怪。但我估計，這事跟鬼神沒有多大的關係，而是有一個幕後推手在導演。而且參與人數眾多，主要力量為王猛和苻融兩個老大級人物。

王猛老早就想把慕容垂搞定，先是明裡勸苻堅直接砍下慕容氏父子的腦袋——出現什麼後果，他王猛負責。可苻堅卻不同意。他又使了那個金刀之計，計謀雖然很成功，但苻堅卻還是寬大得很，繼續不理王猛的要求。弄得王猛也沒有辦法了。

苻融開始時，對慕容氏沒有什麼意見。可後來看到哥哥對慕容氏越來越好，慕容家的力量在秦國越來越強，勢力越來越壯大，心情就開始不爽了。這傢伙不是王猛，這些不爽並不是源於嫉妒，而是真正的擔憂。他從鮮卑人的性格上分析，認為鮮卑民族好鬥而且善鬥，現在哥哥讓他掌握這麼大的權力，任其在秦國境內發展，只怕後果會很嚴重，就找了幾個死黨，一起向苻堅提出了搞定慕容氏的提案。

可苻堅能聽嗎？連王猛的那個建議，他都當個屁，還聽你們這幾個人的話？

這幾個人沒有辦法了，只好找了個誰也不認識的人，跑到宮殿裡大喊大叫，希望能把苻堅叫得清醒起來。否則，這個傢伙在皇宮裡大喊大叫之後，如果沒有厲害人物的幫助，他能順利地讓苻堅找不到嗎？

217

第四章　桓溫的落幕

然而，苻堅仍然不信邪！

其實到了這個時候，苻堅不信邪是真的有點對自己不負責任了。在慕容垂剛跑到他這裡時，王猛的建議實在有點小人，他可以不聽。因為那時慕容垂心裡絕對沒有別的想法，要搞定人家，實在沒有理由。可現在就不一樣了。

慕容垂是什麼人？

一個讓王猛都嫉妒的人啊！

而且，這傢伙不管是在燕國，還是在秦國，都生活在人家的排擠之下，對別人的眼色有著豐富的經驗和深刻的體會，哪能不知道自己現在已經受到王猛和苻融的排擠？只是現在沒有別的路可走，只得繼續夾著尾巴，在秦國低調地生活著，像當初司馬懿一樣，等待時機，讓這些傢伙知道自己也是個人物。

苻堅卻沒有意識到這一點，仍然堅持寬大的原則，繼續把百分之百的信任交給慕容氏。這時，慕容氏在秦國不僅僅是一個慕容垂了。滅燕之後，所有慕容家的人都全盤收留，讓他們個個有官有職。更要命的是，他發現慕容垂的夫人段氏是個美女，居然就公開泡上這個夫人，而且還泡得公開透明──讓段氏跟他一起坐著皇帝專車在後宮裡到處飆車，玩得很瘋狂。直到宦官趙整實在看不過去，創作了兩句詩，大聲唱給苻堅聽：「不見雀來入燕室，但見浮雲蔽白日。」

苻堅聽到之後，也覺得太過分了，急忙叫段氏下車，並向趙整說了聲謝謝。

慕容垂戴了這個綠帽子，把所有的鬱悶死死壓在心底，好像什麼事也沒有發生。

他知道，只要王猛還活著，還拿著秦國的大權，他就不能說一句話。

第六節　桓溫之死的唏噓

只要他稍露出一點臉色，被王猛抓住把柄，慕容氏的滅族之禍立刻到來。

因此，他現在唯一能做的，就是在心裡祈求王猛快快與世長辭。

他的這個願望沒過多久，還真的實現了。

寧康三年六月，王猛的身體真的出了毛病。要知道，史書上一講到某個猛人有病時，這個病是很致命的。

王猛生病時，慕容垂很高興，但苻堅卻怕得要命。這傢伙能把事業做到這個份上，靠的全是王猛，他雖然當的是紛亂時代的皇帝，但因為大事小事全交給王猛處理，他什麼都不用操心，比人家當太平天子還享受。

苻堅知道王猛生病之後，馬上放下一切，帶著一群高層，到南郊、北郊、宗廟、社稷跑了一大圈，舉行隆重的祭祀，請老天放過王猛一馬啊！老天啊，人才難得啊！

可王猛的病仍然沒有好轉。

苻堅又派人帶著供品跑到黃河、華山那裡，請河神和山神出面，幫王猛度過難關。

他天天守在王猛的身邊，密切觀察王猛的病情。一旦發現王猛的精神稍微好一點，馬上就下令大赦──那些監獄裡的犯人們突然提前回家，誰也不知道原來是託王猛生病的福。

不過，連王猛也知道自己這病已經沒救了，上了一道疏給苻堅，提醒苻堅創業容易守成難。

苻堅是一邊哭一邊讀著這份奏章。

到了七月，苻堅知道，神仙也救不了王猛，他只得回到現實，來到王猛的家裡，請教王猛，你要是掛掉之後，我該怎麼辦啊？

王猛說出了自己的遺言：「晉雖僻處江南，然正朔相承，上下安和，臣沒之後，願勿以晉為圖。鮮卑、西羌，我之仇敵，終為人患，宜漸除

219

第四章　桓溫的落幕

之，以便社稷。」意思是，告誡苻堅不要急著去跟晉國決戰。倒是鮮卑等那幾個少數民族太有野心了，老大一定要想辦法把他們搞定，否則，後果就不是一般的嚴重。

王猛說完這些話之後，就宣布歸西，終年五十一歲。

王猛的死，苻堅最悲痛。從王猛逝世的那天開始到入殮，苻堅三次到現場悼念，還當場對太子說：「看來老天不想讓老子統一全國了。要不，為什麼這麼早就讓王猛死去？」最後埋葬的規格也是史上最威風的——依照霍光的規格把王猛埋葬。

苻堅這時才三十八，年輕得很。可王猛死後不久，他的頭髮就花白起來，臉色跟著憔悴，老得很迅速。

王猛不光是那段歷史時期的猛人，就是跟歷史上任何一個能人比起來，他也是很優秀的。很多人都把他比作諸葛亮。但我認為，他比諸葛亮優秀多了。諸葛亮充其量只不過是個政治家，在內政方面，是有一手的。可這一手在史書上也只是含糊得很；而王猛的內政能力，大家都知道，只幾年功夫，就把一個亂糟糟的秦國治理成盛世強國，為搞定燕國打下了物質基礎。諸葛亮做得最出名的就是五次北伐，可五次北伐取得的是五次失敗，最後被司馬懿拖死在五丈原，這個軍事能力實在很不上等級。再看看王猛，沒有一仗不打贏，要謀略有謀略，要膽量有膽量，該比耐心就比耐心，該果斷就絕不含糊，哪像諸葛亮那樣，在戰場上也謹小慎微，兵力明顯比不過人家，還想與人家放手決戰，從不考慮用一次奇兵，一點也沒有冒險精神，最後只能累死。

再看看兩人的用人藝術。諸葛亮的心胸要比王猛的狹窄多了。諸葛亮在掌握大權之後，打倒了很多政敵，如李嚴、劉巴，這幾個都是有能力的傢伙，都是劉備欽點的輔政大臣。可諸葛亮後來把他們都打倒。還有一個魏延，是個好好的軍事人才，可就因為孔明看他不順眼，對他硬是打壓到

底，連死後都不放過他。王猛在這方面比孔明高明多了。他除了對慕容垂進行了幾次沒得逞的陷害外，這方面的紀錄還是一片空白。再看看他利用鄧羌那一次，要比孔明靈活和大氣多了。

苻堅看人才的眼光跟劉備差不多。可是劉備還活著的時候，從沒有把全部權力交給諸葛亮，只是到死的時候，實在沒有接手的人才了，才把諸葛亮當成頭號託孤之臣——當然，羅貫中那個演義就另當別論了。而王猛的待遇就不一樣了，苻堅在王猛活著的時候，唯一的工作，就是當王猛的堅強後盾，其他的權力幾乎全交到他的手上，讓他全面去經營。兩人的君臣關係遠比諸葛亮與劉備的關係好多了。

只是王猛雖然有治國平天下之才，但壽命卻有限，太早地離開這個世界，使得中國歷史缺了精采的一頁。

這時，晉國的頭號強人桓溫已經死掉，秦國的首席猛人也掛了，另一個家族卻在這個時候興旺起來。

第七節　謝氏家族的崛起

這個世族就是後來著名的謝氏家族。

謝家在當時也算是世家，但比起王、桓幾個家族來說，一點不算顯赫。直到謝安登上歷史舞臺，謝家的品牌才真正響亮起來。

謝安是謝裒的兒子，謝裒也是個大名士。謝安還是個小孩時，就大大地出名。桓溫的老爸桓彝在他只有四歲的時候看到他，就一聲長嘆，把他大大地誇了一番：「此兒風神秀徹，後當不減王東海。」王東海即王承，當時的大名士。這時，謝安才四歲，你不得不佩服桓彝的這個預測——現

第四章　桓溫的落幕

在誰敢對一個四歲的小孩下這個結論？

後來，謝安不但越來越帥，而且學問和智商也越來越厲害，還寫得一手很有藝術感的行書——放在今天，可以到處題字收紅包了。連王導對他「亦深器之」。王導都佩服了，你還有什麼理由不佩服？於是人氣就狂漲起來。

那時他出名的程度有多大？北方的人都知道江南有謝安這號人物。慕容垂對謝安就佩服得不行，老遠派人送來了一對白狼眊給謝安，說我們交個朋友啊！

那時，謝安十三歲，慕容垂七歲。

十三歲就成為國際名人，現在也只有體操運動員可以做到了。

按他的出身和名氣，在當時進入官場，混個大官當當，成為全國人民的超級偶像，領著高薪過著讓人流口水的腐敗生活，是沒有什麼難度的。

開始的時候，相關部門很快發現人才，讓他直接進入司徒府任職——起點很高啊！可這哥兒們的做法卻讓人跌破眼鏡，沒幾天就說自己身體吃不消，難以做好為人民服務的工作，辭了職務。他這麼一來，名氣漲得就更加瘋狂——那個殷浩就曾經靠辭職來累積人氣，最後一點也不需要在基層鍛鍊，直接就進入高層。那時庾冰任揚州刺史，覺得轄區內有這麼個大名士，要是不讓他成為公務員，自己簡直是在犯錯誤，因此下決心把謝安找來，成為自己的手下——你要是不來，就太不給我面子了。

謝安仍然不來。

庾冰很有耐心，硬是放下手頭的一切工作，天天跑到鄉下，說服謝安說：「你是再不出來，我沒有辦法了，只有拿你們縣的上級開刀了。」

謝安最後沒有辦法，只得出來，可也只是在職位上做了一個多月，就

第七節　謝氏家族的崛起

自動失業。

後來，相關部門又幾次推舉他到中央直屬機關任職，他仍然不接受。相關部門就生氣起來，發了個公文，說謝安不把國家公務員當一回事，我們也不把他當一回事了。現對他的處置如下：終生不再錄用！到時你就知道錯！

謝安知道後，一點也不生氣，跑到東山那裡——讓你們當官的去腐敗吧，我以後當職業名士。

其實，謝安的這一時期，並沒有過隱居的生活，而是跟當時很多望族子弟有來有往。你知道當時江南第一望族是誰吧？

是王導家族。

而謝家跟王家的關係好得要命。

王導老早就看好謝安，而謝安跟王羲之父子的關係向來很好。他跟王羲之同輩，年紀相差不大，可他跟王羲之的兒子王獻之也是哥兒們。幾個人就天天混在一起。王羲之的《蘭亭序》裡記載的場面，就是謝安跟他們這一群人在遊玩。那時王獻之還是個九歲的小孩，也喝得不省人事，名士得很。

謝安這一次失業，整整二十年。當然，他的這個失業，跟現在的失業完全不同。現在的失業只能靠補助金過日子，苦得很。而很多大學畢業生則連補助金也沒有，拿走了那張文憑，就是真正的零收入。謝安卻不同，他的生活幸福得很。他是世家子弟，老爸當過大官，他的兄弟也在官場上混，而且混得相當不錯。

你不知道他的兄弟是誰吧？

他的哥哥就是那個謝奕。謝奕也是個名士。而且他也是從基層做起的——先當剡縣的第一把手，後來混到豫州刺史；而且他的弟弟就是那

第四章　桓溫的落幕

個謝萬。謝萬的故事前面已經說過，這裡不再重複。他有這兩個兄弟在官場裡不斷撈油水，家裡的財源當然滾滾而來，生活幸福得要命，完全可以滿足他當名士的開銷。

不過，他當時的精力並不全放在放蕩不羈的名士生活上，每天只以喝酒把妹為第一要務，別的事一概不做，而是把這種生活當成業餘愛好，沒事的時候，跟王羲之他們帶著幾個美女到處玩耍擺酷，心情舒暢之後，還是會做點正事的。

他的主要正事就是當謝家的家庭教師，任務就是為他的兄弟們管教好那一群姪兒姪女們，好讓他的兄弟們能一心一意混官場，聚精會神撈油水，同時也讓家族後繼有人。

也許他當時的意圖也就是想把謝家的這些下一代管一管，不要讓他們變成街頭混混而已，但後來的事實證明，這些子姪們在他的調教之下，倒也很爭氣，最後都成為他手下的得力幫手，是讓謝字招牌響亮的主力軍。

謝安確實是個很優秀的家庭教師。謝石、謝萬、謝玄這幾個曾在歷史舞臺上表演的名人都是他教出來的。他不但教出好學生，而且還在東山那裡弄出幾個成語來。

第一個成語是「芝蘭玉樹」，也就是王勃所說的「謝家寶樹」。

這個故事的主角是謝家下一代最有成就的謝玄。謝玄後來為國家做出了巨大的貢獻，是淝水之戰的大功臣。可這哥兒們小的時候，也不是個好學生，每天穿著華麗的名牌服裝，腰間掛著個香噴噴的小包，動不動就皺著鼻子用變態的聲音「哼哈──」一下，讓在場的人在大熱天都全身起一層加厚的雞皮疙瘩，可他卻覺得自己酷斃帥呆了。

謝安很看不順眼，覺得這哥兒們這麼「哼哈」下去，長大後除了適合去當太監之外，也就只有去當職業表演藝術家了──而且是人妖專業

第七節　謝氏家族的崛起

的。謝家的面子可就會被他「哼哈」完了。

謝安看不順眼，並不像很多家長那樣，把謝玄叫來狠狠地痛打一頓，說你要是繼續哼哈，老子就繼續痛打，打到你不哼哈為止。謝安是素養很高的人，從來反對體罰。他把謝玄叫來，說：「我們打個賭好嗎？」

謝玄一聽，說：「你叫我做作業，我有點不高興，可打賭，我可厲害了。呵呵，賭什麼？」

謝安說：「就賭你腰間的那個小香包。」

謝玄一聽，啊！這可是進口牌子，全球限量發行的啊！不過難得跟叔叔賭一回，賭就賭。

史書上沒有記載這場小賭的過程，只是說結局：謝安贏了。

謝玄很不情願地把小香包交給謝安，心裡想，反正也是叔叔帶在身上。

可謝安拿到之後，連看都不看，掩著鼻子，手一揮，把謝玄當作寶貝的小香包在空中劃了個半圓，就掉進了火盆裡，不到幾秒鐘就變成了灰。

謝安燒完謝玄的頭號寶貝後，什麼也不說。

謝玄就在這一刻突然覺悟，馬上知道了叔叔的用意，從此告別「哼哈」，努力學習。這哥兒們本來智商就高，聰明得很，一旦勤奮起來，當然成績優異。後來，謝安在一次課堂上問大家：「你們說說，我們這些長輩為什麼總是希望你們成為優秀人才？」

大家一聽，都不知道如何回答。

只有謝玄說：「譬如芝蘭玉樹，欲使其生於庭階耳。」意思是說，好的東西都希望在自家茁壯成長啊，就像那幾株名貴的花草樹木，都想讓它們長在自家的庭院裡一樣。

謝安一聽，這個孩子有前途啊！

225

第四章　桓溫的落幕

　　謝安的另一位好學生就是那個謝道韞。謝道韞雖然是個女孩，可是很聰明，聰明到什麼地步？據說，後來曹雪芹筆下的林妹妹就是以她為原型的。其實現實中的謝道韞，比林妹妹強悍多了。她不但一點也不病懨懨，而且很有英雄氣概。

　　謝道韞是謝玄的姐姐，也就是謝奕的女兒。謝奕除了有點名士的風度之外，沒有別的能力，透過桓溫的門路，當了安西將軍。可那顆將軍印拿在手裡沒多久，他就掛掉了。這對姐弟就成了沒爹的孩子，全交給謝安來處理了。

　　雖然當時是男人的天下，女人就是讀到博士後也是沒有用的，但謝道韞仍然跟著兄弟們刻苦學習，而且學習成績一直名列前茅，還在很小的時候就是才女一個。

　　有一個寒冷的早晨，下著白紛紛的大雪。謝安正為大家上作文課，看到這麼大的雪，就抓住時機問大家，用什麼來比喻這場雪最恰當？

　　謝朗首先站起來回答：「撒鹽空中差可擬。」意思是說，是神仙姐姐在空中撒了許多的食鹽啊！

　　謝安一聽，謝朗的想像力太差了，不是寫文章的料。

　　這時謝道韞站起來，說：「未若柳絮因風起。」

　　謝安一聽，好啊！

　　雖然謝安拍手叫好，可一個女子能好到哪裡去，最後也只有嫁為人妻。謝道韞後來嫁給謝安老朋友王羲之的兒子王凝之。

　　這樁婚姻是謝安作的主，非常符合門當戶對的結親原則，帶著濃厚的政治色彩。

　　謝安覺得很好！

　　但謝道韞覺得很不好。

第七節　謝氏家族的崛起

她覺得王凝之不好，並不是因為王凝之的人品出了什麼問題，更不是因為王凝之的生理有說不出口的障礙，而是這哥兒們性格古板，一點也不像謝家兄弟那樣可愛。很多人覺得她應該嫁給王家最有才氣的王獻之。可因為王獻之還年輕，等他到結婚年齡了，她也該成為剩女了。

不過，她進了王家之後，跟王獻之的關係還真不錯。王獻之這個大大咧咧的公子哥兒，對這個嫂子很敬重。

王獻之是個大書法家的同時，也是個清談高手。有一次他在家裡跟朋友們清談，被人家駁得全身是汗。

那時謝道韞正躲在屏風後面偷聽，看到這個小叔子的論證越來越歪，不斷地讓人家抓到把柄，被人家說得越來越夠嗆，估計再談下去，小叔子就狂汗無語了。

她也顧不得許多了，就派人去對王獻之說，嫂子願幫你一馬。

王獻之一聽，嫂子出馬，那還用說。

謝美女閃亮登場，順著王獻之的論點，一路分析下去，把在場的那幾個憤青高手，全堵得無話可說，當場認輸，個個佩服得要命。這個才女，要是生在現在，參加國際大學生辯論賽，拿個最佳辯手，一點難度也不會有。以後不是當主持人的料，就是大律師。

可那時既沒有電視臺，更不是依法治國的年代，根本沒有律師這個職業，而是個男尊女卑的年代，對女人的要求就是嫁雞隨雞、嫁狗隨狗。她嫁了王凝之就只好在王凝之的床上睡一輩子。

後來，王凝之當到會稽內史，她就成了內史夫人。按理說，這個生活也該幸福了，而且會稽又是在內地，屬於發達地區，是名士們活動的重要區域，不會發生什麼事。

哪知，王家不知從哪個年代開始，覺得人沒有信仰是不行的，因此都

第四章　桓溫的落幕

集體當了五斗米教的信徒，而王凝之中毒最深，跟當地五斗米教的老大關係密切。這個老大叫孫恩，是個很有野心的傢伙，看到手下信徒越來越多，連地方第一把手都成了自己的手下，那些名士平時威風，可一見自己，全都低調起來，夾起尾巴，表示讀孫老大的書，聽孫老大的話，照孫老大的指示辦事。這讓他的感覺越來越好，最後覺得這個皇帝好像也可以當得了吧？於是搖身一變，把自己變成陳勝吳廣，扯起造反的大旗來。他造反的地點就選在會稽。

按照常規，身為會稽一把手的王凝之，這個時候就應當調兵遣將，與動亂分子戰鬥到底。可這哥兒們中毒太深，不但不作一點戰鬥部署，反而只是在家裡殺雞殺鴨，不斷地增加供品，請求天師派天兵天將下來，幫他平定這場動亂。連手下都覺得這是不可能的，勸老大趕快行動，這種事只有槍桿子可以解決，否則你就得被人家解決。可他仍然不聽，說：「你們懂個屁！老子跟天師通過話，剛才訊號好得很。天師說他已經派天兵天將下來了，現在正雄糾糾氣昂昂地到半路。沒其他事就去喝酒，把酒量鍛鍊好，以後幫老子應付上級。」

你一聽這話，就完全可以把王凝之劃歸豬頭系列了——如果天上真的有那個張天師，張天師手下真的有一大群殺氣騰騰的天兵天將，他能幫你王凝之嗎？他不幫孫恩才怪——孫恩可是他在這一帶的總代理啊！

結果，天兵天將還在天上，動亂分子已經殺上門來——孫恩可不會因為王凝之是教中的虔誠信徒，就放他一馬，而是手一揮，大刀上，來了個滿門抄斬，讓王凝之提前到天上找天師。

王凝之死得很窩囊，但我們的謝道韞——當然她現在已經當了母親了——這時卻表現得很英雄。

在動亂分子在家裡大砍大殺的時候，她抱起她的外孫，拿起武器，號召大家只有起來反抗，才是唯一的出路。她比他的老公強多了，一邊抱著

個孩子,一邊帶著身邊的人去戰鬥,居然連殺了幾個動亂分子。當然,最後她們鬥不過這些動亂分子,結果通通被抓住。

孫恩的政策是要把王家全部搞定,一看到謝道韞懷裡的孩子,立即下令:殺!

謝道韞不答應,說:「你們要殺他,先殺我!」

就這麼簡單的一句話,孫恩就不敢再動手,這個女人不簡單啊!居然改變態度,用很恭敬的態度放了她們,並派人送回老家。

謝道韞從此主持王家的事務,仍然做得有聲有色——這時的謝道韞就不是那個林妹妹了,而是比王熙鳳更有能力的女性了。

很多人都說,在謝家後輩中,最得謝安精神的就是這個謝道韞,如果她是個男兒身……

這個如果還是不說也罷。

第八節　東山再起的契機

當然,謝安調教出來的也不是個個都那麼出色。

謝萬就是廢柴一個。可謝安跟他卻最要好。謝萬的詩寫得不錯,卻是個十足的紈袴子弟。都二十歲了,仍然還不成熟。有一次人家送一件「裘」衣給謝安。這個公子哥兒一聽,就想跟哥哥要來,好去玩耍一下,到人家面前炫耀,但又不敢開口直接提出要求,就不斷地在哥哥面前說:「我好冷啊——冷得哆嗦,寒風凍死我。」

謝安是什麼人?一看他這個樣子,想要我的那件東西?當場就指出:

第四章　桓溫的落幕

「你是不是想要我的那件裘衣去到處炫耀？告訴你，這一次別想！呵呵，你說你冷，那好，這裡有三十斤品質很好的棉，你拿去做保暖內衣吧。這個保暖內衣絕對環保。」

謝萬一聽，沒有辦法，只得抱著三十斤棉回去了。

不過，據說，謝安這輩子只有這一次沒有滿足這個弟弟的要求。他一直對這個弟弟操碎了心。後來，謝萬也去混官場。謝安知道這個老弟有幾斤幾兩，但自己又不想當官，還是靠這個老弟去貪腐回來保證全家族的溫飽，因此雖然對謝萬很不看好，但還是舉雙手支持謝萬去當官。

那時，謝萬的名氣很大，在人氣榜上的排名跟謝安差不多，因此在官場上混得很開，比他的哥哥謝奕強多了。但謝安仍然對他不放心，經常跑過去幫他出主意，甚至早上去敲他的屏風，像家長打小學生的屁股喊他起床去上學一樣，叫他起來上班了。甚至還多次幫他做擦屁股的事。

那時謝安天真地認為，在自己的幫助和督促之下，謝萬會成熟起來的，成為謝家的支柱。因此他擦完屁股之後，心情還是不錯的，每天帶著幾個美女在東山那裡喝酒把妹，心情高興的時候，還來幾首小詩，過著小資情調的生活。他這一時期的生活很讓人羨慕。連後來的李白都羨慕他，很想仿效一下謝安當時的生活，也帶了幾個美女來到東山，體驗一下謝氏品牌的小資情調，最後大發感慨：「我妓今朝如花月，他妓古墳荒草寒。」

玩妓女也玩出名堂來，謝安的水準夠厲害了吧？

他是夠厲害了，可他的弟弟謝萬卻菜到家了，其他事謝安可以幫幫忙，可那次北伐之事，謝安只得鬱悶地提前做準備了。謝萬在那次北伐之戰中，還沒有與敵人有一點肢體接觸，就全軍崩潰，差點被手下解決掉，幸虧謝安事先做好準備，那些氣憤的將領們才放他一馬。

但桓溫卻不放過他。桓溫老早就對謝家在豫州的勢力感到不爽，這時

第八節　東山再起的契機

正好趁機猛踢一腳，把謝家在官場的代理人謝萬一舉端掉，叫他捲起包袱回家自力更生。

謝萬灰頭土臉被免職回家，對國家而言，實在是利大於弊，可對謝家來說，是沉重的打擊——這個沉重是說有多重就有多重。謝萬的官場一玩完，謝家的溫飽問題馬上就被擺到桌面上來了，以謝安為首的謝氏家族立即有陷入貧困的危險。

這時，謝家的其他人還沒有長大，難以推出重量級人物走向官場，即使再怎麼隆重推出，也只能當個公務員，從最基層做起，月薪估計還不夠自己花，離能夠貪腐的距離還遠得很，哪能負擔全家族的費用？

謝安沒有辦法，只得決定自己出場了。

這時他在東山已經玩了二十年，泡了幾代「東山妓」，他很想把下一代「東山妓」繼續泡下去，但形勢逼人，只得走出東山，走向官場，來支撐謝氏家族。

這一年，他已經四十歲。

他的這次出山，也製造了他在東山的第二個成語「東山再起」——主要是因為他此前曾從這個地方，在庾冰那裡領過一個月的薪資。

強人做什麼都強，連去當個公務員，還弄出個成語來。

不過，他這次出來很低調，而且起點也低，只當了桓溫的司馬。

在晉室南渡形成更加堅固的門閥壁壘之後，最會混的就是王謝兩家。當時，最著名也最威風的家族就是王、庾、桓、謝這幾家。可庾家被桓溫一頓好扁，不但徹底破落，而且連個繼承人也沒有了，桓家雖然還拿著大權，但經過一場內部火併，現在下坡路已經走定了。倒是王謝兩家深得王導「和諧」的真傳，誰也不得罪，誰都笑臉相迎，雖然門內不再出現什麼偉大的強人，但仍然生活得不錯。謝氏這些年來，在江湖名氣倒是越來越重，人氣榜

第四章　桓溫的落幕

上的前幾位，全是姓謝的，但因為家族中沒誰像其他幾個家族那樣，都在高層裡混過，因此，認真算起來，比王、桓之類的世族低了幾個等級。

但謝家卻聰明得很，先是跟王家搞好關係，謝安跟王家的同輩人個個是好朋友，最後好到成為兒女親家，常常在一起聚會，天天召開名士經驗交流會，互相寫風流的心得體會，好得像一家人。而他們也注重跟桓溫搞好關係。從謝奕到謝萬再到謝安，每個人出來混官場的第一步，都是靠桓溫的抬舉。而且兄弟三人，都當過桓溫的司馬。

從這方面看，謝安的人脈資源大得要命，只要把握得當，基本可以做到立於不敗之地──謝安之所以放心地讓謝萬去當官，而自己卻全心全意地在東山那裡喝酒把妹，估計最大的原因就是仗著他有這麼好的人脈資源。即使謝萬再不爭氣，他出來仍然可以收拾局面。

謝安是個大名人，當時的大名人也跟現在的大明星一樣，一有什麼動靜，大家都去關心。

他宣告自己要去當公務員時，桓溫馬上就宣布，要讓他當自己的司馬。

他背著包袱準備去新亭上任時，大家都跟過來為他送行（朝士咸送），規模很隆重，場面很感人。那個中丞高崧狠狠地諷刺了他一下：「謝安啊，以前你不把中央的任命書當一回事，天天睡在東山那裡，好像這輩子除了把妹之外，你沒有別的愛好了。人家都說，如果謝安不出來，人民的生活就不好過了。現在你老出來了，不知道人民將怎麼樣啊！」

謝安一聽，一句話也說不出來，只得老老實實上路，去向桓溫報到。

桓溫看到謝安之後，高興得要命，對謝安也很尊重。天天跟他在一起聊天，從早上聊到晚上，也不覺得累。在謝安告辭出來後，桓溫還問身邊的人：「你們看到老子有過這麼厲害的客人嗎？」

第八節　東山再起的契機

　　桓溫有一次去找謝安聊天。謝安雖然是個大名士，但他跟原來竹林七賢的那幾位還是有所區別的——那幾位專門以玩人為藝術，動作不嚇人絕不罷休，而謝安卻很注重儀表，出門、待客很講究。這時聽說桓溫老大來，趕快整理自己的頭髮。這哥兒們做了這麼多年的專業名士，瀟灑慣了，因此動作向來很慢，搞了大半天，還搞不定那一頭長髮。桓溫等了好久，這才聽到謝安叫人去取禮帽。

　　如果放在別人身上，桓溫早就大罵而去，你什麼人，搞這麼久還搞不定那幾根頭髮？這是什麼工作效率？

　　可他對謝安卻好得很，對那個去取禮帽的人說：「你過去叫謝司馬戴平常帽子過來就行了。老子是來聊天的，不用講究那麼多。」

　　從這些事蹟上看，桓溫和謝安的關係是很好的，如果謝安再加一把力，成為桓溫的死黨，職務猛升當到某個地方的刺史，也沒有什麼難度。可謝安卻看清了桓溫的為人，也斷定桓溫現在雖然威風得沒有譜，但絕對不是個好人，下場絕對不好看，如果跟定這樣的人，後果是很嚴重的。因此他在心裡早就盤算著如何離開桓溫的權力中心。

　　機會很快就有——不過這個機會讓他很傷心。這個機會就是他的那個廢材弟弟謝萬掛掉。他歷來對這個弟弟最有感情，接到這個消息後，他馬上向桓溫請假，說要回去在弟弟的屍體旁邊痛哭一場。

　　桓溫當然同意。

　　謝安回到老家之後，馬上就改換門庭，透過其他門路，當上了吳興太守，成功地從桓溫的手下脫離出來，而且也逐步成為桓溫反對黨派的核心成員，為他以後得到更大的權力打下了基礎。

　　謝安雖然出仕很晚、起點低，但因為他的名氣大，而且確實也有能力，連續得以破格提拔，職務從吳興太守一路上升：拜侍中，遷吏部尚

第四章　桓溫的落幕

書、中護軍。直接進入決策層，成為國家領導人之一。

不久，那個名士皇帝司馬昱病得厲害。桓溫這時對謝安仍然看好，直接上疏，說謝安「宜受顧命」。他這時還以為謝安是自己一手提拔出來的，肯定是自己人，現在讓他爬上權力巔峰，到時他只會更加感激自己，更加為自己賣命。

哪知，謝安老早就把他當成敵人，正在拚命跟他作對——桓溫後來，連個九錫都搞不定，全是謝安搞的鬼，連桓沖都想把謝安殺掉。桓溫這才知道，自己看謝安看得太走眼了。

在桓溫死後，謝安就走上了歷史舞臺。

當時，和謝安一起掌握朝政的是王彪之。

王彪之是王導的姪兒，是王家現在最強的人，而且智商很高，在官場的資格比謝安老多了。兩人在對付桓溫時，配合得很默契，來來往往互相扯皮，扯得桓溫除了氣死之外，沒有辦法。

可桓溫一死，兩人同時站在權力巔峰時，情況就不一樣了。

王彪之對謝安還是沒有什麼心眼的，但謝安顯然已經有了當獨一無二老大的念頭了——王謝兩家雖然親密無間，但那是在沒有其他利益時，可以親密無間，可現在是在玩政治，是在官場上混。官場有官場的法則，這個法則就是平時所謂的「叢林法則」，容不得半點含糊。

謝安是天才的政治家，既然走到了這個地步，他就必須為鞏固自己的地位而爭鬥。

在粉碎桓溫的圖謀之後，謝安提議，皇帝現在還沒有成熟，最好還是請褚太后出來把關。王彪之卻反對，現在皇帝都長得比我們高了，哪還不成熟？如果現在還請個女子來當政，這個國家也太沒有形象了。

但謝安仍然堅持。他的理由是，現在不是國家形象問題，而是如何穩

固政權的問題。如果就這麼讓一個十來歲的小孩當權,他能做出什麼新政來?估計大權仍然拿在桓沖的手上——現在桓沖已經拿穩兵權,如果政府再受他的控制,大晉公司乾脆就宣布倒閉算了。

王彪之也無語了。

謝安的這一招,看起來很平常,其實他主張請褚太后再次復出,實在是一石兩鳥的好辦法。你想想,褚太后是因為他的提議才得以復出,以後還不是聽他的?這樣一來,桓沖不能插手政府工作,王彪之同樣也越來越靠邊站,以後褚太后的主張就是謝安的主張,謝安的主張就是褚太后的主張。

於是,寧康二年八月,褚太后在退居二線之後,又出來監朝攝政。

當然,謝安不是其他人,他在做完這個手腳之後,並沒有高興得嘎嘎叫,以後老子就是天下第一強人了。他仍然做他的表面文章,到處宣揚王彪之是個好人,是個不可多得的人才:「王老大真厲害啊!碰到什麼難題,只要問他,就什麼難題也沒有了。」

這時,王彪之是尚書令,而謝安是尚書僕射,算起來還是王彪之的副手。但話語權卻全拿在謝安的手中。

不久,桓沖覺得哥哥以前做得太過分了,現在恨哥哥的人估計數麻了指頭也數不過來,而且自己這點能力,很難維持桓家在晉國的地位,因此就決定逐步放下手中的權力,在大家面前做個好人。

他決定把揚州刺史的職務讓給謝安來做。現在建康就是在揚州的地盤中,這個刺史就是負責中央所在地的軍政事務,確實是個重要的職務。

很多桓家的死黨都勸桓沖,你可以讓出別的州,但不能讓出這個州啊!人家控制了中央,我們還有活路嗎?連郗超也出來勸桓沖說,這樣做真的不妥。

第四章　桓溫的落幕

　　桓沖不聽，向中央上書。

　　五月十日，由謝安起草的詔書下達：任桓沖為都督徐、豫、兗、青、揚五州諸軍事，兼徐州刺史，在京口那裡辦公——以後中央的事，你不用再管了。任謝安兼任揚州刺史，加授侍中。謝安的權力終於得以穩固。

　　到了寧康五年正月，謝安再一次削弱桓沖的權力——當然，謝安不是個蠻幹的人，拿掉人家手中的權力，總得有個說法，給人家一點面子，也給人民一個交待，否則就不是謝安的風格了。

　　他的藉口是，現在皇帝的岳父王蘊的職務太低了，站在大家的面前也太沒有面子了，得找個有權有錢的位子給他啊！桓沖你管那麼多地方，也忙不過來，就騰出那個徐州刺史的位子讓給王蘊吧。

　　桓沖當然沒有意見，表現得相當配合——連揚州刺史都放手了，還在乎這個徐州刺史？

　　正月十四日，謝安又透過司馬曜把自己提拔了一下：任中書令，錄尚書事——主持中央。

第五章
苻堅的險途

第五章　苻堅的險途

第一節　首場試探之戰

這時，苻堅已不得不親自處理國家事務。他才正式上班不到幾個月，原來漂亮得可以去拍洗髮精廣告的頭髮，就白了一大半，這才知道做個合格的國家領導人不容易啊，心裡就更加想念王猛了。要是王猛還健在，他的頭髮肯定還烏黑，他還可以甩著他的頭像周潤發一樣，在鏡頭面前拍個千年潤髮的廣告。

不過，他雖然常常流著淚想念王猛，但卻漸漸地把王猛最後的話忘掉。他在想念王猛的過程中，也覺得自己的國家已經很強大了，可以「百萬雄師過大江」，可以像當年的司馬炎那樣，打過長江去，統一全國，讓自己成為第一個中國少數民族皇帝了。

苻堅開始有這個念頭時，還是很冷靜的，他知道滅晉國是件大事，是需要集中全部力量作最後決戰的，不能讓後院還有什麼事讓他有牽掛。而且跟晉國開戰，規模肯定空前，戰事的激烈程度也會是前所未有，因此在開戰之前，最好也先來幾場熱身賽。

第一場熱身賽，對手就是張天錫！

現在涼州的張天錫仍然是個麻煩人物。這傢伙的勢力不大，只一個州的實力，可生命力卻很強悍，劉曜的滅亡雖然不是他直接導致的，但他肯定負有一點責任；後來石虎那麼強悍，仍然玩不完他。連王猛也不得不放過他。這個張家雖然很少主動出擊，侵略性不大，但留在那裡撐著，實在讓人不爽。

所以，苻堅把目光投向了涼州——如果連這個巴掌大的勢力都搞不定，就不要談什麼打過長江去了——去長江邊作幾日遊還差不多。

這時候的張天錫雖然牢牢地拿著涼州的大權，仍然可以在涼州人民面

前威風，但他的能力比他的幾個前輩菜多了，而且更要命的是，他菜，他手下的人也菜。

這種菜上加菜的配合，絕對不是滿漢全席那樣的豐盛，而是為亡國打下了堅實的基礎。

而張天錫卻一點也不認為自己已經具備了亡國之君的所有條件，還是天天在家裡又酒又色，忙得連上廁所的時間都沒有，更沒有時間聽人家的勸告。

苻堅說：「這就是時機！」

他一面派閻負和梁殊去對張天錫勸降──如果投降，還可以大力優待，讓他們當大官、領高薪，否則；大軍到處，雞犬不留！一面派苟萇等幾個將軍帶著十三萬部隊前去。

可愛的胡蘿蔔和威猛的大棒同時揮出，任君選擇。

兩個使者來到姑臧時，張天錫這才慌了，趕緊在酒色活動中來個中場休息，把大家召集起來，開了個緊急會議，問大家有什麼辦法啊？有辦法的快快貢獻出來，留著也不會替你帶來什麼利潤。

席勒建議，把老大最最親愛的兒子送去當人質，然後弄些現金、名錶之類的東西去秦國展開賄賂，先讓敵人把軍隊撤回去，就什麼事都沒有了。這是能屈能伸的最好辦法，希望老大馬上採納。其他辦法，我也想不出了。

他這話還沒有放上句號，會場上就全是憤怒的口水和堅硬的磚頭。這是什麼辦法？這是卑躬屈膝的亡國奴主張。堅決不當亡國奴！而且我們完全有不當亡國奴的條件。我們這裡地形險惡，易守難攻得很。何況還可以去請匈奴兄弟出來支援我們。我們敢保證，只要秦國侵略者膽敢前來侵犯，就叫他們有來無回。

第五章　苻堅的險途

　　你一看這些話，就知道全是空話，是標準的口號——當作標語寫在牆上，那是很有鼓舞人心的作用的。

　　張天錫也是個憤青，一聽這些話，馬上熱血沸騰起來，覺得苻堅有什麼可怕的——你以為老子是慕容氏？告訴你，老子是張天錫！

　　他把聲音放到最大音量：「好！老子決定了，跟苻堅大打一場，誰再說投降兩個字，老子要他全家的腦袋！」

　　張天錫派人去找那兩個使者，問他們還想活著回去嗎？

　　兩個使者一看這個勢頭，就知道自己這個任務實在是個倒楣的任務，但他們骨頭卻硬得很，態度強硬，臉上全是拚死的神態。

　　張天錫大怒，命運都掌握在老子的手中，還敢這樣囂張？你們以為我不敢殺你們？以為老子負不起這個殺使者的責任？老子殺的就是你們！

　　他下令將兩人綁到軍營大門外，要求士兵們把他們當活靶射死。

　　只有他的母親這時最冷靜，哭著對他說：「現在秦國太強大了。燕國那麼強大，都被他們拿下了，我們這麼個巴掌大的地方，能擋得住他們的進攻？抵抗絕對是在找死。」

　　可張天錫不聽——現在他能聽嗎？連使者都殺了啊！

　　張天錫這時的信心絕對超級爆棚，說：「找死的人是有，但不是他，而是苻堅在找死，派龍驤將軍馬建帶二萬人出發，去跟侵略軍決鬥。」

　　使者被殺了的消息很快就傳到苻堅的耳朵裡。苻堅知道，政治攻勢對張天錫這樣的憤青一點沒有威懾力，只有大軍殺過去，他才知道，這個世界是靠實力講話而不是靠血氣和口號支撐的。

　　八月，他派中書令梁熙、步兵校尉姚萇、涼州刺史王統、李辯帶兵出發，從清石津渡過黃河，進攻張天錫的河會城。

　　鎮守河會的將領叫梁濟。

第一節　首場試探之戰

　　梁濟看到敵人的數量實在太多，武器裝備太精良，知道自己無論如何也守不住這個地方了——既然自己守不住這個地方，估計張天錫也守不住他的地盤了，到頭來都會成為秦國的俘虜。既然如此，不如先投降。於是在秦軍還沒有衝到城下時，梁濟已經舉起白旗，開啟城門，滿臉笑容地迎接大軍進城，讓兄弟部隊吃好喝好，以便有力氣去消滅他原來的老闆張天錫。

　　八月十七日，秦國另一路大軍苟萇部跟梁熙會師之後，攻擊纏縮城。纏縮城的守軍雖然很有骨氣，沒有像梁濟那樣膽小，看到敵人攻上來，就奮起還擊。可才奮起不到半天，人家就成功地殺進城裡來，奮起還擊的部隊就成了奮起逃跑的殘兵，被人家追得滿城亂跑，直到全部殲滅。

　　接到前方兩連敗的消息，那個肩負著張天錫沉重期望的龍驤將軍馬建立刻怕了起來，連個抵抗的念頭也不敢有，只是帶著大軍發呆。發呆之後，覺得發呆更不是辦法，就帶著大軍退到清塞，覺得遠離了敵人幾步，安全係數又多了一層。

　　張天錫看到馬建不戰而退，實在太不夠意思了，又叫征東將軍常據帶著三萬人進駐洪池，而自己也帶著最後的主力五萬人高喊打敗侵略者的口號來到金昌城。

　　張天錫聽著雄壯的口號，覺得勝利就在眼前。可很多人早已覺得前途灰暗得要命。

　　這很多人中就包括安西將軍宋皓。

　　宋皓覺得如果不把自己的擔心講出來，是不負責任的表現，因此就對張天錫說：「我昨晚失眠，出來看天象。看得出，現在秦軍勢頭實在太猛，不管用什麼辦法也擋不住了。這是老天爺的決定，我們不要跟老天爺作對了吧。還是投降為好。」

第五章　苻堅的險途

張天錫大怒，現在老子需要的是鼓舞人心，而不是這種滅自己威風長敵人志氣的話。當場就把多嘴的宋皓貶官幾級，去當宣威護軍。

廣開太守辛章還在煩他——當然，辛章不會像宋皓那麼豬頭，再勸張天錫投降——再說投降兩個字，那是肯定找死的。他是勸張天錫不要那麼信任馬建，馬建是不會當忠臣的。

張天錫說：「有科學根據嗎？」

「暫時沒有。」

「沒有就不要亂講這些不利於團結的話。」

八月二十三日，苟萇派姚萇率三千人向馬建叫板。你知道，這時馬建的手下有兩萬人，要真的打起來，一點失敗的理由都沒有。

可有時失敗就是不需要一點理由的。

馬建老早就沒有膽量了，這時看到敵人衝上來，立刻向梁濟學習，帶著一萬名軍容整齊的部隊，對秦國老大哥部隊的到來表示熱烈的歡迎，說：「我們從今天起，正式加盟大秦公司。」

剩下的士兵全部逃亡。

苟萇接著挺進到洪池，與常據交手。

常據倒很有骨氣，率部迎敵，拚命狠打了一仗，可結果大敗。而且場面很亂，他的戰馬也被人家亂刀砍死。他直接就從騎兵變成了步兵。

部將董儒倒很夠意思，看到上級都成了步兵，很過意不去，就把自己的馬讓了出來給常據坐。可常據不坐，而且還說了一大堆自己該死的理由，之後跑回帳中，脫下軍裝，向西邊磕了幾個最後的響頭，然後一劍抹向自己的脖子，死了。

秦軍殺進大帳，斬掉常據的軍司席勒。

戰鬥繼續深入。

第一節　首場試探之戰

八月二十六日，秦軍像大水一樣湧進清塞。

張天錫還在硬撐，派司兵趙充哲率軍去抵抗。趙充哲在接受任務時，什麼話也不說，帶著大軍就出發，看上去信心很足。兩軍在赤岸會戰。秦軍大發虎威，一口氣殲滅趙充哲三萬八千部隊，連信心很足的趙充哲也光榮犧牲。

張天錫一看，都是無能的傢伙，看來必須老子親自出馬了。

可他才親自出馬，戰鬥還沒有打響，城內的人就高舉叛變的大旗，宣布不服從張天錫的領導了。張天錫這才害怕得發抖起來，帶著幾千騎兵拚命跑回首都。

秦軍大部隊跟著他的屁股追了過來。他才一關城門，敵人的軍旗已經插到了城下。

張天錫不用看，就知道敵軍的數量是他的好幾倍，即使他的手下個個都正常發揮，估計也撐不了幾天，何況城裡的民心正在急遽地渙散，只怕再支撐幾個小時都難了。這傢伙終於徹底回到現實，決定不再作最後的折騰——也就是說不再拿自己的性命開玩笑了，而是向侵略者無條件投降。

張家雖然從沒有稱帝，一直打著晉國的招牌——當然有時為了應急也打過劉曜的旗號以及秦國的旗號，但那是做給人家看的，其實是標準的獨立王國。因此把投降規格提高到國際級別——張天錫坐在白馬拉的車上，反綁雙手，抬著棺木，來到秦軍的大營門口投降。

至此，在涼州稱王稱霸了五十七年的張家終於宣告破產——其併購單位為大秦帝國有限公司，董事長是苻堅。

苻堅繼續奉行他的寬大政策，對投降了的張天錫封為歸義侯，任北部尚書，其他投降過來的人也都重新安排工作，個個都有鐵飯碗。

第五章　苻堅的險途

在苻堅痛扁張天錫時，作為張天錫名義上的母公司的晉國也有了一點行動。桓沖曾派兗州刺史朱序和江州刺史桓石秀等人帶著部隊向沔漢水沿岸進兵，一切行動都按游擊戰的打法，也就是說，如果有機會就騷擾一下秦國的邊境，沒有機會就到處遊蕩一下，向秦國施加壓力，減輕一下張天錫的負擔，算是對張天錫有個交待。這樣的行動，其實跟在建康舉行個中外記者招待會，讓外交部發言人強烈譴責一下大秦國的霸權主義行徑沒有什麼兩樣——除了大聲地表達了自己嚴正得不能再嚴正的態度外，對張天錫的幫助等於零。

這幾個游擊將軍還沒有游擊幾天，就得到張天錫已經玩完的消息——張天錫一完蛋，他們也就完成了任務——各軍全部撤回。

第一場熱身賽，秦國的國家隊取得了完勝。

第二節　第二場試煉

接下來，苻堅又安排了第二場比賽。

這一次秦軍的陪練是北方的代國。

這個代國就是拓跋猗盧開創的公司。

現在的負責人叫拓跋什翼犍。

大家還記得拓跋猗盧的那些事吧？這傢伙開始創業時，倒還是個英雄人物，手下的部隊也很能打硬仗，劉琨歷來就是靠他支撐著局面的。可拓跋猗盧晚年卻十分不幸，協調能力很差，在選拔接班人的這件事上做得不好，跟他那個最善於打仗的兒子六修鬧了矛盾，最後從一般矛盾演變為武裝衝突，被兒子六修一把打敗，死得很難看。

第二節　第二場試煉

拓跋猗盧死後，代國又亂了幾場，他的姪兒拓跋鬱律又成了代王。拓跋鬱律的能力很強，成了代王之後，奉行軍事擴張主義，打敗了周邊的勢力，把代國的事業推向了一個新的高潮。

這傢伙能力不錯，性格很豪爽──說好聽是豪爽，說得難聽點就是粗心大意，對內部的敵人從來沒有防範──他根本不相信自己還有內部敵人。

其實他是真的有敵人，而且是個危險得不能再危險的人。

這個人是個女人，而且是個寡婦！

她就是拓跋猗盧的老婆唯氏。

唯氏在他的老公死後，一直咬牙想著讓她的兒子當上代王。

唯氏在策劃陰謀詭計方面，比她的老公強悍多了。她收買了拓跋鬱律的幾個部下，硬是把這個猛男搞定。

按唯氏的意思，肯定是要消滅猛男的後代。當時拓跋鬱律的兒子拓跋什翼犍才生下不久，他的母親忙把他放在衣服中。這傢伙的命很好，當時完全沒哭，沒有讓唯氏發現，在放過了他母親的同時，也放過了他。

傳說，拓跋什翼犍也是個猛男，史書上說他是「生而奇偉」──至於奇到什麼地步，偉到什麼程度，沒有說。據說他也像司馬炎一樣，有一頭能拖到地板、完全可以用來打掃教室的長頭髮。更奇怪的是，這傢伙還是個波霸──他睡下的時候，那對超級波霸居然垂到蓆子上面。

唯氏搞定拓跋鬱律後，讓她自己的兒子拓跋賀傉當了第一把手，其實全是她說了算。拓跋賀傉不到幾年就來個自然死亡，他的弟弟拓跋紇那繼位。拓跋紇那是個倒楣鬼，當了不到兩年的第一把手，就被石虎打了個大敗，不得不把首都遷到大寧。

這傢伙打了個敗仗，鬱悶之後，認為自己可能是打外戰外行，內戰一

第五章　苻堅的險途

定行吧，就去找鮮卑賀蘭部落的麻煩。他找這個麻煩還是有個理由的。這個理由就是拓跋鬱律的長子拓跋翳槐躲在那裡，拓跋紇那便要求賀蘭部落的老大賀蘭葛頭把拓跋翳槐交出來。

你不知道吧？賀蘭葛頭是拓跋翳槐的舅舅，他能交出他的外甥嗎？

不交，就只好武力解決。

但卻仍然解決不了。

葛頭看到拓跋紇那原來這麼廢材，就乾脆發表了個公告，聯合其他幾個部落的老大，共同擁立他的外甥拓跋翳槐當了代王。

拓跋紇那這時連個反抗的姿態也沒有做一下，捲起包袱直接逃到他的舅舅宇文部落那裡申請政治庇護。

拓跋翳槐當了老大之後，馬上重新調整外交政策，主動與後趙建立友好的外交關係，把他的弟弟拓跋什翼犍送到後趙那裡當人質。

拓跋什翼犍一直在後趙那裡過了十一年的人質生涯。

拓跋翳槐的外交政策很得分，可內部問題卻很嚴重。他能成為老大，主要是靠他的舅舅賀蘭葛頭。葛頭認為，如果沒有自己，他這個老大連腦袋都沒有了，因此在拓跋翳槐面前耍大牌，從來不把他當老大看。

拓跋翳槐就生氣起來，決定拿這個大牌舅舅開刀。可刀子還沒有準備好，那些部落的老大們就得到消息，紛紛表示堅決反對拓跋翳槐的倒行逆施，不再承認他的領導地位。

拓跋翳槐馬上就成了空殼公司的老闆。

那個在宇文部落裡避難的拓跋紇那又跑了回來，宣布恢復原職，繼續當第一把手。

拓跋翳槐則逃到後趙那裡，請求後趙老大哥幫他一下。

兩年後，後趙大將帶著大軍把拓跋翳槐護送到大寧，要求紇那讓位。

第二節　第二場試煉

這時代國原來的那些人看到後趙的部隊強大,因此都跑到拓跋翳槐面前,說以後只當你的手下。紇那只好再次逃亡。

拓跋翳槐當了代王之後,不到一年,就病重起來。他在臨死的時候,把大權交給了他的弟弟拓跋什翼犍。

拓跋什翼犍還算是個人才,當了老大之後,把隔壁的匈奴狠狠地修理了幾下,國力也強大了起來。

可是他強大得太不是時候了。

因為現在苻堅已經把目光鎖定了代國。代國本來就那麼一丁點地盤,向來屬於邊緣勢力,這些年來又發揚自相殘殺的不怕死精神,搞得內亂不斷,這時雖然有所發展,但也只是相對而言,跟秦國根本不是一個等級。

實力太薄弱,智商再怎麼高,也扭轉不了局面。何況拓跋什翼犍的腦袋也只是比一般人稍高一點,而苻堅的腦子現在正是處於好用的高峰期。一對比,結果如何,就不難想像了。

所有的人都知道,拓跋什翼犍最後失敗是沒有什麼懸念的,但誰也想不到他最後的結果竟是那個樣子。

在秦軍大步向代國進軍的同時,拓跋什翼犍的抵抗還是很積極的。

他派白部落和獨孤部落先跟秦兵打了一仗,卻只打了個平手。

拓跋什翼犍不甘心,可這時他那身體卻不爭氣,硬是生起病來——代國經過這麼多的內耗,能力強的人都已經玩完了,這時拓跋什翼犍手下已經沒有幾個能打仗的傢伙了。他這一次把全部家當都交給劉庫仁,希望劉庫仁能幫他賺回個面子。

這個劉庫仁是匈奴人,同時也是拓跋什翼犍的外甥,因此,他對拓跋什翼犍還是很忠心的。

可事情就是這樣讓人無語——忠臣有時未必是能臣。

第五章　苻堅的險途

　　劉庫仁領了任務，拍著胸脯表示，一定為老大戰鬥到最後一個人，然後帶著大軍向秦國侵略者進攻，在石子嶺那裡展開會戰。

　　劉庫仁大敗。

　　拓跋什翼犍這時病情更加沉重，一聽到打仗頭就疼痛，更不用說帶兵打仗了。聽說劉庫仁已經把成本丟光，只得帶著剩下的人馬逃到陰山的北面，暫時躲了起來。

　　他手下的那些部落老大再一次把不團結的一面表現出來，看到他沒有前途之後，就馬上不否認他的代王地位，個個宣布自立，以發國難財為終極目標，到處打劫。

　　不久，秦國撤退。

　　拓跋什翼犍又返回雲中。

　　拓跋什翼犍帶病躲過一劫，心裡暗自高興，就想著，要是秦兵再來，我們就再跑，你進我退，你退我進，就這樣跟他玩，看誰能玩得更久。

　　這主意很不錯，可就是打死他也想不到，他最後並沒有死在秦國的手裡，卻死在他兒子的刀下。

　　他的那個兒子叫拓跋寔。

　　這個拓跋寔也不是天生就有殺老爸的愛好，而是上了人家的大當。

　　故事的情節是這樣的。

　　拓跋翳槐雖然算不上什麼優秀的老大，但在死的時候，頭腦很冷靜，大局觀很強，認為自己歸西之後，只有拓跋什翼犍接班，才能帶領代國人民開創新時代，就果斷地讓這個老弟當了接班人——而本來的接班人是另一個弟弟拓跋孤。

　　拓跋孤那時覺得哥哥的決定是正確的，自己確實沒有這個能力，因此一點意見也沒有。

第二節　第二場試煉

拓跋什翼犍對這個老弟也很感激，當了第一把手之後，把一半的國土劃給他。

拓跋孤沒幾天就死了。本來，他一死，就什麼後遺症也沒有了。可凡事都有個例外，而且很多事死就死在這個例外上。

拓跋什翼犍在弟弟死後，就順手把原來劃歸拓跋孤的地盤又全部收回。拓跋孤的兒子拓跋斤不服了。他原來以為老爸一掛，自己的出頭之日就到了，心裡很高興，正想接過老爸的班，哪知拓跋什翼犍卻一聲不響地收回地盤，他只是站在一邊當觀眾，心裡就氣憤起來。

這傢伙不但野心很大，而且心胸狹窄，天天咬牙切齒尋找機會要殺掉這個伯伯，等了很多年，這個機會卻老是遲遲不來。

這時，他看到了機會。

拓跋什翼犍這時已經五十七歲，兒子生了一大堆，而且已經個個成年，打架單挑都是一流好手。而他居然還沒有指定接班人，弄得幾個兒子心裡急得要命。按立長的道理，應該是拓跋寔接班，而按立嫡的規矩，又應該是其他幾個兄弟當世子。

拓跋寔絕對是豬頭，每天把自己的煩心事都擺在臉上。

而這時，秦國的部隊並沒有徹底撤回去，而是還停留在君子津那裡，等待時機。

拓跋什翼犍當然保持百倍的警惕。這傢伙到了這時，也跟很多末期老大一樣，心裡最多的就是懷疑，對大部分人都不放心，只相信自己的兒子。因此，他命他的兒子們當他的貼身保鏢，每天在他的豪宅那裡巡邏，保護他的生命安全。

他覺得自己生了這麼多兒子，真的太值得了。他只顧自己得意，卻一點也沒有看到他那個大兒子臉上那要命的鬱悶。

第五章　苻堅的險途

他看不到，但拓跋斤看到了。拓跋斤找了個機會，把拓跋寔請到館子裡，一邊大吃大喝，一邊把形勢分析給拓跋寔聽，說：「現在你老爸正準備搞定你，免得你要跟那幾個嫡子爭位子。你如果不趕快採取行動，就危險了，我們這一杯估計是這輩子喝的最後一杯酒了。」

拓跋寔一聽，半點也不懷疑，放下酒杯，紅著兩眼就跑了出去。這傢伙別的能耐沒有多少，但這一次工作效率卻高得很，帶著自己的部下連軍裝都不穿，拿著武器就衝了出來，向他老爸的住處殺過去。

拓跋什翼犍和另外擔任保鏢的那幾個兒子，只對秦軍保持百倍的警惕，對自己人卻放心得很，一看到這些人跑過來，而且個個認識，全是拓跋寔的部下，雖然個個舉著大刀，臉上殺氣騰騰，但也都認為是拓跋寔在進行反恐實戰演習，以便應對突發事件。──這個好啊，以後也要多多學習。大家好好觀摩，吸取經驗，明天舉行一個規模更大的反恐演習。

這些人正做好當專業觀眾的心理準備，那群漢子已經殺了進來。

這些觀眾一看，我們這可沒有恐怖分子啊，怎麼還往這裡衝？連恐怖分子也不認識，也太沒有素質了吧？

念頭還沒有轉一圈，人家的大刀就砍了上來。

拓跋寔的部隊一番砍殺，根本沒有遇到什麼麻煩，很快地把所有保鏢部隊以及他的那一群兄弟搞定，衝進帳中，連他老爸也不問一聲，直接一刀解決。

只有一個弟弟，也就是拓跋什翼犍最小的兒子拓跋珪，被他的母親抱著逃了出來，跑到娘家，躲過一劫。

代國的其他人連夜逃出城外，跑到秦軍大營那裡，集體控訴拓跋寔的暴行，請求秦軍老大哥為他們報仇。

秦軍留在君子津，並不是因為君子津的名字很高尚，或者那裡適宜大

第二節　第二場試煉

量軍隊駐紮，而是在等待機會，向代國殘餘勢力作最後一擊。這段時期以來，他們聽說拓跋什翼犍的兒子們天天都團結在老爸的周圍，警惕得很，實在不是下手的好機會，正鬱悶得抓狂。哪知，這個團結原來脆弱得很，沒幾天就上演了這個父子兄弟自相殘殺的大戲，實在是意想不到的好機會。

秦軍在李柔和張蠔的帶領下，馬上大步向雲中進軍。

拓跋寔殺老爸殺兄弟很有一套，但對秦軍卻一點辦法也沒有，看到人家的大兵衝過來，馬上投降。

這傢伙天真地認為，苻堅是個寬大的人，連慕容氏和張天錫那樣的敵人都可以重新任職，繼續成為大秦國的人民公僕，自己這次勇於砍老爸砍兄弟，為秦國平定代國做出了不可磨滅的貢獻，苻堅只會表彰，不會處罰他的。

哪知，情節的發展，完全出乎他意料之外。

苻堅確實對大多數人都寬大得很，但這個大多數人裡面沒有他。

苻堅知道這次順利搞定代國，不費一槍一彈，完全是因為代國內部出現了流血事件。他很想知道這個流血事件的前前後後，因此就派人找來代國的長史燕鳳，叫燕鳳詳細講一下這件事。

燕鳳就把事情的全部過程描述了一遍。

苻堅一聽，拓跋寔這個傢伙也太可惡了。凶殘之人到哪裡都會殺人。你可以殺你的老爸，殺你的兄弟，但不能把這個風氣帶到大秦國來。這世界什麼人都可以接受，但不能讓這樣的人有生存權。苻堅下令把拓跋寔和拓跋斤抓起來，押解到長安，實行車裂之刑。

這兩個傢伙看到那幾匹馬擺在大街上，這才知道，自己這一次玩得過頭了，死得要比老爸和兄弟們難看多了。這才知道，有些不該做的事，還

第五章　苻堅的險途

真的不要做。這才相信那句話真的有道理——出來混，總是要還的。

苻堅又聽從燕鳳要求，把拓跋珪和劉庫仁找來，將代國一分為二，各管一邊，以後出了亂子，就由他們負責。

苻堅連續取得熱身賽的兩場勝利，把後院的這兩個麻煩全解決掉，心情高興得很。覺得秦國正在他的英明領導下，把太平盛世推向一個新的高潮。

可他一點也沒有注意到，原來燕國的那一群人正在暗中對他咬牙切齒，組織自己新的領導核心，找機會狠踢他一腳。

他們這時，都一致把目光投向慕容垂。

這些人本來都有好鬥的性格，只是因為苻堅太過強大，以前又有王猛時刻監控他們，哪敢動彈？因此就天天喝酒把妹，老老實實做良民。這時看到王猛已死，苻堅到處打仗，熱心於以武力統一大業，雖然取得了幾場勝利，看起來風光得要命——其實副作用大得很。

他們做了個調查，清楚地知道這次滅代的過程，雖然很簡單，勝利看起來很完美。國家版圖大了很多，說是地大物博絕對沒有人舉手反對。可苻堅只看重武力，勝仗是打了一場又一場，卻沒有完全征服當地的民心，因此只得派兵駐守，說是誰敢不聽話就把誰錘死。這話說得很豪邁。現在秦兵的防線，北到雲中，南守四川，都是用重兵把守，而當地又不能供應糧草，這些數量龐大的國防軍的口糧全部由中央劃撥，從內地運過去，人民痛苦得很。運一次糧就死很多人。現在運糧路的兩邊全是死人的墳墓，。

可苻堅的眼睛卻看不到，他只在心裡洋洋得意。

他們由此斷定，秦國將被苻堅這個英明領袖玩得精盡人亡。他們得抓住這個機會，把謝安製造的那個成語——「東山再起」拿來運用一下。

第二節　第二場試煉

本來，苻堅手下的幾個人也看出，涼州以及代國一帶的少數民族雖然沒有了原來的政權，但他們的內心並不真心歸順，隨時都有叛亂的可能，是不是再制定個什麼政策或者乾脆再派部隊過去把他們徹底修理一下，免得以後麻煩。

可苻堅笑笑說：「一點都不會有麻煩。那幾個少數民族算什麼。以前有政權有領導核心，老子大軍一壓，都崩潰得沒有商量，被扁得氣都不敢出。以後一盤散沙，就是有一些零星不法分子要鬧事，能做出什麼大事來？恐怕連一般性的群體事件也發動不起來啊！哈哈，到時只要派個預備役部隊過去，放幾個催淚彈之類就完全可以搞定了。現在去惹這種事，完全是無事找事之舉。我們現在還沒有這個時間和精力，現在還有滅晉這個重大的任務啊！」

他這麼一說之後，沒人再提出什麼反對意見，苻堅便又說：「現在對這些邊遠少數民族，就應當多徵收他們的稅，向他宣傳中央的政策，如果他們不繳稅，我們就毫不客氣。」於是派殿中將軍張旬過去宣傳中央的政策。還派魏曷帶著二萬部隊跟在張旬的後面出發。意思是誰不聽話就扁誰。

魏曷頭殼裡裝的絕對是豬的腦水，完全錯誤地領會了苻堅的意思，帶著部隊威風地出發，以為自己現在是軍事指揮官，帶兵出來，應該打仗，應該殺人，而不是來旅遊的。因此就叫部隊一路展開軍事行動──其實全是打劫，只幾天時間，就滿載而歸，士兵個個心裡高興得要死。還用宣傳什麼稅法？這不是全拿到手了？這才是低成本、高收益的辦法啊！

他正嘎嘎大笑，建議老大以後採取這個辦法最好了。哪知苻堅卻大怒起來：「誰叫你這樣對付自己的人民？告訴你，老子只是叫你去耍一下威風，哪個讓你去當土匪了？」當場暴打了他二百皮鞭，然後把他的先鋒、打劫做得最精通的儲阿拉下去砍了。然後把那顆腦袋拿到那些被搶的地區

第五章　苻堅的險途

展覽，並向他們道歉。

苻堅的這一手，做得很好，那些被搶的人馬上就平息了怒氣，紛紛大叫老大萬歲，讓苻堅的心情爽了又爽。

到了第二年，也就是太元二年，一件讓苻堅心情爽上加爽的事發生了。

遠在北韓半島的高句麗王國、新羅王國，在苻堅沒有提出什麼要求的情況下，派使者不遠萬里來到長安，向秦國老大哥進貢。

西南一帶的那些少數民族老大也不甘落後，說人家在北韓半島那裡都來了，我們這麼近還慢半拍，太不夠意思了——是不是等苻老大心煩了派兵過來了，我們再過去？因此也派人拿著當地的特色產品跑到長安，讓苻老大高興高興——只有苻老大高興了，我們才可以高興下去。

苻堅看到大家都怕自己怕到這個樣子，不得意才怪，啊！這皇帝當得有點意思了吧？

可那個將作功曹（這個官相當於建設部的副總工程師）熊邈卻認為，是有點意思，但不夠隆重。

怎樣才算隆重？

熊邈說，要像石虎的宮殿那樣華麗啊，那才是皇帝住的地方。皇帝住了那樣的地方，人家看過去，才夠意思。

這話一進苻堅的耳朵，他就覺得很順耳。當了這麼多年的皇帝，艱苦樸素了這麼多年，好像也夠了吧？現在全世界還有哪個皇帝像老子這樣有成就？你看晉國的那一幫人，就是一個地方的強人，生活過得都比老子這個國家元首好。如果當國家元首是為了過貧民的生活，為什麼不直接跑到鄉下當個窮人算了，搶這個皇帝做什麼？

大家看到這裡，歷史經驗就告訴我們，一個皇帝有了這個念頭，再怎

麼有成就的英明領袖也會變質。

如果這時王猛還在，肯定會狠狠地向苻堅敲一個響亮的警鐘。可現在只有徐邈的意見，沒有了王猛的警鐘。

苻堅馬上任命徐邈為將作長史，兼將作丞。將作長史相當於建設部的總工程師，而將作丞則相當於專案建設的指揮長，負責大規模地興建大船和武器。

在這裡強調一下，這些船艦和武器可不是攻打晉國或者要當海洋大國而興建的，全是供苻堅玩樂用的。他們在這些船上和武器上放了大量金銀和珠寶，工藝做得十分精美——誰會拿這樣的武器上戰場？

苻堅一見，爽啊！當皇帝真過癮！

他高興的時候，慕容氏的幾個傢伙也覺得高興。

那個慕容農看到苻堅正大步邁向腐敗昏庸的大道上，馬上就對他老爸慕容垂說：「王猛一翹辮子，苻堅就變壞了。這個變壞變得好啊！現在我們應該廣交朋友、做好下一步打算了。呵呵，機會就要來了。」

連慕容農都看得出了，慕容垂當然看得更清楚。但他不是慕容農，他只是高興在心裡，臉上的表情一點也沒變，像往常一樣笑著說：「天下的大事，你們不要亂說啊！」

第三節　襄陽之役

這時，晉國的高層雖然沒有什麼得力的人才，但也不全是腦殘人士，看到秦國已經全部收編北方那幾個麻煩勢力，估計接下來就會打江南的主意。他們雖然天天拚命喝酒，但也知道，秦國的那些人都是好鬥的猛人，

第五章　符堅的險途

要對付他們，得找個得力的人才。否則，他們不但酒喝到頭，只怕身家性命也到頭了。因此個個都感到了史無前例的壓力。

司馬臎馬上下詔，把文武雙全的人才提拔到重要職位上來，準備帶領子弟兵們保家衛國。

大家一看這個詔書，啊！要是提拔幾個清談專家、憤青人士，可推薦的人一大把，可文武雙全的人，暫時找不到了。

司馬臎問謝安：「真的沒有這樣的人才？」

謝安說：「有。」

「誰？」

「謝玄。謝玄絕對是個人才，把國防交給他，放心！」

謝安放心，郗超也放心。郗超以前是桓溫的頭號心腹，鐵桿死黨，在桓溫還威風凜凜的時候，他是最得勢的，大家都怕他，都用全部精力去巴結他。現在桓溫死了，但桓家的勢力還在，因此，也沒有誰攻擊他，仍然是國家的高級公務員。只是不能像以前那麼威風了，大家早已不怎麼理他了。

但他仍然不甘心夾著尾巴做人。他認為，他是桓溫的死黨，不能提拔也就算了，可他的老爸卻是大大的忠臣。你們不提拔我，但可以提拔我的老爸啊！而且他的老爸郗愔老早就是地方強人，要出身有出身，要資格有資格，要忠心有忠心，無論從哪方面來考量，都應該比謝安強啊！謝安的年紀不小，但官場閱歷嫩得很，憑什麼只提拔謝安而不提拔他的老爸。

他心裡不滿，但又不好發作出來。以前他可以利用職權救一下他的老爸，可現在他只是有職無權，哪能提拔他的老爸？因此就只有恨謝安，恨得咬牙切齒，恨得想吃謝家的肉，而且這個恨越來越公開透明，恨得兩家都成了冤家對頭。

第三節　襄陽之役

可當他知道謝安提拔謝玄時，居然也覺得放心。當時很多人一看這個謝玄走上臺面，都覺得謝安這樣乘機提拔自己的姪兒，實在太不夠意思了——謝玄也算人才，這不是太搞笑了？但郗超卻說：「我跟謝玄在桓溫手下當過同事，知道他的能力。他絕對是個人才。」

連郗超都這樣說了，其他人還能放什麼狗屁？有本事你推薦出一個讓你的冤家也心服口服的人來。推薦不了，就請閉嘴。

謝玄這個小夥子你已經知道了吧？

這哥兒們小時候說話總是陰陽怪氣，而且每天還拿著香包到處徘徊，覺得自己很酷，後來硬是被謝安矯正過來。謝安矯正他的目的，就是要把他送進官場，讓他成為謝安以後的保護傘，讓謝氏家族繼續不用工作，可以天天喝酒、把妹，過著讓全國人民都羨慕的生活。

謝玄雖然生在世族之家，長在清談的環境中，但後來卻成長為一個有理想的好青年。這次得到重用之後，馬上發出徵兵布告。謝玄很懂得兵在精不在多的道理，因此，他徵的兵要求身強體壯的有志青年。而且提拔的原則不再是誰口才好提拔誰，而是誰的戰鬥力強重用誰。

他很快從這些應徵青年中發現了一個人才。

這個人才就是後來大大有名的劉牢之。

他在發現劉牢之是個很生猛的強人之後，馬上任命劉牢之為參軍，成了管理階層。

這支部隊就是後來晉國最有戰鬥力的「北府兵」的班底。

從這時候開始，歷史為謝氏家族的壯大提供了良好的機會。

朝中唯一能與謝安對抗的王彪之於十月十二日死去——當然，謝安跟王彪之從沒有發生過什麼不愉快的事，但我相信，謝安的內心世界對王彪之是很不爽的。先是王彪之要求讓司馬曜出來親政，但被謝安斷然否

第五章　苻堅的險途

決，而是由褚太后復出；後來謝安認為，皇宮太簡陋，得擴建一下，顯示一下天朝大國的形象。可王彪之堅決反對。謝安沒有辦法，只好蔫蔫地把方案來個擱置處理——而且一直擱置到王彪之死後的那一天，才重新拿出來，大興建設。

謝安的性格跟王導差不多，都是屬於和稀泥派人物，最注重人際間的和諧，除非有直接的利益衝突，一般不會跟人家當面打口水戰，而且平時也很少利用職權進行公開的打擊報復——以前王導差點被庾亮武力推翻都能忍而又忍，一直沒有把關係弄死。

所以，謝安和王彪之雖然沒有過什麼直接或間接衝突，但謝安內心的不爽是可以想像得到的——否則，為什麼王彪之一死，他立刻就進行皇宮擴建工程。

王彪之一死，卡在謝安心中的阻礙完全消失。

沒幾天，那個謝家公開的敵人郗超又死掉。

郗超雖然不是什麼好人，但智商很高，政治和軍事能力都是一流的，卻站錯了隊，把自己變成桓溫的死黨。桓溫還活著的時候，他可以威風，桓溫一死，他的市場就徹底萎縮，每天在鬱悶中生活著。

一個長期鬱悶的人當然活不了多久。

郗超雖然是桓溫的死黨，政治主張跟他的老爸是完全相反的，但這傢伙對老爸還是十分孝順。他在死的時候交待他的哥兒們，要是我老爸太過傷心，你就把這個箱子送給他看吧！

他死後，他的老爸郗愔果然很傷心。他沒有理由不傷心，郗愔除了不擇手段地斂財之外，其他方面也是個老實人，根本不知道他的這個兒子，把幫助桓溫跟中央作對當成這輩子的大事業來做。現在看到兒子比自己死得還早，那個老淚是越流越多，而且飯越吃越少，完全像郗超死前預測的

那樣。於是郗超的那個哥兒們就把那個箱子送給老人家。

郗愔打開一看,全是跟桓溫的往來信件——如果光是一些互相問好的信件也沒什麼,可全是商量著如何造反,如何把皇帝拉下馬的絕密信件——這不是謀反是什麼?想不到兒子居然參與了傳說中的謀反。這樣的兒子早該死了。

郗愔大罵了一句:「小子死已晚矣!」

從此不再流淚。

苻堅在取得兩場熱身賽的勝利之後,解決了後院問題,終於把目光投向他最強大的對手——以司馬氏集團為法人代表的晉國。

苻堅的第一個目標就是襄陽城,時間是太元三年的春天。

他的部署很大氣:南大將軍、都督征討諸軍事、守尚書令、長樂公苻丕、武衛將軍苟萇、尚書慕容暐帥步騎七萬直接進攻襄陽;以荊州刺史楊安為前鋒,征虜將軍始平石越帥精騎一萬出魯陽關;京兆尹慕容垂、揚武將軍姚萇帥眾五萬出南鄉,領軍將軍苟池、右將軍毛當、強弩將軍王顯帥眾四萬出武當,到襄陽跟各路大軍會師。

這確實是一個一口氣搞定晉國的勢頭。

可朱序卻一點都不擔心。

朱序現在是襄陽的第一把手,他站在襄陽城頭看到江北岸上,擠滿了秦國的軍隊,戰鼓驚天動地。人家看到這個樣子,個個嚇得不敢做聲,他卻說沒事!

他當然並不盲目樂觀。他這個「沒事」是很有根據的,這個根據是:秦軍連一條船都沒有,他們軍隊的數量雖然很多,但沒有過江的工具,他們總不會游泳過來吧?我敢打賭,他們就是個個都是奧運游泳冠軍,也不會游到這裡來。我們什麼都不用做。

第五章　苻堅的險途

　　本來，大戰在前，心慌失措，肯定會打敗仗；可面對強敵，太過樂觀，總以為敵人沒有辦法，這仗打下去，也會大大的不妙。

　　朱序看著對岸，笑著對手下說：「沒事，大家繼續保持安靜。我說沒事就絕對沒事。」

　　大家的警惕就這樣放鬆下來。

　　在朱序說沒事之後不到幾天，他正在大吃大喝，突然有人跑了進來，大叫：「老大，老大，敵人，敵人殺過來了。」

　　朱序說：「不會吧？你是不是色盲？把自己人看成是敵人？我們的軍裝跟他們是有明顯區別的。」

　　「老大，不是啊，你再不過去，人家都打到外城來了。」

　　朱序看到這個報信的傢伙臉上全是汗水，也覺得有點不妙，跑過去一看，啊！原來石越那個傢伙不知道用什麼辦法渡過了沔水，直接就殺到城下。

　　石越的部隊並不多，只有五千人。如果朱序早有提防，石越估計連南岸都沒辦法上。可現在襄陽全軍戒備鬆弛，一點心理準備也沒有，突然看到敵人大喊大叫而來，連兵器放在什麼地方都找不到，哪能打什麼仗？

　　朱序只得退守內城。

　　石越攻陷外城，大有收穫。

　　原來，襄陽外城是襄陽守軍的船庫。石越一下就弄到一百多條大船，馬上把北岸的部隊全部運了過來。

　　秦軍總指揮苻丕下令發起總攻。

　　襄陽城的壓力空前強大。

　　朱序雖然在前期大意，但這傢伙還算是個人才。到了這個時候，仍然臨危不亂。指揮大家嚴防死守，戰鬥到最後一個人。

第三節　襄陽之役

他的母親韓氏也很傑出，聽說敵人已攻破外城，居然也寫了一份請戰書，上到城頭，成為守城一兵。

韓氏上了城之後，就開始巡城，她很快發現，西北角的城牆是個豆腐渣工程，馬上帶著家中女眷，號召全城的婦女一起出來，組成了一個龐大的女子建築隊，加班挑漿砌磚，築好城牆，短時間內加築了一道新城。

沒多久，秦軍猛攻上來，沒花什麼功夫就把舊城攻垮。

秦兵做夢也想不到這個舊城這麼容易搞定，個個大喊大叫，勝利在望了啊！

可他們做夢也想不到，他們的面前又有一道城牆。

他們以為，這晉國的城牆算個屁，也不休息，乾脆先把這個城牆搞定再吃午飯。哪知，猛攻了大半天，同袍們死了一大堆，他們也餓得肚皮黏在一起，但城牆還堅固得很。這才知道，如果再硬攻下去，他們的這個午餐死也吃不了。只得退了出來。

這道城為朱序擋住了秦國的侵略軍，大家都把它叫「夫人城。」

韓氏的功勞很大，朱序的膽子很大。可桓冲卻很膽怯。

桓冲是晉國的軍界強人，手裡牢牢地握著槍桿子，而且現在就在上明，直接控制著七萬精銳部隊，也很清楚地知道秦國大軍正猛攻襄陽，朱序的力量很單薄，此時正急需他的支援。可桓冲看到秦國的攻勢太猛，膽子就縮水起來，站在上明城頭，使勁觀望，就是不敢帶兵狂奔過去救襄陽。

苻丕本來想再加把勁，一舉把襄陽城拿下。可苟萇反對，認為襄陽現在還很堅固，難以短時間攻下來。不如作長期作戰的打算，先把附近的居民全部遷到許昌和洛陽，做好切斷襄陽糧道和外援工作，襄陽就堅持不下去了。

第五章　苻堅的險途

苻丕覺得有理！

不久，慕容垂攻克南陽，活捉南陽太守鄭裔之後，帶著大軍過來與苻丕會師。

襄陽更加危急。

而這時，在謝安的主導下，皇宮擴建工程已經順利竣工，如期交付使用，司馬曜正隆重舉行新居入住儀式，整個建康城內都沉浸在節日的歡樂之中。

而這時，秦國的很多人對拿下晉國都充滿了信心。

秦國的兗州刺史彭超認為，如果現在不出手，只怕那邊襄陽一完，苻丕大軍橫掃東向，自己可就沒機會了，因此馬上請戰，要求苻堅命令他向晉國的彭城進軍，直接威脅晉國的首都建康。

苻堅當然很高興，在彭超的請戰書上寫下「同意」兩個大字。

八月，彭超帶著大軍向彭城進軍。

到了十二月，苻丕仍然拿不下襄陽。

而桓沖仍然不出兵去救襄陽。

終於有人忍不住了。

這個人就是秦國的御史中丞李柔。這傢伙現在的職責就是彈劾。他抓住這個機會，馬上彈劾苻丕：「苻丕帶著這麼多的部隊，打了幾個月，每天花一萬兩黃金，卻打不下一個小小的襄陽城。應當把他叫回來，交軍事法庭審問。」

苻堅也跟著受不住了——當然他的受不住不等於李柔的受不住，他覺得襄陽應該早就拿下了，但既然拖到現在，事實已成，再處分苻丕也挽不回什麼損失，還不如讓他繼續打下去。他叫黃門侍郎韋華帶著一把寶劍過去交給苻丕，說，如果明年春天沒有拿下襄陽，老子就拿下你的腦袋。

第三節　襄陽之役

苻丕的雙手接過寶劍，這才知道，這持久戰打不下去了——雖然這個辦法很正確，但正確的辦法常常得不到理解。他只得下令不惜一切代價，猛攻襄陽。

可襄陽一時還是攻不下來。

太元四年的春節已經到了。

苻堅仍然接不到勝利拿下襄陽的捷報，心裡也急了起來，大聲說：「老子要御駕親征了。」

以苻融為首的幾個高級部下苦苦勸住，說：「一個襄陽城，就要老大親征，也太浪費實力了吧？以前司馬炎搞定東吳時，也只是派幾個將軍過去而已。才一開戰，皇帝就出馬，也太沒面子了吧？」

苻堅只好放棄。

晉國也知道襄陽已經危險到不能再危險了——這個危機感雖然來得晚了一些，但總比沒有危機感好多了。他們急忙派冠軍將軍、南郡相劉波帶著八千人過去救襄陽。

任何人一看到這個部署，都會覺得太過無言了。大家想想，桓沖帶著七萬大軍，就駐在離襄陽不遠的地方，硬是當了差不多一年的專業觀眾，好像襄陽之戰跟他無關一樣，連個吶喊助威的動作也沒有，更沒有帶著部隊衝鋒陷陣。現在卻派劉波帶幾千個人去救襄陽，能救得了才怪。

劉波的膽子並不比桓沖的膽子大一點，接了任務之後，卻沒有前進。

於是，只有朱序一個人在奮鬥。

朱序帶著他的部隊多次衝出城外，突擊秦兵，多次取得勝利。

但敵人太多，這些小勝積不成大勝，根本無法打破敵人的圍攻。

不過，秦軍看到朱序很猛，也有點怕了起來，只得往後退了幾步。

朱序的部隊這才得到休息。

第五章　苻堅的險途

這一休息就壞了大事。

壞朱序大事的不是秦國的部隊，而是朱序手下的將領李伯護。

李伯護的眼睛很明亮，他清楚地知道，現在朱序雖然把秦國的部隊逼得後退了幾步，但這種勝利是暫時的，不管現在取得怎樣的成績，到頭來襄陽都會落進秦人的手中，自己遲早會當上人家的俘虜。這個念頭一產生，悲觀的情緒馬上膨脹，投降的想法接著產生。他派他的兒子出城，與秦兵取得聯繫，說願意把襄陽獻給秦軍。

朱序這些天連續作戰，早已累得要死，正抓緊時間休息，只注意城外的敵人，一點也沒有想到城內出了內奸，因此在李伯護跟敵人往來的時候，居然一點也不知道。

這是個要命的漏洞。

苻丕這時早已急得想自殺，突然抓到這個漏洞，哪能放過？當場下令大軍吃完早餐，再向襄陽猛攻。

於是，襄陽陷落，朱序被活捉。

李伯護以為自己這次立了大功，肯定大大有獎。

哪知，苻堅這個老大，最不喜歡的就是他這樣的人，知道他的光輝事蹟後，認為他屬於賣國救榮那類人，這種人應該當場處斬。就把李伯護的腦袋瓜砍了。

倒是朱序，苻堅覺得這樣的人政治立場堅定，能力一流，是不可多得的人才，二話不說，立刻讓他當了最肥的缺——度支尚書，相當於今天的財政部長。

他天真地認為，讓朱序當了這個大官，朱序會感激得腸子滾動，大叫「忠心耿耿」。苻堅一點都不知道，朱序是司馬氏的鐵桿粉絲，留下這個人，等於在身邊留下一個定時炸彈。

第四節　名將謝玄

　　襄陽劃歸了秦國的版圖，桓沖就上書辭職，說自己無能，請求處分。這傢伙此舉好像很有勇氣，像個勇於承擔責任的人。其實他早就知道自己無能，拿著槍桿子，讓襄陽被敵人圍攻了差不多一年，既不出兵去救，也不把兵權讓出來，硬是在那裡當著觀眾，直到襄陽被人家攻到手了，這才請求處分，要求辭職。這樣的人就是殺掉都不算什麼。

　　當然，晉國是不會殺掉這種人的──要殺也只殺有功的人，而不會殺腐敗分子和無能誤國之人。

　　桓沖的報告遞上去之後，司馬曜二話不說，硃筆一批：不准！

　　當然，丟掉襄陽這個責任還是要找個人來承擔的。這個人就是劉波。中央下令免去劉波的一切職務。可沒多久，又悄悄地恢復了他的職務，補發了他的薪資。

　　這時，在晉國其他人都不敢上前線的時候，只有謝玄帶著他的一萬多人狂奔北上，去救彭城。

　　這時那個彭超正加緊圍攻彭城。這傢伙聽說襄陽已經被友軍拿下，頭功算是人家的了，心裡更加急躁。

　　現在彭城的守將是戴逯。

　　戴逯這時已到了最後時刻。

　　謝玄到達之後，怕戴逯堅持不住，想派個人混進去通知，援兵來了，請再堅持一下。

　　可大家看到彭城四周全是密密麻麻的敵人，除非你是孫猴子，能變成飛蛾之類的飛進去，其他的辦法是一點也沒有了。因此誰也不願出來領這

第五章　苻堅的險途

個高風險的任務。

最後田弘說：「老大，這個任務交給我了。我是游泳健將，可以潛水過去。」

可他才到半路，就被人家抓住。

如果秦兵抓到他之後一刀把他了結，倒是省了很多事。可彭超不知哪根神經作怪，他看到田弘的臉時，覺得這是一張很愛財很容易拉攏的臉，突然來了靈感，想利用他一把。

他叫人拿來大量的現金和財寶，說：「只要你到城外去對著城頭的晉軍大叫，援軍已經玩完了。就這七個字，這些東西全是你的了。」——呵呵，七個字，拿這麼多錢財，這可是全世界最高的薪資啊！

田泓說：「好啊。」

彭超一聽，老子要是失業了，完全可以靠看相吃飯了。

田弘來到城邊，清了幾下嗓子，大叫：「城裡的兄弟們聽清楚了，援軍已經來到。只要再堅持一下，勝利就是我們的！」

彭超一聽，上當了。趕快把這傢伙殺了。

田弘對他笑了笑：「彭老大，謝謝你！幫我完成了任務。」

謝玄知道敵人的力量還很強大，氣焰還十分囂張，硬衝上去肯定討不到什麼便宜，說不定會跟他們在彭城外硬碰硬，到時不但救不了戴逯，只怕自己都難抽身。因此，就想了個辦法，高調宣布將派主力部隊襲擊留城。

留城是彭超大軍屯輜重的基地。

彭超一聽，果然怕自己會落得袁紹的下場，想也不想，就急忙退兵回去，先保住全軍口糧要緊。

彭超一跑回去，戴逯就笑了。他抓住這個機會，馬上衝出城來，投奔謝玄。

第四節　名將謝玄

彭超這才知道上了謝玄的當，讓戴逯逃了性命。不過，他還是把彭城拿到手裡，雖然沒有抓到戴逯，但也算是立了大功一件。

這時，彭超感覺實在太好了，進入彭城之後，也不休息一天，馬上又揮兵南下，直指眙盱。而這時，秦國的另一個強人俱難也已經拿下淮陰，繼續向南深入。

兩路大軍這時離建康已經不遠。

大家都知道，形勢對晉國越來越不利。

這時，襄陽一帶的秦軍也全面出擊，在江淮一帶行動，橫掃晉國的很多地方，最後與俱難、彭超勝利會師，聲勢極為浩大。

太元四年五月，秦軍攻下眙盱，活捉喬國內史毛操之；接著乘勝進軍，把晉國的幽州刺史田洛死死地圍在三阿，眼看沒有幾天就可以把田洛活捉，再立新功。

三阿離建康只有一百多里，首都的人在半夜裡都能聽到三阿那裡的喊殺聲，弄得全城人心惶惶，覺得晉朝已經不妙了。

晉國高層當然不會甘心失敗——連張天賜那樣的人、那樣的資本都還堅持戰鬥到最後時刻，大晉的人當然還會抵抗一下的——馬上做出了部署：加強長江沿岸的警戒，派謝石率艦隊進入滁河，隨時準備抵抗秦軍。

這時，右衛將軍毛安之帶著四萬部隊鎮守堂邑。這傢伙當將軍的時間雖然很長了，但心態一直沒有長進。本來手裡有這麼多兵力，人家再怎麼厲害，要打起來也是可以抵抗得住的，而且現在深入晉國地盤的軍隊也沒有多少，各部都還在到處進行擄掠活動，並沒有統一協調，只要他不怕死，勇於戰鬥，後果並不怎麼可怕。哪知，這傢伙實在太膽小，聽說毛當和毛盛帶兵過來襲擊，腦袋當場轟地一響，啊！老子一個姓毛的，哪打得

第五章　符堅的險途

過人家兩個姓毛的？立刻崩潰。

老大一崩潰，士兵們就只有更崩潰了。

四萬大軍就這樣還沒有看清敵人是什麼樣子，只聽到敵人要殺上來的消息就全面潰散了。

秦國前線幾個將領一看，啊！這仗越打越順手，看來老子幾個成為滅晉功臣的日子就在幾天之後了——要是真的直接打進建康，就等於打進了歷史那一頁啊！

可他們萬萬想不到，在他們快可以看到建康的時候，卻硬是碰到了一個可怕的強人。

這個強人就是謝玄。

在各路友軍紛紛變成敗軍四處逃散的時候，謝玄帶著他的部隊從廣陵出發，去救三阿。

五月二十五日，謝玄與圍攻三阿的彭超和俱難部會戰。

這段時期以來，彭超和俱難打勝仗打得有點發暈了，以為只要是晉國的軍隊都是欠揍的軍隊，晉國的將軍都是送死的將軍，這時看到謝玄帶兵衝殺過來，便大叫「兄弟們，送死的又來了，大家上啊！」

哪知，謝玄的部隊全是身強體壯、肌肉發達的精銳部隊，戰鬥力強大得要命。雙方一接觸，秦兵才知道遇上虎狼之師了，膽子立刻縮水。

謝玄的部隊卻越打越有感覺，連番衝殺，把彭超和俱難的部隊打了個大敗，退回盱眙。兩個傢伙天真地以為，只要退到城裡，自己死死地守住城門，他們還能怎麼樣——讓他們在城外折騰幾天，把銳氣折騰完了，再衝出去，把他們修理一下——卻一點也不知道，他們的惡夢才剛剛開始。

謝玄解了三阿之圍後，把田洛的部隊也併了過來，一下就有了五萬大

第四節　名將謝玄

軍，直接就進攻盱眙。

彭超和俱難再次飽吃了謝玄的苦頭，只一天時間，就老老實實地宣布第二次失敗，很傷心地逃出盱眙，退回韓信的故鄉淮陰。兩人以為，謝玄連得兩城，也該休息一下，慶祝慶祝勝利。

可謝玄卻討厭得很，硬是派何謙帶著艦隊，乘著漲潮的時候，突然衝殺過去，把秦軍剛剛修建的大橋一把火燒掉，連洛州刺史邵保也稀裡糊塗地成為烈士。

秦國軍隊連吃幾次敗仗，膽子脆弱得很，這時看到大橋上大火燒得天空都紅了大半個，個個嚇得不知如何是好。

彭超和俱難本來膽量不錯，這時看到各個士兵的臉色都是這個樣子，知道再靠這樣的子弟兵打仗，除了敗仗，其他的仗是打不了的。兩人一致決定，再退！退到淮河以北。

謝玄知道後，連夜追擊，在君川趕上向北撤退的秦軍。

彭超和俱難不得不應戰。

以這樣的狀態應戰，結果就是毫無懸念地大敗，而且敗得很徹底——只剩下兩人逃脫性命，跟裸奔回去沒有差別。

謝玄全殲這兩路大軍，讓建康有了安全保障，司馬曜高興得要命，老子這個人才計畫真是救了國家啊！馬上任命謝玄為冠軍將軍、兼徐州刺史。從此，謝玄大步走上歷史舞臺，而他建立的這支部隊也被稱為「北府兵」，在以後的幾個重大歷史事件中，都扮演著重要的角色。

苻堅知道東路軍敗得不剩渣，心頭超級不爽。啊！彭超你不是說你要直搗建康嗎？不是說伸手一抓就可以把司馬曜那個腐敗皇帝抓到手了嗎？原來是在說大話。你一個人死了不要緊，可把大秦帝國那麼多優秀的子弟兵全拿去送死了，讓全國軍民的信心受到了挫折。這樣的人不處分，人家

第五章　苻堅的險途

還以為老子不會處分人了。

苻堅下令把彭超抓起來，送軍事法庭！

俱難直接就免去一切職務，從此當農民，想致富，就只有勤勞了。

彭超原來以為晉國很脆弱，只要放馬過去，閉著眼睛就可以把仗打得從勝利走向勝利——而且前幾個戰例，確實證明他的這個預測很正確，哪知卻碰上謝玄的北府兵，最後弄得是從失敗走向失敗，直至輸得就剩下那條短褲了。本來想立個大功，成為一個威風的歷史人物，哪知現在卻變成歷史的罪人。

他越想越鬱悶，最後覺得還活著，實在沒意思了，於是自殺。

第五節　苻堅的錯誤選擇

苻堅處分了這兩個打了敗仗的將領之後，正準備第二次南伐。

他現在自信得很，整個中國他都占了三分之二，跟當年司馬炎沒什麼兩樣，而且他的能力比司馬炎強多了，他的部隊比司馬炎的部隊能打多了，司馬炎能搞定孫皓，同理，他更能搞定司馬曜。

哪知，在他信心滿滿地要再出兵的時候，麻煩卻先找了上來。

給苻堅製造麻煩的人就是苻洛。

苻洛在滅代中立了大功，以為苻堅會大大地提拔他一下，可等來等去，卻等不到任命書，最後忍不住了，直接要求給他來個「開府儀同三司」。但苻堅不同意，覺得搞定一個小小的代國，就想開府，那以後滅晉之戰結束，老子怎麼表彰功臣？

第五節　苻堅的錯誤選擇

苻洛看到自己都厚著臉皮去求官了，苻堅仍然不給，這個面子丟得也太嚴重了，心裡的氣就不斷地增加。

苻堅覺得也該給他一點甜頭，畢竟也立過功啊！就任命苻洛為「持節」、都督益、寧、西南夷諸軍事、征南大將軍、益州牧，算起來也是地方重量級強人之一了。

可苻洛卻仍然不高興，啊！老子堂堂皇室宗親（這傢伙是苻健的兒子），應該在中央上班，可現在卻老是讓老子到邊遠山區掛職鍛鍊，當你的邊關衛士。老子不服！

苻堅這時不知哪根神經發作，命令苻洛率軍從北方南下到新單位上班時，指定了行軍的路線：從關口到襄陽，再坐船逆漢水西上，繞了一大圈，讓苻洛更加生氣。

苻洛認為，苻堅對他已經不放心，怕他帶兵到長安作亂，因此才規定了這個行軍路線，目的是想讓襄陽的第一把手梁成製造一次船底透水事故，然後讓他的船沉在漢水裡，變成永久的水中居民。

這時，他的心腹平規看到他的臉色已經憤怒到極點了，覺得煽風點火的時機已經來臨，馬上翻開歷史，列舉了一串又一串成功的事例，說明造反是符合歷史潮流的，是可以成功的。現在苻堅已經淪為窮兵黷武的暴君了，正大步邁在亡國的大道上。這對老大來說，是歷史性的機會。如果老大拒絕這個機會，我真的無語了。

苻洛一聽，原來成功的例子有這麼多。當場宣布，發揚陳勝吳廣的精神，帶領全國人民打倒苻堅，誰反對砍死誰。然後宣布現在他是大將軍、大都督、秦王了。是全國第一把手。

當然，只讓他當第一把手，機構還不完善，因此也任命了一干人，讓大家都有個新的頭銜跟他起事，以便新人新氣象。

第五章　苻堅的險途

苻洛徹底相信平規的話，以為自己這個行動，肯定會得到廣大人民的擁護，因此派人前往周邊那些少數民族地區進行宣傳，請他們的老大響應自己的號召，推翻苻堅。哪知，人家一看他這個架勢就不是個成功的樣子，才聽不到幾個字，就通通表示不會跟他造反，要做他自己做，是贏是輸自己負責。

苻洛一聽這些話，心頭馬上就被南下的冷空氣襲擊了一下似的，涼了個透，覺得前途也突然灰暗起來，腦子裡就有了打退堂鼓的想法，可又不甘心作罷，一天到晚在猶豫。

有幾個手下看到他這個樣子，就知道這傢伙不是做大事業的料，如果硬著頭皮做下去，到頭也是以失敗而告終，因此就不想跟著他，想把他造反的事向中央舉報。

哪知卻被苻洛知道。

苻洛雖然在造反事上很猶豫，但知道這事後，卻一點不猶豫，馬上把幾個人抓起來，連審問手續也免了，直接砍掉。

另外兩個手下吉貞、趙贊又出了個折衷主意，向苻洛提出留在原單位的建議，不去那個邊遠山區。苻堅肯定會答應的。

如果他接受這個建議，按照苻堅一貫寬容待人的原則，也不會對他怎麼樣，要保住這條性命，讓幸福生活繼續下去，也是有可能的。

可那個元規又來了，對他說：「老大，事情都到了這個地步了，只有傻子才走回頭路。現在就應該假裝服從命令，動員全幽子弟兵做好戰鬥準備，然後浩浩蕩蕩地按指定路線南下。經過鄴城時，苻融一定會出來迎接。他一出現，就把他殺掉。這傢伙一被搞定，苻堅就沒有了幫手。我們再集中力量把事業深入地做下去，還怕不成功？」

苻洛一聽，熱情又被煽動了起來，猛拍大腿，好！

第五節　苻堅的錯誤選擇

太元五年四月，苻洛帶著七萬大軍從和龍出發南下，拉開內亂的序幕。

苻堅得到消息後，馬上召開軍事會議。

步兵校尉呂光說：「老大，怕什麼。給我五萬人，就可以把他擺平！」

苻堅說：「他還有個同盟軍苻重啊！加起來力量還是很猛的。」──這個苻重前幾年就曾經在洛陽造反，後來被苻堅搞定，但苻堅念他是苻健的後代，因此又放過他一馬。這傢伙是有前科的，這次肯定又會跳出來，跟苻洛合作。

呂光說：「老大放心。這兩個傢伙都是沒有腦子的人，造反也不看時機，部下絕對不會跟他們緊密團結。只要我們大軍一出，不用打，他們就全部崩潰！」

苻堅說：「好啊，不過還是來個先禮後兵。」

他派人過去勸苻洛，傳達他的話：這事就拉倒了吧。你只要不再進軍，仍然是秦國的高級官員，而且還許諾你，以後幽州就是你的地盤。

這個條件已經算優厚了。可苻洛卻認為，啊！苻堅終於怕了。這說明苻堅已經沒什麼實力。老子的事業就要成功了。

這傢伙底氣還是有點不足，在元規的不斷教唆之下，才下這個決心，這時被自己的心態一矇蔽，當場就自負起來，對那個使者說：「你回去告訴苻堅。老子的大軍馬上就向長安殺過去。要是他出潼關來迎接，向老子認錯求饒，老子不追究一切民事、刑事責任，仍然讓他當東海王，天天過著幸福生活。」

雖然使者在複述苻洛這段話時，語氣減輕了很多，但苻堅仍然氣得大喊大叫：「不滅苻洛，老子不姓苻。竇衝和呂光你們聽著，馬上帶四萬部隊前去把苻洛這個傢伙給老子往死裡扁；都貴你趕快狂跑到冀州，帶三萬人當他們的先鋒。」

第五章　苻堅的險途

這時，苻重果然帶著他的部隊，響應苻洛，並很快跟苻洛會師。兩支部隊人數加起來，有十萬之眾，看起來規模很大。

但有時規模並不與戰鬥力成正比。

沒幾天，竇衝帶的部隊殺了過來，跟苻洛的部隊撞了個滿懷。苻洛這時信心大得很，竇衝當然也一點不怕。

於是，雙方廝殺！

結果苻洛發現，自己的部隊人數雖然很多，但戰鬥力卻超級低下，整個戰鬥的過程居然是全軍拚命到處逃命的過程——這才知道，自己的力量原來全是泡沫。啊！經濟泡沫可怕，軍隊泡沫更加可怕。

苻洛這次敗得很乾淨，他只在轉念之間就發現部隊都不見了，這才停止對泡沫的研究，把思路調整到研究逃跑的問題上。可他還沒有找到逃跑的路子，政府軍的大兵已經衝上來，一把將他抓住，押送長安。

剩下的那個苻重就更加倒楣了。兵敗如山倒，他馬上就逃回薊城，呂光追著他的屁股，沒幾步就追了上來，也不問一句，亂刀就砍，把他砍死在逃命的途中。

另一個政府軍強人石越帶著一萬騎兵從東海乘船渡過渤海，襲擊和龍。幫苻洛守住後院的人就是那個很會教唆的平規。平規很會教唆人，但打仗能力很菜，以為自己現在是在大後方，前線離自己遠得很，就是架起哈伯望遠鏡也要半天才看得見，因此危險也離自己遠得很，哪知人家已經殺到眼前？等看清楚敵人的面目時，人家的大刀已經砍了下來。

苻堅對苻洛繼續採取寬大的政策，免了死罪，讓他到涼州西海郡那裡度過後半生。

很多史學家對苻堅這個毫無原則的寬大都曾大力批評——寬容當然是一種美德，但對於政治家來說，寬容有時也是一種危險，尤其是對這

第五節　苻堅的錯誤選擇

些曾經立志向陳勝吳廣學習的造反者，你對他一寬容，他的膽子就會更大——哪天失敗了，只要不被當場砍掉腦袋，這條性命肯定是保住了；如果勝利了，那可是全國第一把手，所有金錢、美女全由自己支配，過癮啊！

這種寬大在某方面來說，等於縱容造反！

可惜，苻堅沒有看清這一點。他以為老子寬容了，他們也會對自己寬容的，誰的心不是肉做的？哪知，他的這個寬容成了亡國的禍根之一——人家是因為殘暴而亡國，他卻因為寬容而玩完。可見，什麼都不能走極端，你一走極端，最後都不討好！

苻堅還做了一件蠢事，他發現氐族的人口繁衍得很快，不知道是哪根筋突然升溫起來，就把大量的氐族人分割出來，帶到各地，分散定居。氐族就是苻堅的民族，按理說，這個民族越興旺，苻堅底氣就越足。哪知他居然突然做出削弱本族的舉動，讓人跌破眼鏡。

如果說他一時頭腦發熱，又沒有人當面指出這個後果的嚴重性，也就罷了，可他在執行這個政策時，有人就勸過他。

在他進行大規模民族異地安置時，苻丕也分到三千戶人口。苻丕帶著這三千戶出發時，苻堅到灞上送行。

這時其他人也出來為自己的兄弟送行，大家想著，本來好好地都是首都居民，這時突然被帶到外地去安置，心裡都發酸起來，弄得灞上一片哭聲。

趙整坐在苻堅的身邊，看到這個情況，就取出心愛的土琵琶，唱起那動人的歌謠：

阿得脂，阿得脂，

博勞舅父是仇綏，

第五章　苻堅的險途

尾長翼短不能飛。

遠徙種人留鮮卑，

一旦緩急當語誰！

這歌的意思是說，現在老大把自己的民族同胞都趕到很遠的地方，首都現在都是鮮卑人啊，要是發生什麼情況，老大你依靠誰啊？

苻堅一聽，馬上就知道了這個意思，但他卻輕鬆地笑了笑，並不把這話當話，繼續執行他的這個政策。

苻堅其實也不是笨蛋。他有他的想法，他想讓他的民族同胞跟著他的死黨去鎮守全國各個重要的軍事重鎮，死死地控制全國這一盤棋。本來這個辦法不但沒有什麼錯，而且可說是一個很有遠見的策略眼光——氐族雖然是皇族，但人口不多，難以控制全域性，只有占領重要的軍事重鎮，達到以點帶面的目的。可現在，全國都還沒有平穩，慕容集團天天在等著機會，要把他殺掉，他卻又做了這個不得本族民心的事，實在是一件大錯特錯之舉。

可他不認為做的是錯事，他覺得自己正確得很。

第六節　北伐晉國的決心

苻堅在對內部進行了一系列的調整之後，又把滅晉之戰提到議事日程上來了。

其實這段時期以來，秦晉邊界也一點不安定，接連發生了幾次邊界衝突，有時是秦國的邊關將領想立功，去攻打晉國的邊城；有時是桓沖想到自己拿了這麼久的槍桿子，不打點仗，老是這麼縮著——說好聽點是保

第六節　北伐晉國的決心

守,說難聽點就是怕死,實在無法向全國人民交待,所以也主動出擊了幾次。

不過,這幾次小打小鬧,桓沖以及他的兄弟們還真的全打了勝仗。

只是桓氏家族再沒有出現厲害的強人,沒有抓住苻堅內亂的機會把戰果狠狠地擴大一下。

因此,這幾次勝仗,除了讓桓氏家族重新在國內恢復了一點發言權,搶到幾個新聞鏡頭之外,實在沒有什麼重大的意義,更沒有像晉國官方所渲染的那樣——對秦國進行了沉重的打擊。

而苻堅這時正在討論著要對晉國進行沉重的打擊。

太元七年十月。

長安已經颳著冷風。

但苻堅卻熱血沸騰。他在太極殿召開了一個對歷史有著重大影響的御前軍事會議。

會議的議題只有兩個字:伐晉!

他首先對著一大群大臣說:「自吾承業,垂三十載,四方略定,唯東南一隅,未沾王化。今略計吾士卒,可得九十七萬,吾欲自將以討之,何如?」這話的意思就是,我當皇帝都當了差不多三十年了(其實到現在只當了二十六年,他來個四捨五入算三十年),周邊的勢力全部被搞定,現在只有晉國在老子的眼皮底下苟延殘喘。晉國現在是什麼力量?一群腐敗分子當政,士兵個個身材矮小,根本沒有戰鬥力。而我們現在的兵力有九十七萬,是全世界唯一的超級軍事強國,所以老子決定,親自率領大軍把晉國搞定。大家有什麼意見?

他雖然後來加了「何如」兩個字,好像民主得很,可你一看前面那幾句話,口氣威風得可以把月亮吹落下來。這個「何如」,只不過是想叫大

第五章　苻堅的險途

家在現場全票通過，如果現場還有幾個馬屁精，就讓他們發揮特長，狠狠地拍他幾聲馬屁，讓他的心情爽上加爽。

他的話一停，那個朱彤馬上就附和：「呵呵，我聽到老大的話，眼前馬上就看到了這個景象：晉國的皇帝已經銜著白玉，跪在老大的面前，宣布無條件投降了。我們這些人真是最幸福的人，能夠親身經歷這個歷史時刻。老大趕快發兵吧，讓這個歷史時刻來得更早一點。」

苻堅一聽，哈哈大笑，老子就是愛聽這樣的話。

他把那顆大王頭一抬，又向大家望去。他很有把握地認為，朱彤一開這個頭，其他官員就會蜂擁跟上，讚歌就會像大江之水滔滔而來。

可朱彤的話一劃句號，就再沒有聲音了。

冷場了足有半分鐘，那個權翼才上前發言。權翼絕對是苻堅最忠心的死黨之一，這傢伙一出場，肯定會把心理話掏得點滴不剩。苻堅的臉上又掛上了笑容。

哪知，權翼不是朱彤，他站在歷史的高度簡單而深刻地論述了不可伐晉的觀點。他認為，現在晉國還是很安定團結，高層人才還是有幾個的，實力也還是不容忽視。所以暫時不宜用兵。

苻堅的臉馬上就黑了起來，無語了很久，才說：「大家再說說自己的看法。」

石越支持權翼的觀點，看到權翼的歷史觀未能說服老大，便搬出星相學來，說：「我最近密切觀望星空，發現目前福星正停留在晉國的地盤上，如果我們硬是對晉國用兵，是跟老天爺作對啊！老天爺能幫一個跟他作對的人嗎？而且晉國雖然不強大，但長江天險強大得很。我不同意伐晉。」

這個石越也是個軍隊強人之一，在以前多次的大戰中，都有過上佳表現，他這話一出，讓苻堅很不高興。

第六節　北伐晉國的決心

　　苻堅一聽，忍不住當場反駁：「歷史也曾告訴我們。當年周武王伐紂時，不也是犯過福星？最後還不是取得了徹底勝利？老天的事深奧得很，我們哪能研究得出？長江天險算什麼？當年的吳王夫差和孫皓不是一下就玩完？現在我們這麼多軍隊，集體衝殺過去，就是把鞭子丟進長江裡，也可以把長江填滿。」這番話一結束，那個叫「投鞭斷流」的成語便誕生了。

　　大家一聽他這話，就覺得這話除了暴漲的信心外，一點取勝的辦法也沒有擬定出來，是標準的空話——你真的可以用鞭子填平長江嗎？

　　石越繼續反對：「現在的晉國哪是商紂的腐敗可比？那時紂王的腐敗已經到了極點，任何一個人都可以把他搞定。現在晉國雖然也腐敗，但離亡國還是有一段距離啊！我認為應該把準備工作做得更加充分之後才出兵。」

　　石越說完之後，大家都接著發表意見，只一會兒功夫，主戰派和休兵派就吵得一塌糊塗，誰的話都有理。

　　苻堅看到場面亂得像一鍋粥，啊！難怪很多領導人不願意實行什麼民主。讓大家這麼民主討論下去，估計死了幾代人都不會民主出一個決策來。還不如由老子直接下決定算了。

　　散會！

　　苻堅說是由自己獨斷，但在散會後，他還是把苻融留下來，問他有什麼意見，說現在就由他們兄弟倆說了算。你剛才沒有說話，現在你說吧。

　　苻融直接就說，晉不能伐。主要有以下三個理由：其一，違反天意（這絕對是屁話）；其二，晉國目前還沒有大亂，無可乘之機（這話很對）；其三，我們連年作戰，士兵們已經很疲勞，大家都不願打仗了，兵不可用啊（這話絕對正確）。

　　最後，苻融還強調，那些持反對意見的都是忠心耿耿、能力很強的大

第五章　苻堅的險途

臣，他們說的話絕對是對國家負責任的話，請老大採納。

苻堅一聽，臉色大變，說：「想不到你也跟老子意見不同。現在統一大業，老子還指望誰來完成啊！現在我們有百萬大軍，武器糧草多得就要發霉了，正是打仗的最好機會，為什麼要怕一個小小的晉國，讓他們干擾我們的心情？」

苻融看到哥哥的決心這麼大，眼裡的淚水都流了下來：「晉國不能一舉戰勝的理由，我們都已經說得很充分了。老大硬舉全國之力打這場戰爭，如果不能取勝，後果就會很嚴重啊！現在最值得擔心的是，老大把鮮卑、羌等這些少數民族都放在京城，而且對他們的待遇很好，可他們並不真心忠於老大啊！現在京城保衛部隊戰士都是這些民族的人。他們其實都是我們的仇敵，時刻都想搞定我們。如果老大帶著主力部隊去攻晉國，只有太子一個人留在京城，估計對付不了這些人啊！要是這個後院發生了什麼事變，就什麼都完了。如果老大覺得我們這些人腦袋裡的東西都是垃圾，可以完全忽略。老大不是說王猛是諸葛亮嗎？可現在老大為什麼不記得王猛臨終時的話？」

這次，苻融的淚水加上王猛的遺囑，想來應該很有效了。哪知，苻堅這次很堅定，一點不把苻融的話當話。

後來，他的繼承人苻宏也勸他，最好叫停伐晉計畫。

可苻堅仍然板著臉不同意。

只有一個人在苻堅面前伸著大拇指，說：「強大的搞定弱小的，是理所應當的，是叢林法則的體現。要不把國家建設得這麼強大，有什麼用？現在我們軍隊強大，實力雄厚，正是解決江東的最好時機。難道老大還硬要留下這個問題，由子孫來解決嗎？以前司馬炎搞定東吳時，就靠張華和杜預這兩個人決策。如果當時司馬炎也像老大這樣，把問題提交全體來討論，然後投票表決，他能得到多少支持票？他能做出統一全國的決策嗎？」

第六節　北伐晉國的決心

讓苻堅做出決定的人，就是慕容垂。

慕容垂絕對是個有能力的人。這傢伙投奔之初也許只是想保住那條老命，在秦國過著半退休的日子，直到自然死亡的那天。可後來不斷地被王猛排擠，連他的猛男兒子都被弄死了。他心裡沒有氣才怪。再後來，秦國滅燕，苻堅又把一大批燕國的高層來個重新就業，在首都聚集了大批慕容氏的菁英分子。這些菁英都是不甘失敗的角色，一到長安，馬上就把復興的希望寄託在慕容垂身上，天天團結在他的身邊，表示要做一番大事業──連他的兒子也是這個想法。

只是慕容垂一直保持低調，從不對這些事發表自己的看法，連他的那些死黨也不知道他到底是什麼想法。

其實，他比所有人更想復興燕國。只是機會沒有來到。他知道，苻堅絕對是個很優秀的國家領導人，憑他現在的力量，萬萬不能跟他叫板。因此只得向司馬懿學習──等下去，等到機會來臨為止。

他堅信，機會總是有的。

機會終於就要到了。他其實比那些勸苻堅不伐晉的人更清楚，苻堅如果真的出兵，肯定不會成功──不成功，就一定會耗掉秦國的力量。只要秦國的力量耗完，他的機會就浮出歷史的水面。

於是，慕容垂出面了，在苻堅熱烈的情緒上加了一把油，讓苻堅的決心更加堅定起來。

苻堅這時堅信慕容垂是自己的同袍，而且是個很有能力的同袍，聽了他的話之後，高興地說：「與吾共定天下者，獨卿而已。」呵呵，只有你才是我最親密的夥伴啊！當場就獎給慕容垂五百匹綢緞，回去好好打扮一下那群情婦。

苻堅這時已經興奮得失眠了起來，常常半夜起來憧憬一統天下的美好明天。

第五章　苻堅的險途

　　苻融還不甘心，天天過來勸他不要做這個夢了。可他能聽得進去嗎？他要是聽得進，歷史就不是現在我們看到的歷史了。

　　大家看到苻堅的決心已經頑固得像一級花崗岩了，知道再怎麼當著他的面把口水說乾，也沒有用了。這時大家想到了一個人，一致以為這個人能讓苻堅收回伐晉的計畫。

　　這個人就是道安。

　　道安是個和尚。他在襄陽開展傳教事業時，秦國攻進了襄陽，把他帶到長安。苻堅很喜歡他，對他很敬重。大家就都跑去找道安，求他勸一下苻堅。

　　十一月的一天，苻堅請道安跟他一起坐車遊玩。

　　這段時期以來，苻堅的心情都沉浸在南下滅晉的興奮之中，才一上車就得意地對道安說：「呵呵，過不了幾天，老子就跟你一起到南方去，來個長江大海半月遊。那才叫過癮啊！」

　　道安一聽，趁機勸道：「老大現在統治中原，控制四方，已經很威風了。何必再去做那些辛苦的事？我在江南待過，那裡潮溼得很，環境很不宜人居。以前舜帝就是因為南巡而死的，後來大禹也是因跑到江浙一帶視察，最後就在那裡歸西的。所以，我勸老大還是不要到那裡去的好。那可不是一個養生的好地方啊！」這傢伙勸得還是很藝術的，特地從養生的角度切入。

　　可苻堅卻說他不怕，老子為了天下老百姓，壞了身體也在所不惜。

　　道安還在繼續勸。

　　苻堅繼續不聽。

　　更讓苻堅發暈的是，連他的那個張夫人也在枕邊猛吹停戰之風，喋喋不休了大半夜。這個美女不但漂亮，而且也很有學問。先從歷史經驗，再

第六節　北伐晉國的決心

從唯心角度說明伐晉是不可行的。哪知，苻堅一句話就全部否決：「軍旅之事，非婦人所當預也！」意思是說，床上的事，美女很有發言權，可軍事上的事，美女懂個屁！

於是，反對的聲音被苻堅徹底堵住。

於是，淝水之戰終於揭開序幕！

第五章　苻堅的險途

第六章
淝水大戰

第六章 淝水大戰

第一節 危機中的謝安

在苻堅力排眾議,決定一定要跟晉國大打一場的時候,桓沖卻先惹事。太元八年的五月,桓沖帶著十萬大軍北伐,目標就是前幾年丟的襄陽。

桓沖當然沒有苻堅那樣的遠大理想,要一口吞掉秦國,而是只想小打小鬧,取得一點勝利,賺幾個百分點的人氣,吸引一下大家的目光,表示自己還存在著,而且存在得很威風。

這傢伙在人家猛攻襄陽時,手握強兵,屁不敢放,最後丟了襄陽。後來帶著兄弟們出擊了幾次,居然取得了勝利,覺得原來秦軍也不怎麼可怕,因此膽子就大了起來,頻頻帶著士兵去騷擾一下秦國的邊境,讓秦國的邊關也不得安寧。

桓沖這次軍事行動,規模還算不小,兵分幾路,一路攻襄陽,一路由劉波帶領攻沔北一帶,一路由楊亮帶領,向巴蜀進軍,一路由郭銓帶領攻擊武當。楊亮這路的成績很不錯,大軍到處,一連攻占了五個小城,說是捷報頻傳也不算過分。而桓沖帶著主力部隊,也連下萬歲、築陽兩城。

苻堅當然不能任由桓沖這麼囂張,馬上派征南將軍苻睿、冠軍將軍慕容垂帶著五萬騎兵去救襄陽;派張崇去救武當、張蠔和姚萇去救涪城。

桓沖的膽子很有限,看到苻睿和慕容垂開到,馬上就撤到沔水南岸。

慕容垂這時表現了一下他的能力,叫每個士兵們做十束火把,全綁在樹枝上,弄得漫山遍野全是火光沖天,看過去,真的熱火朝天,聲勢浩大。

桓沖一看,敵人這麼多,就是韓信來了也打不贏。還在這裡死守,肯定是死路一條,馬上就撤回上明。

第一節　危機中的謝安

　　本來，晉國其他幾路大軍都取得了不同程度的勝利，可因為桓沖的膽子一縮水，勝利的果實也全部歸零。

　　桓沖的北伐一結束，苻堅接著就頒布了伐晉的動員令，要求大家踴躍應徵入伍，規定十個男人抽一個當兵。

　　苻堅對勝利充滿了信心。部隊還沒有出發，他就已經下令：「其以司馬曜為尚書左僕射，謝安為吏部尚書，桓沖為侍中；勢還不遠，可先為起第。」是說，等打敗晉國之後，讓司馬曜當尚書僕射，謝安為吏部尚書，桓沖為侍中。他還怕勝利來得太快，因此已經命令相關部門，抓緊時間大興建設，為這幾個晉國的高層修建豪宅，只等幾個傢伙身分轉換手續一辦好，馬上就有地方上班。

　　到了這時，高層中的那些反戰分子仍然在堅持自己的意見，反對苻堅御駕親征。只有慕容垂和姚萇天天表示堅決擁護老大的正確決策，一定要把晉國徹底消滅。

　　苻融還在苦苦地勸著哥哥：「鮮卑族和羌族是我們的世仇。慕容垂和姚萇是鮮卑和羌人的老大啊！他們當然堅決擁護了。他們正恨不得我們半天之內玩完啊！老大為什麼相信他們到這個地步？我現在是越想越覺得害怕啊！」

　　但苻堅一點不也理，有什麼好怕的？動刀動槍的，本來就是可怕的事。難怪你們成不了大事。一點冒險精神也沒有。告訴你，這個世界只有勇於冒險的人才能當老大。

　　太元八年八月二日，苻堅終於決定全面進軍。他派苻融帶著張蠔、慕容垂率二十五萬部隊為先鋒，正式拉開了史上最威戰例——淝水之戰的大幕。苻堅不知哪裡來的靈感，突然任命姚萇為龍驤將軍、督益梁二州諸軍事。任命之後，還特地對姚萇說：「我就是從龍驤將軍做起的。因此，從不把這個職務任命給別人。現在讓你當這個將軍，你要好好珍惜，努力

第六章　淝水大戰

工作啊！相信你是會做得很好的。」

這時，竇衝正好坐在旁邊，看到老大居然說出這個發暈的話來，馬上就說：「老大，你這話的兆頭不大好啊！」

苻堅一聽，腦子馬上清醒過來，這話不是鼓勵姚萇向他學習，立志成為君王是什麼？這嘴巴真的該狠狠地打幾下了，什麼話不好說，硬是說出這話來。他這時雖然很恨自己的嘴巴，但就是打死他也不相信，他這話最後竟然成為精確到小數點後面好幾位的預言。

在苻融他們越來越鬱悶的時候，慕容氏集團越來越興奮。幾個人集中在慕容垂的家裡，差點放開音響跳起踢踏舞來，請慕容垂加大煽風點火力度，讓苻堅趕快前去送死，我們的國家才好復興。

慕容垂這時再也不在自己人面前低調了，拍著大腿說：「大家一起努力。這是個大好機會啊！」

也是八月二日的當天，苻堅從首都出發。他這次出發，可不是一般的出發，而是帶著六十萬步兵、二十七萬騎兵，總共八十七萬大軍一起出發的。據目擊者說，當時長安城外，旌旗史無前例地招展，戰鼓真的比雷聲還大，部隊連綿得前不見頭，後不見尾，連負責運糧草的船隻都有一萬多艘。

而且，這只是他的主力部隊，其他從四面八方而來的部隊也狂奔在殺向晉國的大道上。

沒幾天，苻融帶著三十萬大軍已開到潁口，直接壓迫晉國的邊界。

晉國高層雖然都是清談人士，但也是一群誓死不當亡國奴的人。這時看到敵人大軍壓境，也沒誰說一句投降——雖然一點對抗侵略者的辦法也找不到，但個個表示戰鬥到底。

在這個背景下，司馬曜也沒有慌亂，根據謝安的安排，下了個詔書，

第一節　危機中的謝安

任命謝石為征討大都督、謝玄為前鋒都督，帶領謝安的兒子謝琰和桓伊等，一起率八萬人去抵抗秦國大軍。

你一看這個數字，就覺得全身發涼，八萬部隊能對付人家百萬大軍？

這時，從北面跑回來的人都說，秦國的部隊規模實在太大了，那一片廣大的土地，全是人家的武裝部隊啊！弄得建康城裡人心也浮動起來。

謝玄也覺得心底發涼。

他拿了那張任命書，看著自己那點兵，就是以一當十也打不過人家啊！何況人家的部隊戰鬥經驗要比自己部隊的豐富多了，而且北方人個個是猛男，身強力壯沒法比啊！只從單兵作戰這方面考量，估計一對一也打不過人家。數量是人家的十幾分之一，單兵作戰能力又與人家差了半截，這仗怎麼打啊？

謝玄這輩子最佩服的人就是他的叔叔，他想，叔叔肯定有辦法。

他跑過去問：「叔叔，你肯定有辦法了？請面授機宜一下啊！」

謝安聽了這話之後，神態「夷然」，只說了四個字：「已別有旨。」這話的意思是說，我會有另外的安排，請你放心去吧。弄得超級神祕。

可謝玄等了好久，也沒有看到「別有旨」，但又不敢再去問，就派他另一個手下張玄去請示謝安，「別旨」什麼時候下達啊？

後來的事實證明，謝安這時腦子裡什麼辦法也沒有。可這傢伙辦法不多，但心裡卻堅強得很──這時要是表現出害怕的神色，也沒有什麼用。而且謝安對自己這個天下頭號名士的頭銜很有信心。我想，他肯定認為，這場大戰晉國必輸無疑，但晉國輸了，他未必輸。因為他是天下第一大名士，苻堅又是少見的寬宏大量的國家領導人，等滅了晉國，對他這樣的人，只有重用，不會當成戰犯來處置的──有了這個想法，他還怕什麼？當年王導也是靠這個名士頭銜，誰上來都得用他。這個社會是個名士

第六章　淝水大戰

吃香的社會。我是名士我怕誰？

謝安看到張玄又過來請示「面授機宜」，就什麼也不說（其實是什麼也說不出來），只叫大家準備好交通工具，把大家都請了過來，一起玩玩先，反正敵人不會馬上就殺到這裡來，這裡仍然是我們說了算的天下。

他們一起把車開到效區外的山林別墅裡，說今天就在這裡度過這個週末。

謝安把謝玄叫來，說：「我們下幾局棋。你要是贏了，這套別墅就是你的了。」

在座的都是老熟人，向來知道謝安的棋藝比謝玄差多了，現在把賭注下得這麼大，肯定是腦袋進水了。其實有這個想法的人才是腦袋進水了。你想想，秦國大軍已經轟隆開到，按正常的運算方法，誰都可以得出晉國必敗的結論——國家都沒了，這個別墅還有什麼用？不如拿來娛樂娛樂。而且，看謝玄這個樣子，早就亂了方寸，棋藝肯定大打折扣。所以一點也不怕他。

果然，幾局下來，雙方先是下成平手，後來謝玄越下越差，最後幾局是越輸越慘。

謝安的心情是越來越爽，越玩越開心，一直玩到半夜，這才打道回府，一路還連叫過癮啊，人生能有幾回玩。

這時桓沖還在上明一帶，也覺得形勢已經到了不能再嚴峻的地步了。他雖然前段時間不久就出擊，把騷擾秦國邊界當成玩耍，但那時秦國內部還沒有協調好，邊境軍隊的數量還是很有限的，因此多次讓他的騷擾取得成功。可這時他向北一看，全是人家的軍隊，也怕了起來。不過，這傢伙到底也是個老實人，在這個關頭，還是把愛國思想表現了一下，派了三千最精銳的部隊來到建康，說是保衛首都。

可謝安卻堅決謝絕，大聲說：「現在中央早已有了安排，部隊和武器都充足得很，這三千子弟兵趕快回去，參加西邊的防務。」誰都知道，他這是在裝腔作勢，其實是一點安排也沒有——要說有安排，也只是天天在安排去這裡喝酒，去那裡把妹而已。

桓沖知道後，長嘆：「啊！謝安的心態很適合做頭號大臣。可一點軍事能力也沒有。現在是什麼時候？他居然天天去遊山玩水，大力開展清談業務，然後派幾個小憤青帶著那點部隊去抗秦救國，這行得通嗎？就是用腳趾頭去想，也會想出晉朝徹底完蛋的結果來啊！這回我們都得通通去當俘虜了。」

這時，晉國中央又下了個命令，任命司馬道子為錄尚書事。這可是掌握決策大權的位子啊！歷史上，沒有說明這個任命的後面有什麼動機。但我想，這肯定是謝安搞的名堂——讓司馬道子在這個時候當老大，如果大戰失敗了，他就什麼責任也沒有——即使有，也只是幫凶；要是打勝了，前線全是謝家子弟兵在拚命，到時誰也搶不了他的大功。這可是個雙贏的任命——當然，這純屬我的猜測，跟真正的歷史無關。

第二節　勝負的不可理喻

太元八年十月，秋天已經徹底結束，江南也開始變冷。

淝水之戰的揭幕戰就在這個金秋十月隆重打響。

苻融帶著他的大軍猛攻壽陽，十月十八日，順利打下壽陽，俘虜了晉國壽陽的第一把手平虜將軍徐遠喜，算是實現了好采頭。

這時，那個帶兵過來救壽陽的晉國龍驤將軍胡彬還在狂奔的路上，聽

第六章　淝水大戰

說壽陽已經沒了，他要是再衝上去，就是典型的自投羅網。因此馬上帶著他的部隊退回硤石。

苻融雖然是堅定的反戰派，但到了這個時候，他進兵還是很果斷的，拿下壽陽後，並沒有停留下來開個慶祝大會，只是把安撫壽陽的事交給郭褒，自己帶著大軍直赴硤石，加緊把胡彬以及他帶的部隊扁死在這個地方。

與此同時，秦國的另一個強人梁成帶著五萬大軍在洛澗一帶大造工事，切斷晉軍的救援之路，配合苻融把胡彬這支部隊搞定。

這是一個把胡彬部隊一口吞掉的計畫。

這時，謝石和謝玄帶著的主力部隊已經來到洛澗以東二十多里的地方，看到梁成的部隊聲勢浩大，心裡就害怕起來，不敢再前進。

這時，胡彬這邊的形勢更加嚴峻了——後勤人員跑過來報告：我們要失業了，戰士們再過幾天就可以不用吃飯了。老大快想想辦法啊！

胡彬也沒有辦法，他只得寫信給謝石他們，信中說：「今賊盛糧盡，恐不復見大軍！」意思是說，老大啊，現在敵人太強大了，我們的廚房已經揭不開鍋了，我們恐怕得拜拜了。這信的字數雖然不多，卻已經絕望到了極點。

胡彬預測到謝玄他們肯定救不成他了，他只是想把他的絕望傳達給他們。哪知，送信的人大概也太餓了，才跑幾步就被人家輕鬆地抓住，想把這個絕望的信吞到嘴裡也沒力氣做到。於是，信也被敵人繳了過去，讓敵人清楚地看到了他們的處境。

本來，這是胡彬的絕望，如果就按這個局面走下去，在胡彬絕望之後，謝石就會跟著絕望，謝玄跟著絕望，謝安跟著絕望……晉國就會全面玩完。

第二節　勝負的不可理喻

可苻融接到這封信後，就高興了起來，為了也讓哥哥一起高興，就派人去跟苻堅彙報了這事，並說：「現在敵人的軍隊不多，就幾個可憐的士兵了。容易對付得像吃豆腐一樣。現在唯一擔心的不是打不敗敵人，而是怕敵人突然從哪個角落跑掉！」你看他信心十足吧？

苻堅聽了這個彙報後，信心就更加狂漲。他把大軍留在項城，親自帶著八千騎兵日夜不停地狂奔，跑到前線去，跟弟弟一起並肩戰鬥，消滅敵人，只怕晚了幾步，他就沒有打仗的機會了。

本來，他親自上前線，也沒什麼錯。可到了這個時候，他卻下錯了一步大大的棋。

如果苻堅不走那步棋，這段歷史就是另外一個樣子了。

話說苻堅懷著勝利的喜悅，氣喘吁吁地趕到前線與苻融會合後，突然做起不戰而屈人之兵的夢想來，派那個朱序去找謝玄和謝石，勸他們投降算了。

本來，大戰在即，玩點政治手段也沒什麼錯，可派這個朱序過去是大錯特錯。這幾年朱序一直當秦國的財政部長，工作積極認真負責，業務能力也強，預算做得很好，沒有出現過壞帳呆帳，更沒有拿過私房錢。苻堅以為，朱序工作這麼出色，這麼忠心，肯定已經是自己的死黨了。哪知，朱序的內心世界全裝著大晉。

這時他得了這個機會，一點也不推辭，馬上就去找兩謝。他見到謝石他們之後，一點也沒勸降，只是把他知道的秦國的情況全盤告訴了謝石和謝玄。最後還建議：現在秦兵還沒有全面集結，正是打敗他們的最後時機。否則等他們各路大軍都到齊了，我們這些部隊，給他們塞牙縫也不夠啊！你們要趕緊拿定主意才對。

這個建議肯定是現在最好的建議。可謝石聽說苻堅就在壽陽，心頭害

第六章　淝水大戰

怕起來，覺得跟秦兵正面衝突，一定是死路一條。他打算就這麼拖下去，拖到秦兵累了睏了，再找機會出擊。

謝玠一聽，馬上就知道這個拖字計畫萬萬不能用啊！你想拖，那也得問問敵人答不答應啊！等敵人百萬大軍集結完畢之後，他們還會跟你比這個耐心嗎？我們才這麼幾個人，能擋得住他們的進攻嗎？再拖下去，只會把自己拖死，不會把敵人拖累的——當然，如果苻堅是個豬頭，外加腦袋被踢扁了，也許會跟你拖下去，可苻堅是這樣的菜鳥嗎？誰以為苻堅是菜鳥，就是真正的豬頭。

謝石和謝玄也沒話說了。

十一月，謝玄把手下王牌猛男劉牢之叫來，命他帶著五千部隊，率先向敵人發動攻擊。

劉牢之領了任務，就帶著五千人馬向洛澗跑過去。

這時，梁成早已經在洛澗兩岸集結部隊，目的就是等晉軍衝殺過來。梁成的部隊是五萬人，而梁成也是秦國有名的悍將，歷年來在對晉作戰中，從來沒有失敗的紀錄。因此，他站在洛澗岸上，臉色一片紅潤，心裡嘎嘎大笑，等著劉牢之的部隊前來送死。

在梁成的腦子裡，晉軍的戰鬥力基本屬於業餘水準，都是陪練的等級。可他沒有想到，陪練人員中，有時也會產生世界冠軍。

劉牢之看到敵軍雖然很多，多得像一群螞蟻，按照簡單的運算方法，這仗根本不能打，誰打誰死。但他知道，不打更死。因此，他一點沒有猶豫，帶著大家向前猛衝。

秦軍看到劉牢之就這點部隊，居然也敢衝上來，腦子進水不少啊！跟這樣既沒有戰鬥能力，又沒有戰鬥思想的人打仗，一點也不刺激啊！他們眼睜睜地看著劉牢之的部隊渡河而來，臉上一點表情也沒有。

第二節　勝負的不可理喻

劉牢之的部隊上岸之後，便拚死往前突擊。

秦軍一看，這部隊戰鬥作風很強悍啊，看來值得一打，便紛紛搶上來攔截。哪知，劉牢之帶的部隊是北府兵中的精銳，個個肌肉發達，戰鬥技術扎實得很，戰鬥力在當時可說是全球第一，向來是謝玄的祕密武器。

毫無心理準備的秦軍面對敵人帶著凌厲之風砍過來的大刀，不管如何拚命抵抗，也擋不過人家的進攻。這才知道，輕敵等於輕視自己的生命。

劉牢之部隊上岸之後，號召大家勇於拚殺，居然把梁成的部隊打得七零八落。梁成想不到敵人才幾個戰士，竟然把場面鬧得這麼大，急忙衝過來親自指揮。到了前方，這才知道，敵人真的厲害啊！他大喊大叫，要重新組織反擊。可士兵們已聽不到他的大喊大叫了。

最後，等著敵人送死的梁成，自己倒成了送死的人。跟他一起死的還有弋陽太守王詠。

兩人的腦袋被劉牢之抓在手中。劉牢之嘎嘎大笑。主帥玩完的效應馬上像病毒一樣，在秦軍裡大規模爆發，大家一致認為，這仗已到頭了，再拚下去，自己的生命就會到頭。因此個個都拚命跑路，連個抵抗的意識也沒有了。

洛澗岸上，成了劉牢之殺敵的好戰場。

晉軍像趕鴨子一樣，趕著一大隊臉色慘白的秦軍在戰場上滿世界亂跑——他們跑到北邊時才知道，謝玄是個缺德的東西，早已派一支部隊在這裡截斷了他們的退路，他們的前面就只剩下滔滔的淮河水了。更為搞笑的是，秦軍中有一部分是騎兵，本來戰鬥力很強大，可膽子一垮，身上就只剩下怕死的細胞了，個個縱馬往北，最後跑得路都不見，一齊跳到淮河裡。據相關部門統計，這次秦軍中充當永久性跳水運動員的達一萬五千人之多，如果淮河水不流動，連人帶馬，還真可以填滿一部分河段——

第六章　淝水大戰

離苻堅「投鞭斷流」的設想並不遙遠。

戰鬥結束之後，劉牢之一清點成績，斬殺梁成和王詠、俘虜秦國的揚州刺史王顯，至於其他軍用物資，更是一堆連著一堆，就是讓他手下的兄弟都放下武器，去當臨時會計，要盤點清楚，恐怕也要幾天幾夜，完成這個任務比剛才的仗還不容易。

謝玄一戰把梁成部徹底打掉，信心馬上就上升了起來，命令各路部隊水陸並進，看到秦軍都往死裡打。

劉牢之這場突襲戰，勝得很暴力，秦軍雖然傷亡巨大，但對於擁有百萬大軍的苻堅來說，這個損失也算不了什麼。如果戰術得當，前景仍然看好。畢竟，晉國的兵力太單薄，而且猛將就這幾個。而苻堅手下能打的將軍實在太多。真正擺開來打，勝算仍掌握在苻堅手裡。

可苻堅這時被劉牢之這記悶棍猛打之後，頭腦就跟著發暈，心頭有點怕了起來。

他跟苻融登上壽陽城樓，向晉軍大營看去，看看晉國的部隊到底是什麼材料做成的，那麼一丁點部隊就把他的猛將梁成一舉搞定，搞得他的心底時時在發涼。苻堅這時的思想發生了本質的變化──他已經變得不像是一個軍事統帥了。如果他的思想還是一個軍事統帥，他就會死死地記住：勝敗乃兵家常事！區域性的失敗並不等於全盤皆輸！

當他帶著發涼的心態向晉軍大營投向那一瞥時，他做夢也想不到，這一瞥是具有歷史性意義的。這一瞥不但瞥出了那個「草木皆兵」的成語，也使得他的心頭徹底灰暗。

他看到大營中的晉兵，個個軍容整齊，殺氣幾乎透到他的眼前來，讓他的臉上有刀風颼過的感覺。他的心虛了起來，不敢再看軍容整齊的敵軍戰士，把目光投向對面的八公山。

第二節　勝負的不可理喻

　　這時，一代強人苻堅的內心世界已經空蕩蕩，精神已經無法集中，目光更是散亂得要命。當他的眼光一接觸八公山上那茂盛的草木時，心頭突然猛打了幾個寒戰，最後把那些在風中呼嘯的草木也看成了很強的晉國士兵，啊！原來晉軍有這麼多。老子全走眼了，以為他們的力量單薄。

　　他不敢再看，轉過頭來，對他的弟弟苻融說：「此亦勁敵，何謂弱也！」這全是厲害的敵人啊，誰說他們弱誰是豬頭！史書對他現在心情的描述是「憮然始有懼色」。是說，懼色已經布滿那張臉了。

　　苻堅派出朱序，走了第一步臭棋；登上八公山，是走了第二步臭棋。

　　如果他不派朱序去勸降謝石和謝玄，二謝當時正怕得要命，肯定不會制定出先發制人的策略，洛澗之戰就會是另一個結局了。

　　如果不登什麼八公山，不製造那個「草木皆兵」的成語，而是老老實實地在作戰室裡，總結經驗，吸取教訓，勝利的希望仍然在他的手裡。可他硬是登上這個城樓，把身上最後的雄性激素全部分解掉。

　　接下來的局面就更難收拾了。

　　晉軍取得一場大勝之後，全軍上下士氣急遽上升，幾乎天天漲停！

　　此時，雙方在淝水兩岸對峙。

　　謝石和謝玄吃到了先發制人的甜頭，兩人決定把這個政策繼續執行下去。可秦軍死死守住對岸，而且數量巨大，戰鬥力很強，他們想再像上一次直衝過去，是行不通了。

　　兩人想了好久也想不到渡過淝水的辦法。

　　實在沒有辦法了，就來個小兒科的辦法，寫了一封信給苻堅：苻老大，你帶著這麼多軍隊到這裡來，目的是為了打仗而不是想跟我們來個隔河相望吧？也不是來做淝水半年遊吧？所以，我們有個請求，老大把部隊往後退一退，空出一個地方來，當成比賽場地，讓我們帶部隊渡河過去，

第六章　淝水大戰

跟老大的部隊進行決賽。這總可以吧？現在我們的部隊只有幾萬人，老大有幾十萬呢！我們都敢打，老大難道就不敢後退一下？

謝玄這信的原話是：「君懸軍深入，而置陳逼水，此乃持久之計，非欲速戰者也。若移陳少卻，使晉兵得渡，以決勝負，不亦善乎！」

這信送到秦軍的大本營後，所有秦國的官員們都認為，不要上謝玄的當。我們就是死守在這裡，就是要跟他隔河相望，怕他們什麼？現在他們兵少，想速戰速決，我們偏不上當。老大，現在是他們急，不是我們急。

可苻堅的頭腦再次發暈，走了第三步臭棋——前兩步臭棋，還不是致命，這步是真正的要命棋！

這傢伙此時的心理已經畸形，覺得老是在這個地方看著晉國那個嚴整的軍營，心頭越來越鬱悶，不如跟他們決一死戰算了。而且，晉國明擺著就是那幾萬兵力，如果再等下去，說不定哪天他們又來個突然奔襲，再來個洛澗之戰，那可不好玩了。不如現在明著大打一仗，我們這麼多人，就是不用兵器，徒手都可以把他掐死——他這想法是不錯，可他只是簡單地把雙方士兵的人數進行對比，進行簡單的運算，而另一個關鍵的因素卻一點也沒有考慮到——就是自己手下幾十萬大軍的士氣，這時已經到了跌停的地步，再往後退，將是什麼結果？

他沒有考慮到這一點，他的手下也沒有想到。

他說：「但引兵少卻，使之半渡，我以鐵騎蹙而殺之，蔑不勝矣！」就讓出一點點地盤，引誘敵人渡水過來，在他們剛渡過一半時，就讓鐵騎衝殺過去，對晉兵來個就地屠殺，全部殲滅。想不勝利都難。連這樣都不能取得勝利，什麼仗都不會打勝。

如果按常規打法，他這話絕對正確。

連苻融也同意他的這個說法。

第二節　勝負的不可理喻

大家還有什麼意見？

沒有。

於是，苻堅命令苻融負責執行誘敵深入的計畫：先把部隊後撤，讓敵人渡水而來，然後騎兵突然猛衝上去，全心全意殺敵，聚精會神立功。

苻融下令部隊，稍稍後撤。

大家一聽，撤軍了，可以回家囉！個個掉頭就跑，指揮官大聲叫停，也只有把自己叫停，人家根本不理。

這時，謝玄、謝琰、桓伊看到秦軍真的後退了，也不管人家是真退還是來個「擊其半渡」，硬著頭皮就帶著全體部隊，一起渡河。

他們做夢也想不到，全軍居然順利上岸。更驚人的是，他們都衝到岸上了，敵人還在拚命地跑，他們看到的全是敵人的屁股，沒看到敵人一個正面形象。啊！苻老大是什麼意思？秦軍是不是吃錯藥了？

秦兵上下確實是吃錯了藥，根本沒有領會上級的意思，只顧拚命後退，別的什麼都不管了。

苻融終於意識到問題已經很嚴重了 —— 到了現在才意識到嚴重，這個嚴重實在太嚴重了。

他急忙縱馬過來，往來狂奔，大聲叫喊，讓大家停下，停下，撤退任務到此結束。可戰場上到處是亂哄哄，他又沒有大喇叭，誰也聽不到他的聲音，看到他到處亂跑，還以為這傢伙找不到出路呢！

更嚴重的是，那個朱序這時來勁了，在陣後放出最大音量，高叫：「秦軍敗了！」

大家對苻融的話，一個字也聽不到，可對朱序的話卻聽得很清楚，而且還有人充當朱序的義務廣播員，到處傳播這個內容。於是，大家以為秦兵真的玩完了，整個隊伍就像參加馬拉松賽似的，拚命發足狂奔。

第六章　淝水大戰

只有苻融在拚命動員大家：沒有玩完啊，資本還雄厚得很。

可誰相信他？

最後，他不但阻止不了大軍不顧後果地後退，那匹馬反而被大家撞倒。

他想爬起來，繼續做最後的動員工作，可晉兵的行動實在太快，手起刀落就把他砍死。

主帥一丟腦袋，秦兵的場面更亂，全軍馬上全面崩潰，士兵們四處逃散。晉軍乘勝追擊，一路砍殺，一連殺死了多少敵軍也無法統計。至於秦軍在爭相逃散的過程中，互相踐踏而死的更不計其數。

史書的記載是：「自相蹈藉而死者，蔽野塞川。」

每個士兵精神都已經徹底崩潰，不管耳朵裡聽到什麼聲音，都以為是敵人的喊殺聲。因此，前秦軍隊集體為我們奉獻了個成語「風聲鶴唳」。秦軍晝夜不停地狂奔，而且為了安全係數更高一點，都不敢走大路，而是全在荒野裡亂跑，累了睏了也不敢進村裡找口飯吃，天天過著原始的艱苦生活，餓死、凍死的占了百分之八十以上。

連苻堅本人也被箭射中，最後落到單人獨馬狂奔的地步。

這個前幾個月帶著幾十萬大軍浩浩蕩蕩地從長安城出發，聲勢浩大，讓大家的眼睛都睜不開的皇帝，轉眼之間，身邊連一個侍衛也找不到，孤單地跑到淮河北岸，又累又餓，很淒涼地坐在路邊。有個農民給了他一大碗湯泡飯，和一盤豬腳，讓他大吃一餐。苻堅吃飽之後，覺得這餐飯是有生以來最有價值的飯，當場就賜給這個農民綢緞十匹、棉花十斤。

可那個村民卻清高得很，說給大王一餐飯算什麼？人家捐贈給災區人民的物品還要多得多呢！這飯就當我是捐給災區人民的，老大不用回報了。

苻堅一聽，啊！堂堂一個超級大國的第一把手，居然變成了災區人

民。突然感傷大發,當場淚水奔流起來,說:「吾今復何面目治天下乎!」以前張夫人勸他時,他說婦人之見等同於狗屁。到了這時,才知道,美女的見解有時也很正確。

謝玄這一戰的收穫實在太大了。不光把淝水對岸的秦國大軍一舉殲滅,連苻堅的豪華座駕雲車也繳獲下來,並一路狂殺,踩著敵人的屍體追擊到青岡,收復壽陽,俘虜了郭褒——郭褒也是個倒楣人,在官場混了這麼多年,好不容易當上個太守,哪知才當幾天,連公章還沒有蓋幾次,就成了敵人的俘虜。

這場勝利的意義,歷史學家們早就總結了好幾遍,這裡我就不再多講了。總之,最大的意義就是讓垂危的晉朝又保住了,司馬氏的大旗再一次堅挺起來。當然,最大的贏家還不是司馬曜,而是謝安。

這場戰爭的主角從上而下都是由謝氏家族扮演。在前線拚死拚活的是以謝玄為代表的謝家子弟,總負責的是謝氏家族的教父謝安。

很多史書都把謝安在這場大戰中的表現佩服得五體投地,說他面對強敵,穩如泰山,指揮若定,針對苻堅安排了一系列有效的策略規劃,似乎苻堅到達前線後,每走一步都是在謝安的算計當中。

其實客觀來說,他是什麼都沒有做,只是派出幾路部隊,任務也安排得很籠統:抵抗秦國侵略者。至於怎樣去抵抗,他卻一個字也沒有說——連謝玄去請教,他都在耍花樣到處迴避——反正派不派兵,是我的事;怎麼打,那是你們的事,關我屁事。弄得謝玄的鬱悶一直持續到朱序勸降的當天。

他唯一做的就是什麼都不做。他發揮的最大的作用就是,從頭到尾都出奇地鎮定,好像根本沒有強敵壓境這件事——這事說好聽點,是鎮靜如恆,說不好聽點,就是死豬不怕滾水燙。當然,他的這個鎮靜在當時還是很有效的。首先,當時全國人民都知道他是首席大臣,國家一切權力都

第六章　淝水大戰

掌握在他那裡。他什麼都不怕，天天在大家面前說，我已經安排好，只等敵人前來送死。大家就都認為，謝安肯定有計畫，大晉國肯定不怕秦國。於是，在首都「震恐」之後，馬上恢復平靜，該喝酒的喝酒，該把妹的繼續跑紅燈區，該做生意的繼續討價還價，該腐敗的繼續行賄受賄……

其次，他都把包括兒子在內的家人都送到前線去了，他都不怕，我們還有什麼理由怕？

於是，全國上下一致不怕，後院穩固得很。

如果沒有他的這個表現，晉國當時早就亂成一鍋八寶粥了，只怕敵人還沒有殺進來，朝廷就先亂了套，然後自己把自己玩完。

至於這場戰爭的結果，實在讓人無語。

與其說是謝玄打敗了強悍的秦兵，不如說是苻堅自己把自己搞定。

本來，苻堅信心滿滿，全身每個細胞都在高喊著必勝的口號。哪知碰到一點挫折，就全亂了套，長期累積下來的信心突然變成豆腐工程，稍受點外力的作用，就一舉垮掉，接著就滿臉的「懼色」。而此時，他手裡的部隊還有近百萬之眾，可一沒骨氣，雄心一喪失，一個英明領袖就變成了個弱智老大。最後居然接受謝玄那個後撤的請求，弄得兵敗如山，一發不可收拾——當然，如果他手下有個能力高超的軍事人才，為他組織這次後撤行動——像當年晉文公退避三舍那樣，有秩序地後退，後退之時，楚軍只敢尾隨而不敢發一槍一彈，也許結果會是另一個樣子——他的後撤行動卻交給苻融來組織。苻融其他能力不錯，但軍事能力卻不怎麼樣，硬是把稍稍後撤變成無序的狂奔。於是，三十萬大軍，全變成了無組織無紀律的難民狂潮，誰也約束不住，終於導致了這場史無前例的大敗。

當然，一切結束之後，人們都會找到許多如果。但這些如果是無法改變歷史的。

第三節　慕容垂的關鍵一擊

我們還是繼續說下去。

據說，在淝水前線大打的時候，謝安仍然在表演著他的鎮靜。在謝玄他們咬牙切齒地渡過淝水時，謝安正在跟某個客人下棋。

他自從把謝玄打敗幾局後，覺得自己的棋藝居然在六十歲的時候得到了提升，因此這些天來，動不動就跟人家下棋。

他在下棋的時候，有人把一張紙送了過來，讓他過目。他看了一眼之後，放在邊上，繼續下棋。等下完這局之後，客人問他是什麼事？

他神色如常，慢騰騰地說：「小兒輩遂已破賊。」呵呵，沒什麼大不了的事，小孩們打敗了敵人而已。

那個客人看到他這個模樣，啊！謝安真厲害，連這麼大的喜事都還是這個表情。難怪是天下第一名士啊！

其實，謝安的內心世界早已無比激動，客人一走，他馬上站起來，返回內室，連門檻都忘記了，一腳踢過去，使得木屐下的木齒全都踢斷。

當然，最大的贏家不止是謝氏家族，還有幾個人。

其中一個就是慕容垂家族。

在苻堅大軍全面崩潰的時候，只有慕容垂帶的三萬大軍保持完整。

苻堅收拾殘兵一千多人，什麼也不想，直接就投奔慕容垂大營，覺得這條性命終於可以安全了。

其實，他現在一點也不安全。

慕容垂手下那一批人看到苻堅狼狽跑來，正是殺掉他，復興燕國的最好時機。大家都去找慕容垂，叫老大下令殺掉苻堅，現在殺掉苻堅，比解

第六章　淝水大戰

決掉一隻籠裡的雞還容易啊！

慕容垂這時肯定比誰都高興，但他並沒有下這個命令，而是很厚道地否決了這個建議，說不會做出殺死苻堅的事。並強調以前自己在無路可走的情況下投奔苻堅，儘管後來多次受到王猛的陷害，但苻堅總是站出來當他最有力的保護傘，讓他們幸福地活到現在。現在他落魄了，我們也不能落井下石啊！做人不能這麼不厚道吧？

趙秋又搬出讖言那一套來，說老天爺早有安排，你為什麼不聽老天爺的話？而且看這個情形，老大不動手，人家也會動手。最後，三秦之地絕對不再歸苻堅所有。不如我們先搞定。

慕容垂仍不同意，最後把三萬部隊一個不留地交給苻堅。

苻堅帶著這支部隊回到洛陽，展開召集殘兵敗將的工作。沒幾天，手下又有了十萬大軍，其他官員也紛紛灰頭土臉地集中了過來，又形成了一定的規模。

慕容農對他的老爸慕容垂說：「老爸，你這次做了好事，應該得好報了吧？聽說圖讖上的話是這樣的：燕復興當在河陽。我們趕快做好打算吧。不要等時機過了再動手，那就來不及了——即使成功，效果也不一樣啊！」

慕容垂說：「有道理！」

大家走到澠池時，慕容垂找了個機會，對苻堅說：「老大，現在北方的人聽說老大吃虧了，人心很不平靜，只怕要出亂子了。請老大派我去看看，我也順便去看看老祖宗的墳墓。」

苻堅想也不想，馬上就答應。

權翼跟王猛一樣，向來就不放心慕容垂，這時看到慕容垂就要脫離隊伍，馬上知道這傢伙要有動作了，趕緊勸苻堅：「老大，你這樣做不對啊！

第三節　慕容垂的關鍵一擊

我們剛打了個大敗仗，全國人民的信心全都蒸發了。現在要做的是趕快把強人們集中到長安來，先把首都穩住，然後再安撫四方，重新把事業做強做大。慕容垂是什麼人？是個很有能力的人啊！東北是什麼地方？是慕容垂的老窩啊！要是讓他回到那個地方，我們還能管得住他嗎？到了這個時候，我們要防的就是這樣的人啊！」

苻堅一聽，說：「你說的很正確。可是我已經答應過他啊！一個小百姓都還講信用，老子一個天子，總不能不講這點誠信吧？」

權翼一點臉面也不給苻堅，當場就反駁：「老大這話好像很對，其實大錯特錯。老大的這個誠信只是對慕容垂的誠信，但對大秦國來說，是一點都不誠信的。老大為了自己的這點所謂的誠信，置秦國的後果於不顧。你只是個合格的公民，但不是一個合格的國家領導人。關東大亂就要開始了。這個責任應該由老大來負。」

苻堅一聽，擺擺手，說：「沒那麼嚴重吧？老子一點不同意你的話。」仍舊派幾個將軍帶著三千人護送慕容垂過去。

權翼看到苻堅太過頑固，知道再怎麼說也沒有用，就決定用別的辦法來解決慕容垂。他派一批刺客在黃河大橋南岸的一座空倉中埋伏，等慕容垂他們過去時，突然刀槍並舉，把這個連王猛都覺得可怕的人物搞定——到時苻堅怪罪再說了。

他這個計畫很不錯，可慕容垂卻沒有上當。慕容垂最豐富的經驗就是逃跑。這傢伙多次被人算計，但都成功逃脫，因此行事向來小心得很。這次行動，關係到自己的身家性命，關係到燕國的復興大業，他更加小心對待。權翼計劃派刺客搞定他，他也疑心事情可能有變化，因此，並沒有混在大隊人馬一起走，而是化裝成一個農民，扛著骯髒的行李，很傻很天真地在大路上走著，然後從涼馬臺開始坐著竹筏北渡。而叫那個程同去當自己的替身，穿上他的衣服，騎上自己的馬，帶著他的侍衛以及身邊人員，

第六章　淝水大戰

一直走向河橋。

權翼派出的小卒早已等候多時，看到慕容垂的人馬走了過來，也不驗明正身一下，就發聲喊，衝殺過去。那一隊人馬做夢也想不到，居然會在這個地方被恐怖分子襲擊，一點防範意識也沒有，被人家一頓猛砍。程同倒也有點本事，硬是拚死殺出 —— 其他人都死光光了。

慕容垂終於到達安陽。他派田山帶去見鄴城第一把手苻丕。

苻丕聽說慕容垂渡河而來，心裡冷不防打了個寒顫，他跟很多人一樣，向來覺得慕容垂這個人不一般，而且覺得慕容垂這次行動更不一般。但他仍然前去迎接慕容垂。

趙秋勸慕容垂在與苻丕舉行雙邊會談時，來個突襲，搞定苻丕，然後全面接管鄴城，宣布獨立，大事就成了。

可慕容垂不同意。他這時比趙秋清醒多了，才到這個地方，力量還沒有集中，搞定苻丕的難度不大，但接下來的工作就不好辦了，還是讓時機再成熟一點。

而好玩的是，苻丕也打算搞定慕容垂。

但卻被他的手下勸住了。勸住苻丕的人叫姜讓，理由是：慕容垂並沒有做出什麼越軌的動作啊，老大這樣殺掉他，觀感不好啊！還是讓他住在飯店裡，一面派人監視，一面派人去請示中央。要嚴格按流程辦事才對。

你一看這話就是屁話。到了這個時候，還嚴格按流程辦事，最後只得被人家辦了。

在苻丕一切照章辦事的時候，慕容垂的鐵桿死黨們卻天天策劃著復興燕國的方案，大家認真地商討著如何找到機會，如何利用機會。

沒幾天，機會就送上門來了。

送機會上門來的是兩個人。

第三節　慕容垂的關鍵一擊

一個叫翟斌，是個少數民族部落的老大。這傢伙覺得秦國打了個這麼大的敗仗，現在肯定不行了。苻堅一不行，就等於他翟斌要行了。因此果斷地宣布起兵，第一個軍事目標是秦國豫州第一把手苻暉。

另一個就是苻丕。

苻丕聽說翟斌造反，想也不想，馬上下令叫慕容垂去討伐。

石越一看到這個命令就覺得這是個錯誤的命令，當場就警告苻丕，現在是非常時期，連翟斌這樣的人都可以起來鬧事，可見我們已經到了危險的時候。因此，更不能讓慕容垂這樣的野心家再拿兵權啊！

哪知苻丕的頭比苻堅更加暈，進的水更多，被門板夾得更扁，聽了石越的話，居然說：「天天監視這個傢伙也有點累了。不如讓他去跟那個翟斌玩玩，讓他們一起玩完。我們在一邊當觀眾，呵呵，這是什麼策略？這就是卞莊子刺虎的活用啊！好得很。」你想想，如果只有慕容垂一個人去玩，那是很好玩的，可現在卻把自己的部隊讓慕容垂帶著去玩，苻丕居然說好得很。真沒見過這樣的豬頭。

當然，他並沒有把大量精銳部隊交給慕容垂，而是只把兩千個年齡很大、身體弱得完全可以編進非戰鬥序列的人交給慕容垂，而且所有武器都已經超過報廢期限，最後還讓那個廣武將軍苻龍飛帶著一千多精兵，去當慕容垂的副手，一起前去征伐翟斌。他還特地交待苻龍飛：「你的任務不是剿匪，而是搞定慕容垂。努力吧，你會有前途的。」

出發前，慕容垂請求進鄴城去拜一下祖先，苻丕卻斷然拒絕。你一看這個苻丕是越來越菜了。心裡都已經決定要把慕容垂搞定，這時正好讓慕容垂進來，派個刺客之類的漢子去把他搞定，之後就說是恐怖攻擊事件，什麼事都可以擺平了。可這傢伙卻不讓慕容垂進來。

慕容垂一聽，連這個要求也不答應，看來，造反是完全有理了。他還

第六章　淝水大戰

是化裝進城,想去拜祭一下老祖宗。哪知,他這個名人,不管怎麼化裝,那個亭吏硬是認出他,不讓他進去。慕容垂大怒道:「連你也敢跟老子作對。」當場拔出寶劍,把那個亭吏殺掉,然後又當了個縱火犯,把亭子燒掉,最後退出城外。

石越馬上報告苻丕:「慕容垂現在已經成為殺人縱火犯,其謀反之心也已經暴露。正好用這個理由把他除掉。」

可苻丕的腦子又來了個急轉彎,不同意除掉慕容垂,理由是,慕容垂保護老大有功啊!功臣哪能亂殺?

石越反駁說:「慕容垂連他的國家都不忠,能忠於老大嗎?現在不把他搞定,以後就會被他搞定。」

苻丕說:「不要說下去了。不管你怎麼說,我也不聽你的。」

石越只得無語退出,啊!苻家父子真把項羽的性格學到家了。天天把小仁小義掛在嘴上,一點不把國家大事當一回事。秦國不完,是天理難容啊!

慕容垂如期南下出征。

來到安陽時,閔亮和李毗追了過來——這兩個傢伙雖然不是潛伏中的主角,但情報工作做得很好,不知從什麼途徑知道了苻丕交待苻飛龍的話,這時狂奔過來,全盤告訴了慕容垂。

慕容垂本來就有舉事的想法,只是找不到很好的藉口,覺得硬著頭皮扯起造反的大旗,有點說不過去,這時聽了閔亮他們的話,藉口終於來了。有了這個大大的藉口,造反就有了事實依據,就可以發出響亮的號召,大叫造反有理了。

他當場把這話跟戰士們講了一遍。

這些士兵一聽,苻堅父子居然是這樣的人。都說不跟著他們了。慕容

第三節　慕容垂的關鍵一擊

老大，以後你指向哪裡，我們就衝向哪裡。

慕容垂大喜。當然，他並沒立即宣布造反，而是高調聲稱，亂軍的兵力太多，我們就這兩千兵實在太少了。為了完成任務，得再徵兵。

於是，他停留在河內，開展招兵買馬工作——這時天下亂象已起，再加上翟斌鬧事，失業人數越來越多，聽說慕容垂徵兵，覺得這也是可以填飽肚皮的好出路，因此都踴躍應徵。只十幾天，慕容垂就徵到八千新兵，隊伍也開始有了規模。

有了這支部隊，慕容垂的底氣就足了起來，決定把那個還很傻很老實地跟著他的苻飛龍搞定。

苻飛龍到了現在還不知道自己早已被閔亮他們出賣了，還在想著尋找時機，進行謀殺。可他還有機會嗎？當慕容垂手裡只有兩千老弱時，他不動手，現在人家手裡有八千大兵，他還能動手嗎？

這時，被困在洛陽城裡的苻暉已經撐不住了，派人去催促慕容垂趕快出兵，再不出兵，就不用來了。

慕容垂當然不管苻暉的死活，他只是按自己的計畫行動。

太元八年十二月二十七日半夜。慕容垂做了個部署，讓他的兒子慕容寶帶著一部分部隊充當先頭部隊，另一個兒子跟他帶領主力在後面——你千萬不要以為，慕容垂的這個安排是為了去救苻暉。他這麼做是為了搞定苻飛龍。

苻飛龍當然更不知道。

大軍出發時，他按照慕容垂的指令，夾在慕容寶和慕容垂兩軍之間，向洛陽進軍。當時是在夜間，他看到兩邊都是慕容家的部隊，如果被敵人襲擊，自己安全得很，心頭暗笑，慕容垂其實也是傻子一個。

其實，真正傻的是他自己。

第六章　淝水大戰

苻飛龍很快就發現自己是真正的傻子。

大家才走了沒幾步，慕容垂一聲鼓響，跑在前頭的慕容寶突然猛烈回頭，對苻飛龍的部隊進行閃電攻擊。苻飛龍還以為慕容寶是吃錯了藥，嘴裡還大叫，是友軍啊，友軍……

可屁股後面慕容垂的主力也發聲喊，夾擊過來。

苻飛龍這才知道，吃錯藥的是他自己而不是慕容寶。自己早在人家的算計之中。

他想組織抵抗，可黑夜之中，又突然之間發生，哪能組織得了？慕容氏部隊一陣狂殺，轉眼之間就把他連同一千手下當場屠殺。

戰鬥很快結束，慕容垂把苻飛龍部隊中的文職人員和那些隨軍家屬都放了回去。這傢伙絕對是個玩政治的人才。到了這個時候，他在行動上可說是已公然造反，但仍然沒有宣布獨立，反而上書苻堅，編了一大堆道理，為自己搞定苻飛龍找理由。說是苻飛龍要搞定自己，為了保命，這才不得不在黑夜中有預謀地動手。其實，他這話只有腦殘人士才相信——如果是苻飛龍要搞定他，只殺掉苻飛龍一個人也就算了，為什麼連苻飛龍手下一千戰士全都一氣殺光？那可是大秦的子弟兵啊！

可是，到了現在，就算是徹底識破了慕容垂的嘴臉，你又能怎麼樣？

苻堅也只有拿著那封信發呆，努力回憶著王猛的很多話。

第四節　苦果之始

在慕容垂宣布造反之前，燕國的老員工慕容鳳等幾個人聽到翟斌造反，就已經過去投奔。

第四節　苦果之始

這時，苻暉知道慕容垂不是來救他的，而是來搞定他的，知道再死守待援，那是死路一條，因此，派毛當向翟斌出擊——這傢伙知道，進攻翟斌總比去進攻慕容垂好一點。

他一點也不知道，慕容鳳這些燕國的悍將這時就在翟斌的隊伍中。

慕容鳳看到毛當出來，馬上就帶著部隊猛衝過去。慕容鳳單兵作戰能力非常強悍，帶著部隊，一馬當先，長驅直入，大破秦兵，連毛當的腦袋也砍了下來。接著，慕容鳳攻擊陵雲臺，又大獲全勝，繳獲大量軍用物資。

十二月二十八日，慕容垂渡過黃河時，部隊人數已發展到三萬多人。

他看著自己的部隊，臉上開始笑了。

這時，他那個積極勸他造反的兒子慕容農還在鄴城。他派人去通知慕容農，做好聚眾造反，接應自己的準備工作。老爸已經宣布起事了。

慕容農接到這個通知時已經黃昏時分。他找來慕容楷和慕容紹，來到鄴城城下，然後叫慕容紹前去蒲城偷取苻丕戰區的戰馬，等候他們。

這時，苻丕還什麼都不知道，還在有滋有味地吃著晚餐，說喝了酒之後再去唱歌。呵呵，明天就是除夕了，按國家要求，放幾天假吧，大家好好地度過一個快樂的新年。

可慕容氏卻不讓他過一個快樂的新年。

十二月二十九日，也就是除夕夜。

慕容農、慕容楷帶著一群死黨逃出鄴城，跟慕容紹會合，一同跑到列人。

轉眼就到了新年。

苻丕在鄴城舉行盛大的迎春酒宴，請慕容農出席。卻不見慕容農到場。

311

第六章　淝水大戰

苻丕雖然近來智商有點下跌，一直沒有對慕容氏下手，但對慕容氏向來不放心，看到慕容農不來赴宴，馬上就覺得不妙了起來，當場派人去尋找，可沒有找到。他叫大家再努力找找，一直找了三天，這才發現，慕容農早已跑到列人那裡——當然，如果他只安安靜靜地在那裡過年，那也沒有什麼，可關鍵是他已經在那裡組織了一支武裝力量，離宣布造反只有一步之遙了。

這時，慕容鳳他們都一起說服翟斌，說就你這個樣子、這個底氣，能做到什麼程度？不如跟我們一起，跟著慕容垂老大。翟斌看到周圍都是燕國舊將，而且個個都是厲害角色，如果不答應，估計下場會很難看，不如爽快地舉手同意，以後慕容垂的事業強大了，自己還有個好果子吃。他馬上表示同意跟慕容垂起事，與秦國戰鬥到底。

這時，慕容垂正籌劃著拿下洛陽，聽說翟斌要加盟過來，又不知道這個翟斌是真的入股還是假裝擁戴？因此表示拒絕。說：「我現在的任務是救洛陽，而不是來這裡接受你的擁戴。你做你的大事業吧。你以後成功和失敗通通跟我無關。」

翟斌一看，連投降都不接受。這個慕容垂也太老奸巨猾了。不過，能做大事的人誰不老奸巨猾？個個老實得像個誠實的小學生，能當老大嗎？你想跟著一個老實的老大嗎？這樣一來，翟斌更堅定了投靠慕容垂的信念。

他又派那個口才很好的郭通去見慕容垂。慕容垂仍然沒有答應。

郭通最後說：「老大是不是以為我們這些人都是土匪出身，是下等人？四肢發達，腦袋殘廢，做不出什麼事來？老大不要忘記了，老大今天能拿到兵權，帶著兄弟們做到這個規模，全是靠我們的翟老大啊！」

慕容垂這才答應。

第四節　苦果之始

本來，慕容垂很想拿下洛陽，但考慮到現在力量有限，而且洛陽無險可守，人家可以到處攻擊，很難把守，不如先搞定鄴城，當作基地。這個想法是當初張賓「葛坡對」的翻版。

這時，中原一帶的強人們對苻堅已經喪失信心，通通把慕容垂當作潛力股來投資。

先是滎陽太守餘尉把滎陽城貢獻出來——這傢伙是燕國的舊部下，在王猛攻鄴時，半夜開啟城門，放秦軍進城，這時又複習一下以前的功課，又成了慕容家的功臣。

另外幾個鮮卑人也都帶人前來投奔。

慕容垂的隊伍馬上就浩浩蕩蕩起來。

大家看著這麼龐大的隊伍，都覺得慕容老大再當這個大秦國的什麼狗屁冠軍將軍也太窩囊了——如果是個奧運會冠軍，那還不錯——因此都建議他也應該有個威風凜凜的頭銜，這才可以威風凜凜地號召大家團結起來啊，大家也跟著威風凜凜地起事，激情才能狠狠地釋放出來啊！

慕容垂說：「有道理！」

但他知道，現在他還不能當皇帝——雖然他的目標就是後燕的開國皇帝，但如果現在就直接稱帝，一來顯得太過淺薄，二來慕容暐還活著——這傢伙雖然是大家都公認的不稱職的老大，而且是個亡國之君，但他仍然有自己的影響，現在就跟他作對，是沒有什麼好處的。因此，他就參照司馬睿的作法，只當個大將軍、大都督、燕王、承制。這已經夠了。

他頂了這麼個大帽子，手下人就有了當大官的空間，於是任命了一大批死黨，個個都是高級官員。

這時慕容農在列人那裡的工作做得很好，把那裡的烏桓人以及匈奴人

第六章　淝水大戰

　　幾個老大全部收編，力量馬上強大起來，然後攻克館陶，獲得大批軍用物資，再派幾個死黨奪取康臺，獲得幾千匹戰馬。只幾天功夫，就組建了一支有幾萬人的步騎兵團。

　　慕容農這時表現出很好的行政能力，接受部屬的建議，在老爸沒有授權的情況下，通通封官許願，一下就把周邊的強人都拉了進來，力量直線上升，並順利地拿下頓丘，讓慕容垂笑得臉都歪了。更讓慕容垂嘎嘎大笑的是，他的這個兒子，不但軍事能力強悍，而且號令嚴明，軍紀很好，秋毫無犯，民心歸順。

　　到了這時，那個堅持照章辦事的苻丕終於忍不住了，派石越帶著一萬部隊去討伐慕容農。這傢伙在可以輕鬆地搞定人家時，硬是畏首畏尾，到處找藉口，現在等人家的力量強大了才出手，結果如何，就是用腳趾頭也可以想像出來。

　　石越是個猛人。

　　可慕容農更猛。

　　慕容農看到石越大軍開進時，就知道石越很怕他的老爸，以為自己新嫩好欺負，這才過來找他決鬥，決定也給石越看看新嫩其實一點不嫩。

　　慕容農的手下都知道石越厲害，因此都打定防守，勸慕容農趕快請來工程隊，連夜挑漿砌磚，加固城牆，跟石越玩防守反擊。可慕容農卻自信得很，靠城牆來保命，算什麼優秀軍事家？打敗敵人靠的是士氣和勇氣，靠的是能力。

　　正月初七，石越在雪花飄飄中，帶著大軍來到列人城西。

　　慕容農立即派趙秋迎敵，一戰就擊敗石越的前鋒部隊。

　　越謙看到石越的部隊原來就這個樣，馬上建議慕容農全面進攻，說：「石越的部隊雖然裝備先進，個個鎧甲鮮明，全是名牌貨，其實軍心已

第四節　苦果之始

爛，只要我們殺過去，他們立刻崩潰。」

慕容農不同意。他說：「現在石越的軍容很整齊，我們部隊的軍裝全是雜牌貨，白天打仗，我們的戰士會有自卑心理，士氣受影響，這仗就打不下去了。因此，我決定在半夜打。那時他們的軍裝再怎麼高檔，再怎麼奪目，也沒什麼用了。」

他下令全軍做好打仗的準備。

而這時，石越卻修起工事，打算保住陣地。

慕容農一見就笑了，對大家說：「石越跟菜鳥的時間久了，也頭暈起來了。他部隊人數比我們多，裝備比我們的好，士兵的素質高，卻不趁著士氣旺盛的時候跟我們決戰，硬是把力氣花在修工事上。看來石越腦子進水的程度已經不輕了。」

到了黃昏，慕容農決定大開營門，向石越的部隊發起總攻。

先鋒劉木絕對是個猛人，帶著四百個敢死隊，越過木柵，直衝秦兵的陣地。

秦兵剛剛大力修築工事，這時都累得四肢發痠，個個都以為有了工事的阻攔，敵人一時半刻是衝不進來的。哪知，才剛剛收工，一群殺氣騰騰的猛男就殺了進來，他們哪能抵擋得住？

這時，慕容農的主力也大殺過來，大破石越兵團，連石越也逃不出去，當場成為烈士。

慕容農割下石越的腦袋，派人送給老爸驗收。石越和那個前段時間戰死的毛當，都是秦國有名的猛男，都是公認的打仗專家，哪知只幾天時間，就全被慕容氏幾個小夥子輕鬆搞定。大家聽說，連這兩個戰無不勝的猛男都玩完了，大秦帝國還有什麼市場啊？百萬大軍，被謝家幾個年輕人打得不剩渣，現在碰上個新興的慕容氏，又被解決得這麼爽快，也只有豬

第六章　淝水大戰

頭才看好這個公司了。

於是，各地有想法的人都紛紛起來，跟秦國抗爭到底，希望把這個天下搞得更亂一點，以便在亂世中狂賺一把。

形勢對慕容垂一片大好。

正月二十六日，慕容垂到達鄴城效外。

到了這時，他才宣布全面與秦國脫勾，廢除秦國的年號，改年號為燕元年。秦國現在的年號是建元，已經使用了二十年，是這個時期使用得最久的年號。

這時，慕容垂也有點心急起來，連個大城市也沒有拿下，在鄴城效外，就舉行朝會儀式，所有禮儀全部恢復燕國的舊制度，並任命了一大批官員——後燕王朝已經初步形成。

這時，猛男慕容農也帶著部隊前來，跟他勝利會師。另一個強人可足渾譚又率二萬部隊前來，一起攻打鄴城。

苻丕這時仍然將無能進行到底。到了現在仍然抱著讓人發笑的幻想，派姜讓去見慕容垂，先狠狠地教訓一頓之後，再好言勸說，只要慕容老大放下武器，保證不再與人民為敵，不再跟中央作對，以後大家仍然是好兄弟。

慕容垂卻說：「我現在的行為只是為了保全苻丕的性命，然後恢復原來燕國的舊地盤。以後跟秦國永遠結成友好鄰邦。所以，請苻丕老大理解，否則，等我大軍一發，苻老大就沒有逃出的機會了。」

姜讓一點不給慕容垂面子，馬上來了個長篇大論，指責慕容垂。由於這段話很長，口水太多，這裡也不全面記錄了。大體是慕容垂以前在燕國沒有了立足之地，這才跑到秦國去，受到苻堅的保護，這條老命才活到現在。否則，現在大家只能看到墳碑上「慕容垂」三個字了。現在倒好，苻

堅受了一個小小的挫折（其實是大大的失敗），你就舉兵叛亂。告訴你，是人都不能這麼做啊！

慕容垂雖然已經高調反秦立國，在行動上更是對苻氏部隊大砍大殺，連續砍死幾個猛人，但臉皮卻很薄，聽了姜讓的話，嘴閉得緊緊的。

手下們看到老大都冒汗起來，這個姜讓也太不給面子了，就要求慕容垂把姓姜的處理了──連鄴城都敢攻打，還怕殺你一個嘴硬的姜讓？

慕容垂臉皮很薄，但其他方面卻老到得很：殺一個姜讓，對他的事業有什麼用？不如好好地送他回去，人家還說他是個厚道的人。一個有作為的老大，最需要的就是「厚道」兩個字。只有「厚道」了，人家才願意團結在你的周圍，才會替你賣命。否則，動不動就砍腦袋殺人，誰會跟你？石虎和石勒失敗的主要原因就是愛殺人。

慕容垂把姜讓很禮貌地送走，然後還做了一場秀，寫信給苻堅，請苻堅派他進鄴城去保護苻丕，護送苻丕安全地回到長安。誰一看這信，都會覺得噁心。大軍都把鄴城包圍得風都吹不進去，大家都知道，他是在攻打鄴城，目的就是要搞定苻丕，現在卻說是來保護苻丕，而且居然還要求苻堅命令他這麼做。如果他不攻打，苻丕哪來的生命危險？世界上還有什麼道理沒有？

苻堅和苻丕雖然一東一西，離得很遠，但看到這信之後，氣憤的程度是一樣的。各寫一封信去狂罵慕容垂。

可現在幾封信能把慕容垂罵倒嗎？

慕容垂的臉皮雖然薄，但他的決心很堅定，信心也很足，理想更遠大。

太元九年正月二十八日，慕容垂大聲下令：總攻開始。

大軍到處，鄴城外城呼啦一聲，攻了下來。

第六章　淝水大戰

符丕退到中城，繼續死守。

此時，周邊各地的大大小小老大們，都一致地認為，投靠慕容氏沒有錯，便都把人質送了過去，表示跟慕容老大合作到底，如果中途退出，老大就殺了我們的親人。慕容垂馬上就收編了六州的地盤。秦國的勢力大大地縮水。

而此時，晉國那幾個強人也沒有閒著，趁著秦國鬱悶之時，放心打劫。先是那個頭號猛男劉牢之一口氣打下譙城；然後桓沖派幾個手下連續拿下魏興、上庸、新城三郡；另一個強人楊佺期也占領成固。大家都很興奮，這個秦國也太好欺負了。

二月，慕容垂帶著二十萬大軍再次對鄴城發動猛攻。所有攻城的方法全部用上：有的正面衝鋒，有的拚命挖地道，可轟轟烈烈了幾天，仍然攻不下。

慕容垂停止了正面進攻，下令大軍在鄴城外大興基礎建設，修築一道長牆，把鄴城包圍起來，看他們能在這個城中城待多長時間。

這時，符堅當年寬大的害處終於大見成效。那些被他寬大處置，再加以重用的前燕強人們看到慕容垂得手，便都高舉反秦大帝，紛紛掛起「燕」字招牌，堅決擁護慕容垂，與秦國抗爭到底。

這時，符堅像是洩了氣的皮球一樣，在長安城中很鬱悶地活著，而且對四處造反的慕容氏，不但拿不出一點辦法，連個嚴正抗議的宣告也沒有，好像現在慕容垂他們搶奪的不是他的地盤一樣，麻木得讓人覺得可憐。

直到另一個慕容家的人向他攤牌時，他才跳了起來。

第五節　苦果再續

這個慕容家的另一個子弟叫慕容泓，是慕容儁的兒子。

這傢伙原是秦國北地郡的長史，聽說叔叔慕容垂正在猛攻鄴城，覺得機會到了，馬上從北地逃出，在關東一帶組織了一批鮮卑子弟兵，然後突然回軍關西，與強永打了一仗，取得完勝，聲勢馬上狂漲。慕容泓起點雖然很低，但成效卻大得很，野心也跟著膨脹起來，一時威風得沒有譜。

苻堅這時已經很累，對慕容垂在鄴城一帶折騰感到無力，只是眼睜睜地看著。可對慕容泓卻不能這麼眼睜睜看著了。

他無力地對權翼說：「現在很後悔不聽你們的話，讓鮮卑人鬧到這個地步。慕容垂那廝在關東再怎麼鬧，老子也不想管了。大不了，他又恢復他們原來的地盤。可這個慕容泓都打到我們的眼皮底下來了，這還讓我們活下去嗎？」

你一聽這話就知道，苻堅這個歷史強人，這時已經全面垮下了。本來，他手頭還是有一些力量的，可意志一疲軟，手腳就沒有力，局面就全盤被動起來，事業也就跟著直線下跌，一直跌到路也找不到為止。

苻堅對慕容泓事件，確實也很重視，派苻睿為總指揮，竇衝和姚萇為助手帶兵去討伐慕容泓。

這時，慕容儁的另一個兒子慕容沖也大喊大叫著高舉反秦大旗。這個慕容沖是個大帥哥，據說有「龍陽之姿」，當年滅燕之時，他才十二歲，長得超可愛——據說當時的鮮卑族人男人個個帥、女人個個靚。他們身上最大的亮點就是個個膚色勝雪，因此人稱「白奴」，是當時男人養「情婦」的首選。

慕容沖和他的姐姐清河公主都是鮮卑帥哥美女中的極品。那時苻堅才

第六章　淝水大戰

三十二歲，精力正處於巔峰，而國家事務又全交給王猛去處理，他的主要工作就是善於發掘美女，努力開展把妹工作。這時一見到這對姐弟，長得這麼可愛，立刻宣布，老子全要了——跟姐姐來個男女關係，跟弟弟來個同志交往！

這事很快就被人八卦出來，還編了兩句歌謠，傳遍長安城中，連文盲也會唱：「一雌復一雄，雙飛入紫宮。」

他這麼過癮了好幾年。後來王猛看不慣了，對他提出忠告。他也知道一個皇帝男女通吃，實在也有點不像樣，就把慕容沖送出宮門，結束同性戀生涯，讓大帥哥去當平陽太守。

慕容沖雖然長得很帥，但性格火爆，這麼多年如一日地被迫跟苻堅發生這種見不得人的關係，心裡氣得要命，老早就想把苻堅這個老東西殺掉。

這時，看到自己的兄弟們到處起義，風風火火、熱熱鬧鬧，也組織了二萬部隊，猛攻蒲阪。

苻堅現在手頭人才也很緊缺，只得抽調竇衝過來去對付他這個昔日的「同志」。

在與西邊慕容氏的決鬥中，秦國本來是大占優勢的。可是因為苻堅又犯了一次錯誤——這傢伙長久以來，就成了犯錯的專業戶。他這一次錯誤是用錯人——用錯人歷來是一個老大最要不得的錯誤。

他派苻睿當總指揮就是一個致命的決定。

這場關係到秦國最後生死的大戰是這樣開始的。

開始的時候，慕容泓很害怕，因為秦軍的力量還是很強大。在苻睿大軍前來時，他急忙退到關東，不敢跟秦軍有肢體接觸。

如果苻睿的腦子好用，處理好這次戰鬥，以後的事就好說了。哪知，

第五節　苦果再續

這傢伙是李逵式的好漢，向來以為一上戰場就猛衝猛殺，只要看到敵人，就二話不說，先迎頭痛擊。

姚萇勸他不要這樣，現在敵人已經怕得要命了，我們只需在他們的背後猛擂戰鼓，就可以把他們嚇得滿世界狂奔。何必再去跟他們拚命。他們無路可走了，肯定會拚命跟我們廝殺，到時誰勝誰負還真不好說。

後來的事實證明，姚萇的話絕對正確。

可正確的意見往往得不到採納──很多歷史上的遺憾就是這樣造成的。

苻睿一聽，擂鼓就能打勝仗？那還要這麼多士兵做什麼？大家都把大鼓抬到戰場上不就行了？你這話是典型的鬼話。

雙方在華澤會戰。

結果，秦軍大敗，苻睿也被殺死。

姚萇派趙都和姜協回去向苻堅報告，並請求處分。

這時苻堅開始走向了變態的道路，還沒有聽完報告，就喝令刀斧手上來，把這兩個傢伙拉去砍了。這傢伙以前寬大得連敵人都不處罰，可現在卻無緣無故殺兩個無罪的人。

失敗之象已經明顯暴露出來。

苻堅這麼一開刀，又犯了一個嚴重的政治錯誤，直接就造就了他的掘墓人。

於是，淝水之戰的第三個贏家出場。這個人就是姚萇。

姚萇其實和慕容垂一樣，一直想尋找機會恢復自己的國家，一直和慕容垂互相配合，極力擁護苻堅去攻打晉國，希望苻堅被晉國打得大敗。

姚萇本來還沒有宣布造反，還想累積點政治資本，等等時機。可看到苻堅突然變態起來，知道要是再硬著頭皮回去，肯定是去送死。

第六章　淝水大戰

　　姚萇馬上逃到渭北的牧馬場，開始經營自己的事業。

　　這時，秦國敗象已經暴露得很嚴重，大家對這個政權早已丟掉幻想，聽說姚萇回來，那些羌族的人便都集中到他的身邊，要跟著他。

　　沒幾天，姚萇手下就有五萬戶，於是自稱大將軍、大單于，最後覺得這兩個頭銜還不過癮，又替自己封了個很有個性的頭銜：萬年秦王。把秦始王的招數學得很到位。為了區別苻堅的秦國，以後就稱姚萇的這個秦國為後秦。

　　這時，竇衝大破那個大帥哥慕容沖。慕容沖只得帶著剩下的八千殘兵投奔他哥哥慕容泓。

　　慕容泓勝了一仗，部眾已有十多萬，覺得可以威風一下，玩玩苻堅了，就派人去對苻堅說：「現在我的叔叔已經搞定關東。你的末日已經沒有幾天了。你還是趕快用皇帝的儀仗把我們的老大慕容暐送出來吧。呵呵，我們以後就以虎牢關為界，做長久的友好鄰邦。」

　　苻堅一看，居然敢給老子下這個最後通牒。他馬上把慕容暐叫了過來，狠狠地罵了一頓。慕容暐一見，知道事情已經很嚴重，什麼話也不說，只是猛叩其頭，請求寬大處理。

　　苻堅便又放過他一馬，讓他寫信給他的那些兄弟，要他們放下武器，繼續當秦國的高級公務員。可慕容暐卻派人祕密去見慕容泓，要求慕容泓將叛變進行到底，如果他死了，慕容泓就是皇帝──這哥兒們即使到了現在，明明知道，慕容垂的力量是最強大的，但仍然排斥這個叔叔。慕容暐的這個最高指示，為後來慕容氏的內鬥打下了堅實的基礎。

　　慕容泓聽了這話以後，野心直線上漲，當場改年號為「燕興」。於是慕容氏在還沒有奪得天下的時候就開始了分裂的局面。人的野心一膨脹，什麼大局為重的話，通通見鬼。

由於以「燕」字為招牌的有兩個集團，為了區別開來，以後就把慕容垂的燕國稱為後燕，而慕容泓集團的這個燕，就叫「西燕」。這幾個傢伙搞得太亂，弄得後來看歷史和寫歷史的人也很麻煩。

慕容垂圍攻鄴城這麼久，一點成效也沒有，仍然在郊外生活著，覺得很鬱悶，

他召開了個軍事會議，要求大家想想辦法，不能老是這麼當城郊居民啊！

封衡說：「老大，沒別的辦法了，決開漳河，灌進城中，什麼事都解決了。」

慕容垂同意！

第六節　苦果終結

此時，形勢對苻堅越來越不利了。

所有的勢力都以苻堅為目標，展開軍事行動，以便奪得一點利益。

最直接威脅苻堅的就是姚萇。這傢伙的力量這時已經衝出北地，華陰、北地、新平、安定一帶——原來是羌人和匈奴人的地盤，這時都齊聲叫喊，打出後秦的旗號，使得這一帶的地盤全歸姚萇所有。

苻堅大怒，姚萇也太看不起人了。咬著牙帶二萬部隊衝出長安，在趙氏塢向那裡的後秦部隊發起猛攻。

苻堅再一次顯示自己的軍事能力。他兵分幾路，同時出擊，把後秦部隊狂扁了一頓，取得了幾場勝利，斬姚萇的老弟姚尹買。

第六章　淝水大戰

　　本來形勢對苻堅很有利，他完全可以把勝利堅持下去。因為，這時的後秦軍營處在一個缺水的地方。苻堅知道後，馬上堵住安公山谷，截斷同官河，打算讓後秦的部隊繼續缺水下去。那時，不用打仗就可以把他們渴死。

　　這個想法很不錯。

　　可在他完成這些工程，坐等後秦軍渴死的消息時，老天爺突然下起大雨來。

　　而且這雨下得也太詭祕了。後秦大營的水有三尺深，而軍營四周不到一百尺之外的地方，雨量卻少得要命。後秦士兵也都是唯心主義者，看到這個情況後，都以為這是老天在幫忙。信心突然高漲數倍！

　　苻堅只得一聲長嘆：「天亦佑賊乎。」

　　這時西燕內部又發生了一場內鬥。

　　內鬥的起因來源於慕容泓的首席智囊高蓋。這傢伙充當慕容泓的第一顧問，卻一點也沒有為老闆著想，硬是認為，慕容泓這個傢伙只會威風，而且能力比不上慕容冲，就一咬牙，把慕容泓殺掉，宣布擁立慕容冲為老大，提拔慕容冲為皇太弟，承制比慕容垂還威風。

　　慕容冲也就樂了——雖然哥哥被人家殺死，但這個世界是利益第一，而不是兄弟之情第一，誰替老子創造機會，誰才是兄弟。

　　姚萇這時得到老天爺的幫助，信心馬上大漲，派人來跟慕容冲提出和解要求：「現在我們的公敵是苻堅，只有聯合起來，把他搞定，我們才能活得安寧。」

　　之後，率七萬大軍向前秦部隊發起猛攻。

　　苻堅派楊璧等帶兵抵抗。楊璧也是個打仗的能手，哪知只一仗就敗下陣來，手下幾個著名的猛將徐成、毛盛都成了人家的俘虜，面子丟得一乾

第六節　苦果終結

二淨。不過，姚萇一點都不為難他們，俘虜之後，好吃好喝招待，才放他們回去。

這時，關東一帶的形勢更是完全可以用上「江河直下」這個成語了。在後燕的打壓下，前秦的苻亮和苻謨都當了投降派。慕容麟接著攻下中山，俘虜了苻鑑。

於是，整個冀州只有鄴城還死守在苻丕的手中，別的全都劃歸後燕的版圖。

那個苻暉也覺得大勢已去，便放棄洛陽，帶著洛陽、硤城的七萬人馬撤回長安。

這時，慕容沖的部隊已經大步奔向長安。

正在對付姚萇的苻堅，只得拚命返回長安，保衛首都要緊。其實這一步棋又臭得很。如果他繼續在這裡與姚萇決戰，以他的軍事能力，姚萇未必打得過他，而長安城也不是豆腐渣工程，裡面也還有幾個可以打仗的死黨，慕容沖要攻下長安也不是件容易的事。現在他一離開，對姚萇來說，實在是一件天大的好事。

姚萇這時鬆一口氣，坐在邊上抽著菸，喝著高檔酒，看苻堅與慕容沖的比賽。這場比賽不管誰勝誰負，都會元氣大傷，力氣用盡。到時，他就可以嘎嘎大笑著出去收拾場面，成為最大的贏家。

苻堅剛回到長安，慕容沖的部隊就殺了過來。

苻堅這時早已亂了手腳，任命那個菜鳥苻暉為都督中外諸軍事、車騎大將軍、錄尚書事，成了首席大臣。苻堅透過政變得到政權，以前最怕同姓兄弟搞鬼，因此很少讓苻姓人在朝中掌權。近來吃夠了外姓的大虧，還是覺得本家人的可信度高，因此又重用自家的親戚。

這種走極端的做法，更加速了他的滅亡。

第六章　淝水大戰

因為，苻暉絕對是個菜鳥。

在最後時刻，把命運交給一個菜鳥，結果就是用屁股也可想像得出。

苻暉接過這些委任狀，心裡得意得很，知道有這個好處，老早就應該丟掉洛陽回來當大官了。

苻暉果然不負重望——當然這個眾望是西燕的眾望，帶著五萬部隊高喊保衛首都的口號出城而去，在鄭縣西郊與慕容沖的部隊相遇，被復仇心切的慕容沖「大破之」。

苻堅又派前將軍姜宇和他的小兒子苻琳，帶三萬人在灞上阻擊慕容沖。

這兩個人更是菜鳥中的極品，被慕容沖一頓狂扁，全部壯烈犧牲。

這段時期的中國又陷入一片複雜的混亂中。

現在中原一帶最囂張的就是慕容氏，可這個家族中的野心人士太多，地盤還沒有搶到幾塊——即使搶到手的，也還沒有辦好變更手續，就分成兩大陣營，各自獨立。如果他們聯合起來，統一行動，滅掉苻堅一點難度也沒有。現在是後燕猛攻鄴城，卻猛攻不下；西燕包圍長安，雖然勝利不斷，但卻沒有攻下長安。

慕容垂還在為鄴城難攻而超級鬱悶，那個他最初的合作者翟斌更加鬱悶。這傢伙本來也沒有什麼遠大理想，看到苻堅打了個大敗仗，就策動了個群體事件，想出來混個幸福生活。後來跟了慕容垂，封的官很大：建義大將軍、河南王。翟斌覺得自己的功勞高得很，全身每個細胞都寫滿了「貪」字。這時看到慕容垂帶著幾十萬大軍攻打鄴城，到現在仍然是郊外居民，就覺得後燕的前途也不怎麼光明了。心裡就有了另做打算的想法。

翟斌絕對不是做大事的人才。在這個世界上混，有點野心其實正常得很，可這個另做打算的想法還沒有實施時，最好要學會裝傻，不要讓人家

第六節　苦果終結

知道。哪知，他一有這個想法，那個慕容寶就知道得跟他一樣多。

慕容寶建議老爸把翟斌殺掉算了。

可慕容垂陰險得很，認為，這個翟斌遲早是要搞定的。可現在光憑這個想法就殺人家，怎麼也說不過去啊！要等他完全暴露了，再收拾他。這種淺薄的人最容易暴露。我們現在要做的，不是急著搞定他，而是配合他，讓他儘早把企圖暴露出來。

你看，慕容垂夠陰險了吧？

翟斌卻一點也不認為慕容垂陰險。他還以為慕容垂一點都不知道他的行動。翟斌叫他的死黨出面請慕容垂再提拔他一把，讓他當個尚書令。

慕容垂卻嚴肅地說：「不能！」

翟斌大怒，老子立了這麼大功，想提拔一下都不可以。你不把老子放在眼裡，老子有理由開闢新市場了。他派人去跟苻丕聯繫，說可以決開漳水的河堤，解除後燕要水淹鄴城的計畫。

慕容垂正睜著眼睛等他出這個頭，這時一把抓住這個把柄，當場把他的兄弟翟檀、翟敏以及所有參與謀反的人都抓起來，只把他們兄弟斬首，其他人全部寬大處理。

慕容垂雖然事先嚴密監控著翟斌，但仍然出現了漏洞。

翟斌的姪兒翟真知道叔叔完蛋後，連夜帶著部眾逃到邯鄲，然後再回到鄴城郊外，居然要把這事做大起來——要跟苻丕來個裡應外合，夾擊慕容垂。可軍隊才一開到，就被慕容寶打得大敗，退回邯鄲，後來又向北逃走。

第六章　淝水大戰

第七節　謝玄的反攻北伐

苻丕的形勢更加嚴峻了，城裡的糧草早已吃光。

慕容垂這時也包圍得有點累了，就下令暫時解圍，把部隊集結在新城——反正西邊的地盤全是後燕和前燕的了，苻丕再怎麼會跑也跑不出多遠。

此時，晉國高層睜著眼睛看著中原亂成這個樣子，一致認為，也該到參與的時候了——再不參與，以後就沒有機會了。

太元九年八月底，謝安上奏皇帝：現在中原大亂，正是收復的大好時機。可以進軍了。

於是晉中央派謝玄為前鋒都督，北伐。

這時，長安雖然被敵人死死包圍，好像滅國之危就在眼前，其實秦國在全國各地的城池還有很多，靠近晉國的很多地方，目前都還掌握在前秦將領的手中。

謝玄高喊北伐的口號來到下邳，前秦的徐州刺史趙遷認為，以前老大幾十萬大軍都被謝玄打得不剩渣，自己這點力量、這點能力，能有什麼作為？馬上丟掉彭城，讓謝玄順利接管了這個城市。

九月，謝玄又派劉牢之進攻鄄城。秦國鄄城的第一把手兗州刺史不敢接戰，逃出之後，才知道已經無路可逃了，就轉投後燕。

劉牢之進入鄄城。於是，黃河以南地盤就全插上了晉字大旗。

謝安看到這次北伐實在太容易了，不用打仗，就可以拿下一大片土地，呵呵，恢復中原在望啊！於是請求親自北伐。你當然知道，他現在不管請求什麼，中央都會滿足他的。這時，在中央唯一有資格向他叫板的桓

第七節　謝玄的反攻北伐

沖已經死去。桓沖以前曾經一口咬定以謝安的做法，晉國的歷史就會到此結束。哪知，最後謝家子弟硬是把強大的秦兵痛扁而去，勝利得毫無理由——可戰爭就是這樣，勝利就是不需要什麼理由，勝利就是勝利。本來，看到自己的公司大賺了，應該高興才對，可桓沖發了一頓牢騷，就鬱悶起來，天天想不開，就生病了，然後情況進一步變壞，最後就死翹翹了。謝安還是很聰明的，他知道，桓沖一死，謝安就是本公司一支獨大了，別人就會恨他，桓家的人如果因此失勢，生活水準一下降，也會把他當成敵人，以後謝安就會從功臣變成公敵。這對謝家以後的發展大大不利。因此，又讓桓石虔為豫州刺史、桓伊為江州刺史，讓桓家仍然保持著強人的地位。

當然，現在真正的強人是謝安。

不過，謝安此次請求出征，並不僅僅因為哪根神經受影響，心情一高興才去的，而是有他的目的。淝水之戰後，所有的功勞都記在謝家子弟的本子上，謝安的社會聲望和權力也達到了巔峰。很多人也開始眼紅，只要一有機會，就在司馬曜那裡說他的壞話，叫皇上提防他們，謝家又要變成王家了。就連謝安的女婿王國寶也反對他。當然，王國寶之所以成為岳父的反對黨，並不是他有多大的膽子，主動跟謝安為敵。而是謝安認為這個女婿人品太不行了，連見都懶得見他一面，因此從不提拔、重用他，讓他很沒有面子，心裡就恨起岳父大人來。

王國寶的老爸就是那個王坦之——如果不是這個關係，估計謝安是不會把女兒嫁給他的，這個婚姻是純粹的政治婚姻。王國寶的堂妹又是司馬道子的老婆。他跟岳父的關係很不和諧，但跟司馬道子的關係好得很，天天在一起喝酒，交流把妹的心得體會。而司馬道子跟現任皇帝的關係也很好，也是一餐都離不開的酒友。王國寶就在司馬道子面前說岳父的壞話，教唆司馬道子把這些壞話再搬到皇帝面前。司馬道子當然很高興，再

第六章　淝水大戰

加上其他人也時不時丟擲一點對謝安的不滿，於是司馬曜就像當初司馬睿對待王導那樣，很多事開始不跟謝安商量了。

謝安是什麼人？馬上意識到，皇上開始讓自己靠邊站了。因此，他必須要有動作。現在什麼動作最能引人注目？而且最能有效地保住自己的地位？

只有北伐！

他的請示才送上去，司馬曜馬上加授他為都督揚、江十五州軍事，加黃鉞，成為北伐軍的總指揮。

當然，真正的總指揮是謝玄。

晉軍這次北伐進展很神速，劉牢之部很快就推進到碻磝。

處於多國部隊包圍之下的苻丕，這時退不能退，進不能進，沒有辦法時就開會，要大家想辦法。

大家都沒有辦法。

最後楊膺說：「辦法只有一個，就是投降晉國。」

苻丕說：「這不行！」

謝玄又派濟陽太守郭滿占領了滑臺，派顏肱、劉襲帶兵渡過黃河，上了北岸。

苻丕派桑據到黎陽抵抗，被劉襲打了個大敗，逃得路都不見。

劉襲占領黎陽。

在大敗的大氣候下，苻丕的部隊不管誰帶領，只要一出戰，對方不管是誰，都可以欺負他一下，使得苻丕對前途毫無信心。

他這時才知道，現在的晉軍比後燕的部隊更可怕。慕容垂部隊的數量雖然多，但都是新兵，臉上的青春痘很多，但沒什麼作戰經驗。謝玄手下

第七節　謝玄的反攻北伐

的北府軍可都是老兵了，戰鬥經驗豐富，剛打了那個史上有名的淝水之戰，士氣指數正處於牛市狀態，誰跟他們接觸誰倒楣。

苻丕想來想去，與其跟這樣的強敵硬碰硬，不如先跟他們講和，順便向他們請求點國際主義人道援助，讓他們為自己早已餓得走不動的士兵提供點口糧，等有力氣之後，從鄴城撤退，把鄴城留給晉國。這交易不錯吧？

苻丕是苻堅的長子，平時威風慣了，這時雖然有求於人家，信中的口氣仍然強勢得沒有譜，好像謝玄是他手下的員工一樣。

苻丕的幾個手下對他早已沒有信心，老早就想向晉投降了事，免得在這個地方受苦受累。這時看到苻丕這封威風八面的信，就一致認為，謝玄不會接受這樣的態度的。於是他們就私下商量，決定重新起草一封信，把信改成奏章的形式，說只等晉國兄弟部隊開到時，就宣布投降。現在先請給點吃的，解決燃眉之急。這幾個傢伙這時很自信，認為如果苻丕到時不投降，他們完全可以採取強制手段。

此時，謝玄因北伐之功，被加授都督徐、兗、青、司、冀、幽、并七州諸軍事。

慕容垂看到晉軍也逼近過來，而且秦晉也有使者往來，怕鄴城會被謝玄拿走，便又下令包圍鄴城。但卻留下西邊一路，意思是告訴苻丕：你可以從這條路上逃跑啊！老子不跟你計較那麼多了。

他這時只想盡快得到鄴城，結束郊外居民生涯，至於苻丕是死是活，他還真的沒有心思去管了。

而這時苻丕的使者焦逵已經見到謝玄，把那封信交到謝玄的手上。

謝玄果然不是那麼好騙的。他看過信之後，提出條件，如果苻老大有誠意，就請送個兒子過來當人質──反正在我這裡當人質，有酒有飯，

331

第六章　淝水大戰

比困在鄴城好多了。人質一到，我馬上全力援救。

焦逵一聽，便不停地說明苻丕的投降是全心全意的，純度比 24K 金還要高啊！到了後來，連他們私下商量如果苻丕不投降，他們就採取斷然措施的事也全盤供認了出來。

老大啊，這夠意思了吧？

謝玄終於看在焦逵的面子上，派劉牢之、滕恬帶著二萬人去援救鄴城，並運送二千斛的糧食給苻丕。

秦晉在鄴城內外，形成一個脆弱的軍事聯盟，讓鄴城又有點穩固起來。

第八節　苻堅的又一次錯失

而在這段時間裡，長安卻一點也不平靜。

苻堅在連遭兩次大敗之後，心情的鬱悶可想而知。

太元九年的九月，慕容冲的部隊直逼長安城下。

苻堅坐不住了，他登上城樓，看到西燕的部隊來得太多了，說：「啊！這些部隊都是從哪裡冒出來的啊？」他的原話是：「此虜何從出哉，其強若斯。」

這時，他看到二十多年前那個被迫為他提供同志服務的大帥哥慕容冲正很帥很酷地騎在馬上，便大聲叫喊：「爾輩群奴正可牧牛羊，何為送死！」意思是，你們這些奴才狗東西，為什麼要前來送死？苻堅雖然離無路可走沒有幾步遠了，可狂妄口氣還在。

第八節　苻堅的又一次錯失

慕容沖當然不在乎他的狂妄了，直接就回答他：「我現在就是來推翻你的，我要農奴翻身作主人啦！」

苻堅一聽，馬上無語。

他雖然為了這個皇帝面子，開口的時候還滿嘴威風，但他不是傻子，他知道，現在離死最近的不是慕容沖這些「奴才」，而是他這個老大。他想了很久，也沒有想到讓慕容沖放過他的好辦法，最後，居然很天兵地拿出一件名牌綢袍，派人送給慕容沖——我估計這件名牌服裝一定是以前他泡小帥哥時用的，還保留到現在，所以就把這個東西送過去，希望小帥哥能想起以前的快樂時光，放他一馬。這個想法好像很不錯，其實是大錯特錯了。他以為他快樂了，人家也快樂。慕容沖這輩子最恨的不是別的事，就是這件事。如果他不再提這事，也許還好說話一點，可把這事提出來，慕容沖不覺得自己的臉面沒丟完才怪。

慕容沖用冰冷的口氣對使者說：「現在我要的不是一件半舊袍子，而是這個天下。你回去告訴他，想保命，馬上無條件投降，把我們的老大送過來。其他的好商量。」

苻堅大怒，可到了現在大怒又能怎麼樣？大怒之後，就只有不斷地加重自己的後悔，後悔不聽王猛他們的話，這才弄到今天這個地步。

在苻堅十分鬱悶的時候，有一件事又讓他的心情回暖了起來。

這件事就是奇人王嘉的到來。

王嘉是隴西一帶頭號著名隱士——當然，隱到全世界人都知道的地步，可見這個隱不是什麼真隱了，而是**轟轟**烈烈的炒作了。這傢伙長期隱居在倒虎山那裡，到處都傳說他有特異功能，最拿手的好戲就是預測，只要從他嘴裡說出，那是樣樣靈驗，不信，你去問張三和李四。於是，所有的人都把他當成活神仙。

第六章　淝水大戰

老大們更是把他當成重點人才。苻堅、姚萇、慕容沖都派大員前去跟他見面，希望他出山當自己的員工。

但他後來看中了苻堅。

估計在他那對神仙般的眼裡，苻堅比其他兩個傢伙有前途多了，人格魅力也大多了。苻堅確實有天生的領袖相——否則，當初王猛就不會選擇他。

可王嘉只看到苻堅的領袖相，卻沒有看清現在的天下大勢。苻堅現在除了這副魅力無窮的領袖相外，其他資本早已嚴重透支。這時投身於他，只不過是在陪一個魅力無窮的老大走過他最後一段灰色的時光而已。

十一月，王嘉來到長安。

這個事件像個強心劑一樣，把長安各族人民狠狠地刺激了一下。大家現在不相信苻堅，但相信王嘉，看到王嘉都這麼力挺苻堅，就很天真地認為，苻堅的前途還是很光明的。於是，三輔一帶各族人民又都自發前來歸附苻堅，只幾天功夫，前來投靠大秦帝國的就有四萬多人。

苻堅的心情大好起來，把王嘉和道安都安排在皇宮的外殿，不管大事小事，都事先向他們請示之後才去執行。

到了這個時候，大家就知道，苻堅的執政能力已經跌到探底的地步了——如果他的腦袋稍微清醒一點，就會知道，這些江湖術士，你可以利用他們來收買他們的粉絲，然後該如何施政就如何施政。平時跟他們打打鬧鬧，喝喝小酒，表示尊重就足夠了。現在什麼事都向他們請示，等他們點頭之後才照辦，還用你當這個老大做什麼？

不過，王嘉還是很實用的。據說這傢伙用他的預測法，救了苻堅一命。

此時，長安城中還有一千多鮮卑人，這仍然是一支不可忽視的力量。

第八節　苻堅的又一次錯失

慕容肅和慕容暐把希望寄託在這一千多個族人身上。兩人看到苻堅的底氣越來越薄，就決定利用這支力量在長安城裡起事。

太元九年十二月，慕容暐發了一張請柬給苻堅，說兒子要新婚了，請老大給個面子，過來喝兩杯喜酒。

他把請柬發出之後，就在家裡安排刺客，只等苻老大一出現，他來個摔杯為號，大家集體衝出，亂刀大砍，成功之後，全算頭功。

苻堅近來心情不錯，接到請柬之後，哈哈大笑，有酒喝了。打算準時去祝賀。

他笑完之後，王嘉卻說了幾句沒頭沒腦的話：「椎蘆作蘧蒢，不成文章，會天大雨，不得殺羊。」這四句話是什麼意思？當時誰也不知是什麼意思，但從活神仙的嘴裡說出，你又不能說是瘋話。你要是硬說是瘋話，那只能證明你是瘋子。

苻堅和大臣們把這四句話當成重要課題，研究了一整天，也研究不出什麼東西來。問原創人士王嘉，但王嘉卻閉目不答。

在苻堅心情愉悅地準備去赴宴時，半夜裡下起了特大暴雨，第二天，交通有點堵塞，苻堅出不了門。慕容暐的刺客白白埋伏了大半天，預備動作做得全身關節都痠麻了，最後一點沒用上。慕容暐終於第一個理解了王嘉的那四句話：因為天下大雨，所以他殺苻堅不成功。真是活神仙啊！

慕容暐仍然不甘心，又派人去召集城內的鮮卑人士，要他們集中到某處，準備造反。這傢伙做這些事時很有一套，一直把苻堅矇在鼓裡，離成功也沒有幾步遠了。可最後卻讓那個突賢壞了他的事。

突賢接到通知後，就去跟他的妹妹告別。他的妹妹正是竇衝的情婦。這個情婦聽說之後，馬上就告訴了竇衝，讓竇衝把她的哥哥留下，不要去做這些危險的事。竇衝聽說之後，當場快馬跑過去告訴了苻堅。

第六章　淝水大戰

苻堅馬上派人去把慕容暐叫來。

慕容暐的另一個死黨慕容肅認為，肯定誰走漏了消息，現在老大進宮，必死無疑！不如馬上行動，或許還可以取得成功。

但慕容暐不聽。

兩人進宮之後，苻堅馬上指責兩人，說老子對你們這麼好，你們竟然暗算老子？

慕容肅大聲說：「國家的事是國家的事。個人感情是個人感情。你一個老大，居然連這個也分不清。」

苻堅大怒道：「好啊，那就分清給你們看。把這兩個顛覆國家的傢伙拉出去——砍！」

苻堅這一次發的火很大，不光殺了這兩個帶頭分子，最後連他們的親屬以及全城的鮮卑人通通抓起來，排頭砍去，集體屠殺。

長安城中的人到了這時，才知道王嘉那四句話的意思是，因為天下大雨，所以慕容暐殺苻堅不成——神了吧？

王嘉雖然很神，可除了這句話之外，在其他方面實在幫不上苻堅什麼大忙。比如，現在長安城中已經嚴重缺糧，王嘉也和其他人一樣，一點辦法也貢獻不出來。

現在缺糧缺到什麼地步了？

太元十年正月初一，苻堅像往常一樣，在宮中舉行了個春節茶會，邀請全體官員和社會各界人士，到宮中共慶新春，歡度佳節。

宴會散場之時，所有參加宴會的人士，個個嘴巴都嘟著，連告辭的話也不說，就急匆匆地跑回去。苻堅一看，這是怎麼回事啊？難道全體人員都中風面癱了？老子是不是也成這個樣子了？

他拿鏡子一照，面貌正常得很。這些人到底是怎麼回事啊！不會真的

第八節　苻堅的又一次錯失

是面癱了吧？

其實這些人一個也沒有面癱。他們的嘴巴之所以嘟著，是因為那張嘴全含了肉。他們含肉的目的並不是因為牙齒不好，吞不下去，而是要含著，等出了宮門，再吐出來，然後打包拿回家中，給其他家庭成員吃。

你想想，連高級官員都這個樣子了，長安城中的小市民們的生活還能怎麼樣？據說，當時就已經發生多起殺人吃肉的事件。

慕容沖很高興。

當然，他的高興並不是因為知道長安城中缺糧，而是他的哥哥終於被苻堅殺了。哥哥一死，等於燕國沒有了第一把手。於是他趕緊在阿房宮宣布自己當了大燕國的皇帝——只怕再遲一步，慕容垂就搶了先，到時，這個皇帝的合法性就會受到質疑。

關於慕容沖在阿房宮即位的事，當時還有一段八卦。

據說當年苻堅被王猛講了一篇大道理，不得不戀戀不捨地把小帥哥送出宮門之後，長安城中又出現了一句流行語：「鳳凰鳳凰止阿房。」

這話傳進苻堅的耳朵裡，他很相信，就在阿房宮的旁邊植樹造林，全部種上竹子——因為傳說中鳳凰只吃竹子。他種下這麼多竹子，就是為了讓鳳凰來了之後，變成永久居民。可是他卻忘了，他此生最愛的小帥哥慕容沖的小名就是「鳳凰」。

在他大力植樹造林之後，鳳凰果然在阿房宮那裡稱帝。

——當然，這些都是八卦，信不信就由你了。

慕容沖不是什麼好人，才當上皇帝沒幾天，就志得意滿，做事全憑自己的心情，愛殺就殺，愛獎就獎，讓大家找不到老大的標準，一天到晚心情鬱悶，終於帶來了嚴重的後果。

苻堅這時也坐不住了，氣憤地帶軍出擊。

第六章　淝水大戰

這傢伙雖然衰相盡顯，但還是再一次讓大家看到他的軍事能力。

剛吃完那餐新春茶會，苻堅就帶著他的部隊開啟城門，向西燕軍發起攻擊。

燕軍大敗！

再攻擊。

燕軍再敗！

苻堅緊接著發動第三次衝鋒，兩軍在白渠會戰。這一次，苻堅沒什麼好果子吃了，大敗之後，被慕容沖的部隊死死圍困。幸虧鄧邁英勇，帶著毛長樂等幾個人發揚不怕死的精神，「蒙獸皮，奮矛而擊衝軍」，硬是把衝上來的敵人打退。苻堅這才保住一命。

慕容沖乘機派高蓋襲擊長安。

高蓋半夜攻入長安南城。

竇衝和李辯迎戰。

高蓋搞政變殺老大有一套，可打仗的能力太菜，根本不是竇衝的對手。結果，竇衝大敗高蓋，殺死八百人。這時，竇衝他們都已經餓扁了，看到這麼多倒在地上的敵人的屍體，個個肥大得要命，便都當戰利品現場瓜分，大吃一餐，個個吃得滿臉掙獰。

高蓋不甘心失敗，心想，城不好攻，就攻打北岸的那些堡壘吧！

苻堅的太子苻宏帶兵迎戰，又大破高蓋軍，取得了殺三萬人的大好成績。

這段時間，是苻堅迴光返照的時間。

二月，苻堅與慕容沖這對冤家再在長安城西會戰。

慕容沖大敗，逃回阿房宮。

很多將領都強烈要求苻堅直接追進城中，把慕容沖這個人妖搞定。

可苻堅突然間思想有點短路起來，居然怕慕容沖在城裡設有埋伏，不敢前進，喪失了最後的機會。

不久，苻堅派楊定出戰，再次大敗慕容沖，俘虜一萬餘人，全部活埋。

第九節　長安風雲

在苻堅不斷取得勝利的時候，鄴城那邊的苻丕卻不停地叫苦。

苻丕現在主要是靠謝玄支撐著局面，可這傢伙並不知道，謝玄之所以提供口糧給他，是因楊膺他們修改了他的信，以為他願意真正的投降。

太元十年的二月，劉牢之的部隊開到枋頭，已做好苻丕出城投降的準備。哪知，苻丕這時正好知道楊膺的打算，二話不說，馬上就把兩人抓起來，一律斬首。苻丕的這一招絕對是個臭棋。到了這個時候，他最應該做的並不是處理這兩個傢伙，而是如何做好秦晉兩邊的安定團結，先把後燕搞定，或者讓劉牢之與慕容垂大打一場，自己可以裝成弱勢群體當觀眾，最後不管誰死誰活，自己都可以成為既得利益集團。可他卻在這個時候，只顧大動肝火，一點也不為大局著想。

劉牢之聽說幾個主謀被砍了腦袋，就不敢再前進了。

直到太元十年的四月，劉牢之的部隊才開到鄴城的外郊，慕容垂迎戰，被打了個大敗。

慕容垂知道碰上高手了，馬上解除對鄴城的包圍，又縮回他的新城。之後，覺得新城也不安全，乾脆再跑得遠一點，又放棄新城，向北撤退。

第六章　淝水大戰

本來，這對於秦晉聯軍而言，是個大好機會。可你也知道，秦晉這個聯盟也只是個口頭協議，連個正式合約文字也沒有簽署，說是聯盟，其實連交往也沒有幾次，更談不上什麼統一部署、協同作戰了。

劉牢之這時早就看不起城裡的秦軍，也看不起慕容垂，因此在慕容垂撤退時，他也不知會一下他的友軍——城內的秦兵跟他一起追擊，而是帶著自己的部隊猛追上去。

苻丕知道後燕部隊被晉兵趕跑了，也不知道人家是怎麼被趕跑的——反正就是被趕跑了，現在晉兵正在追擊當中，為了讓自己也享受一下勝利的快感，便帶著部隊跟出來。

四月十三日，劉牢之的部隊終於追上了慕容垂的部隊，地點是董唐淵。

劉牢之很興奮。

但慕容垂很平靜。

他對大家說：「現在秦晉這個聯盟是個小兒科的聯盟，脆弱得不能再脆弱。只要把一方搞定，另一方就跟著垮掉。現在兩支部隊一前一後而來，一點協調配合也沒有，正是我們攻擊的大好機會。」

劉牢之這次行軍創了個紀錄——為了追上敵人，他的部隊發揚不怕累的精神，每天急行軍二百里，把大家都累得連風吹都可以倒下來。

他們趕到五橋驛時，發現了後燕大量的軍用物資。劉牢之大喜，抓不到敵人，搶到這些物資也值得啊！哈哈，沒有白跑吧？

哪知，在大家努力清點物資時，後燕大軍突然出現，大殺一陣。

你想想，剛剛連續每天狂奔二百里的人身上還能有什麼力氣？

一支當時全世界戰鬥力最強的部隊就這樣被跑路政策拖成最沒有戰鬥力的部隊了。後燕部隊一頓狂殺，幾千人一下就全部玩完。劉牢之拚死衝

出，在很危險的時候，秦軍趕到，他這才沒丟了性命。

鄴城一帶秦燕雙方連著打了一年多的仗，人民無法正常生產勞動，因此雙方缺糧都十分嚴重。

這時苻丕得到晉國的接濟，日子稍微好過一點。而後燕的部隊雖然在郊區生活，沒有誰包圍他們，可也沒有誰給他們送吃的，已經餓死了大量的士兵。慕容沖就叫停這一帶的養蠶活動，留下桑葚給部隊吃。

劉牢之在大敗之後，苻丕終於向他開啟城門，讓他帶著剩下的部隊進鄴城。可晉高層卻認為這傢伙打了敗仗，不宜留在前線，決定把他調回去——這絕對是一道錯誤的命令。現在晉國還能找到比劉牢之更好的前線指揮官嗎？這只能怪劉牢之不是世家，沒有強硬的後臺。以前王家、桓家在前線打敗仗的規模比劉牢之大多了，可誰敢向他們說什麼？

你要問為什麼？

這就是世家與草根的區別！

從這件事上，你就可以知道，這個世界上為什麼同命不同價了吧？想過幸福生活，就不要生在草根之家。

這時，司馬道子對謝安越來越看不順眼了。這傢伙別的能力沒有，淝水大戰時，氣也不出一口，一切交給謝家子弟操作，自己只領著全國最高薪資，拿著錄尚書令的大公章，跟個失業人員一樣，什麼事也不做。

秦兵被打敗之後，司馬氏的牌子又硬了起來，他老兄就威風了起來，開始拿出錄尚書事的架子，認為老子是皇室高層人士，政府的事是老子說了算。前些時候是你謝安說了算，現在該輪到老子拍板了吧？風水輪流轉，你總不能永遠轉下去吧？

他這個想法一出現，再加上王國寶之流的推動，很快就跟謝安不對盤了，矛盾從暗處走向了明處。

第六章　淝水大戰

　　當然，憑司馬道子那個實力，要跟謝家叫板，那還遠得很。只是謝安覺得，要讓謝氏家族永遠興旺發達下去，他必須向王導學習，誰都不要得罪，更何況是皇家高層人士？

　　他想和稀泥，可是司馬道子不吃這一套。

　　正在這時，苻堅被西燕逼得沒有辦法，就派人來向老冤家晉國求救。

　　謝安一看，我躲開你總可以吧？讓你在朝中折騰吧。於是請求出征。

　　司馬曜同意。

　　謝安於四月十五日來到廣陵的步丘，覺得這裡的風水不錯，便不再前進了——苻堅的生死關他屁事，好玩耍的地方才是他最感興趣的地方。他馬上就在這個地方興建了一座新城，為丘興的城鎮化建設做出了貢獻。

　　太元十年的五月。

　　苻堅在長安的日子終於到頭了。

　　慕容沖向長安城發動猛烈攻擊。

　　苻堅嚥不下這口氣，率軍迎戰。

　　這一戰打得只有兩個字：慘烈。

　　苻堅的身上到處是傷，史書對他這時的描寫是：飛矢滿身，血流被體。

　　慕容沖最終沒有攻進長安。這傢伙殺紅了眼，攻不進長安，就拿長安郊外的人發洩，縱兵四處橫行，誰表現得更為殘暴，就表彰誰，使得他手下的士兵沒有最殘忍的，只有更殘忍的。弄得當地的人都四處逃散，馬上就成為人煙稀少的地區。

　　這個地區也像其他地方一樣，亂子一開，大家就都組織一些自衛隊之類的武裝來保衛家鄉。一般這些武裝力量，都是保持中立的，在局勢沒有明朗時，誰也不投靠。此時，長安附近就有三十多隊這樣的武裝。他們看到慕容沖這麼殘暴，知道再讓他玩下去，大家就沒有活路了。於是都轉過

頭來支持苻堅，紛紛運送糧草給苻堅。

另外一些被慕容沖裹脅的民眾，也受不了慕容沖的折磨，派人偷偷地去見苻堅，說願做內應，請老大派部隊過去，他們就在慕容沖的軍營中放火接應，把鮮卑人全部燒成烤鴨。

苻堅知道這個辦法成功的可能性不大，沒有答應，但來人很頑固，說老大不答應我就不回去。

苻堅只得答應，派了七百個敢死隊前去執行任務。開頭做得很成功，內應人員放火放得很順利。哪知，這些人只有放火的能力，卻沒有看清天氣預報，放火之後，搞不清風向，最後竟因風向突然改變，被大火反撲過來，最後自己人全成了燒鴨。

苻堅一聽，啊！連老天爺也跟自己作對。

沒幾天，更讓苻堅傷心的事又發生。他最後的猛將楊定在長安西郊與慕容沖交戰時，被敵人活捉。楊定一玩完，苻堅臉上全是懼色。

在苻堅傷心的時候，又發生了一件奇怪的事，有人在城裡到處亂叫：「楊定健兒應屬我，宮殿臺觀應坐我，父子同出不共汝。」這幾句話也跟當初王嘉的四句話差不多，誰也不知道是什麼意思。

不光不知道意思，連什麼人在大叫都不知道——苻堅派人到處搜尋，卻連個人影也看不到。

苻堅就只好把這事歸結於鬼神了。

這時，城中傳出一句八卦：「堅入五將山長得。」

這句話很明顯，就是半文盲也能看得懂。

苻堅這時，對這種八卦已經不得不相信了。為了證實這句話的原創是老天爺，他又找來那本叫《古符傳賈錄》的書。這本書在當時是很有名的預言書。苻堅在這本破書中果然找到這麼一句：「帝出五將久長得。」

第六章　淝水大戰

苻堅沒有理由不相信了。

他再不信這個，就沒有什麼可信的了。

他把太子苻宏叫來，說：「看來老天爺要求我外出一段時間了。你給我守住長安，不要跟他們硬碰硬。我出去後，到處徵兵，然後送糧來給你。」

然後就帶著其他家屬，直奔五將山。

可他走了沒多久，苻宏就守不住長安了，帶著幾千人跑到下辨，其他官員也全跑得路也不見了。

曾經是第一超級大國的秦國，這時墮落成一群流寇。

苻堅終於來到五將山。可他還沒有鬆一口氣，另一個強人也來到這裡了。

這個人就是姚萇的部將吳忠。

近期以來，姚萇堅持當觀眾的政策，不與強敵進行對戰，只是不斷地收編當地的零星武裝，事業做得越來越大。他聽說苻堅很傻地跑到這個地方，為自己創造了機會，馬上派吳忠帶兵過去，把剛剛到達、還沒有看清地形的苻堅包圍起來。

苻堅手下的士兵們也知道形勢已經是一片大壞了，便紛紛逃走。

最後，他一數，身邊只剩下十多個人。

他這時知道，自己最後的日子已經到了。不過，他的神色一點也沒有變化，問大廚還在吧？

在！

那好，先把飯菜做好了，擺上來，打勝仗要吃飯，打了敗仗也要吃飯。呵呵，大家吃吧，不要破壞吃飯的心情啊！

沒多久，吳忠來到。

第九節　長安風雲

於是，一代帝王苻堅就成了姚萇的俘虜——當年，姚萇是他的俘虜啊！這個世界就是這樣，誰也說不準明天會有什麼事發生。

苻宏跑到下辨。下辨的第一把手是楊璧。楊璧的老婆是苻堅的女兒順陽公主。楊璧是個忘恩負義之徒，以前靠泡公主過上幸福生活，現在看到苻家被滅了，馬上就翻臉不認人，硬是不讓苻宏進城。

苻宏沒有辦法，只得到處輾轉，最後跑到晉國那裡，成為江州公民。

姚萇抓到苻堅後，心頭超級得意。這傢伙也跟其他老大一樣，都有著當皇帝的遠大理想。這時他最想得到的就是那枚傳國玉璽。他跟大多數人一樣，有著根深蒂固的正統思想，覺得只有得到這個東西，自己的地位才合法，你的威風才不是假冒的。

他派人過去對苻堅說：「苻老大啊，你也知道風水輪流轉吧？這個天下是輪流坐莊的。你坐莊的時間已經結束，現在該輪到老子了。請你交出玉璽吧。」

苻堅當然不答應，說：「那東西早就交給晉國了，有本事你跑到建康去跟司馬曜要。」

姚萇沒有辦法，便又降低了要求，說：「那就麻煩你配合一下，我們舉行個禪讓儀式，做個交接班手續，向人民公開宣布，總可以吧？」

苻堅不但不同意，反而大罵姚萇，而且天天罵，時時罵，吃飯時罵，睡覺前罵，上廁所時也罵！

人家聽了，還以為這傢伙想把姚萇罵死。

他當然沒有把姚萇罵死的想法，他只是想把姚萇罵得忍無可忍，最後把自己殺掉。

姚萇終於忍不住了，派人過來，用一根平常的繩子結束了苻堅極不平凡的一生。

第六章　淝水大戰

這年，是太元十年的八月，苻堅四十八歲。他死時建康狀況良好、身體各部位零件正常！

很多人都認為，他的失敗，在於不聽從王猛那些人的話，沒提前誅殺慕容垂和姚萇這幾個大野心家，導致大秦帝國亂象爆發，使得整個國家無法控制，最後自己也死得窩囊。

其實，這些貌似很有道理的話，都是空話。像慕容垂和姚萇這樣的野心家、陰謀家，哪個朝代沒有？只要善於利用，政策得當，這些人都會變成你「治世之賢臣」。例子是明顯的。當王猛還在世時，這幾個傢伙哪個敢做聲？如果王猛不那樣打擊排擠他們，而是讓他們獨當一面，估計他們做得比誰都賣力，賢臣當得比誰都出色——即使他們心頭有時會出現一些念頭，但也僅僅是念頭而已。

因為，王猛不會給他們機會，人民也不會給他們機會。

後來是苻堅為他們創造了這個機會——如果他們不抓住這個機會，別人也會抓住。

你想想，苻堅親政之後，完全忘記了王猛的教導，硬是到處發動大規模的戰爭，打完小國，打大國，無休無止，民心早已跑到月球那裡了，國家基礎早已動搖，最後轟然倒掉。

只是他自己不知道而已。

不過，他死得很難看，但後世的歷史學家對他的評價還是很高的。

著名歷史學家陳登對苻堅下的評語是：文學優良，內政修明，大度容人，武功赫赫。

從這四句話中，可以看出，苻堅是歷史上少有的英明皇帝。當然，也是少有的如此英明而死得如此窩囊的皇帝。

巧合的是，苻堅死之前，他的死敵也死掉了。

第九節　長安風雲

這個強人就是謝安。

當然，嚴格來說，謝安並不算是他的死敵。

謝安的弟弟和姪兒憑著不可思議的偶然，打敗了苻堅，造就了一個歷史最著名的戰爭神話，保住了司馬氏的招牌，讓晉國那些腐敗分子繼續過著酒色生活。可很多人由此又怕謝安變成這個時代的權臣，都在暗地裡開始看他不順眼，到處挑撥他和司馬曜的關係。

前面已經說過，謝安出山的目的，並不是當大官抓大權，做一個閃閃發光的權臣，而是想透過在官場混，以保障他們謝氏家族的生活。他出來當官時的年齡已經很大了，估計他也想不到自己後來能當到首席大臣。哪知道，他的官越當越大，最後成為晉國的實際最高領導人。當他站到那個位子時，他就知道，很多事如果處理不好，他們謝家以後的麻煩就大了，說不定會像庾家、殷家那樣，全部玩完。所以，當淝水之戰打響時，他就開始為謝家的前途著想，慢慢把手中的權力吐出來，讓那個司馬道子出場。

哪知這個司馬道子也是小鼻子小眼睛，一天到晚只顧著與謝安鬥——如果司馬道子碰到的不是謝安，而是另外一個人，估計司馬道子的身分早已變成一般晉國公民了。謝安一心為謝家著想，他知道，除非他有解決掉司馬氏的魄力和實力，勇於砸爛「晉」字招牌，否則，萬萬不能得罪司馬氏的強人。因此他就不斷地把權力讓給司馬道子，最後還離開中央，說是帶兵出征，其實跟躲避是沒有兩樣的。

他離開中央沒有多久，就覺得身體不舒服起來。這種歷史人物好像都有一個共同的特點，在自己死期差不多到來的時候，總能準確地預測出來。

謝安這時也認為自己快不行了。因此，寫了一封信，要求回到首都，讓他在首都逝世，以便舉行追悼會。

第六章　淝水大戰

八月初，謝安回到了建康。

司馬曜雖然心頭對他有點不爽，但謝家的功勞和實力擺在那裡，大家都看得明白，因此他還是宣布大赦，求老天讓謝安的病好起來。

要是大赦就能救出誰的生命，很多人就不會死了。因此，這次大赦除了讓犯罪分子得利之外，對謝安的病情一點作用也沒有。

十九日宣布大赦，二十二日，謝安就因病醫治無效，與世長辭，享年六十六歲。

司馬曜下令，謝安的葬禮完全按照最高規格舉行，跟當初桓溫的規格一樣。

史上很多人講到謝安時，都狠狠地誇他是個厲害的人才，如果沒有他的掌舵，淝水之戰結束時，就是晉國破產的時候。我小時候看到一本漫畫，裡面也把謝安刻劃得像個標準的人民公僕，運籌帷幄，決勝千里。其實，真正的謝安並沒有很大的才能，除了淝水之戰是他一生中最為耀眼的閃光之處外，其他地方，完全可以用乏善可陳這四個字來概括。

在淝水之戰這件事上，他除了派他的弟弟和姪兒出征之外，別的什麼都沒做。淝水之戰並不是晉國打勝的，而是苻堅自己打敗的，敗得有點沒道理，勝得也是全靠運氣。因此，淝水之戰雖然是歷史上著名的戰例，但後來從沒有哪個軍事家會把它當作經典戰例來學習研究，從中獲益。

我認為，謝安真正的遺產，應該是，在聲望和權力達到巔峰時，自動讓權，逐步遠離權力中心，結束了晉代家族集權的執行方式。

曾經有人問我，如果謝安生活在現代，他最適合從事哪方面的工作？

我認為，他肯定是個出色的行銷專家。

他還很年少的時候，有個同鄉人原來是個縣令，犯了個錯誤被免職，再加上被舉報貪汙，已經窮得跟流浪漢一樣了。這傢伙離開建康時，去見

第九節　長安風雲

了一下謝安。謝安知道這位老兄已經窮得連路費也沒有了，想幫他一把，算是盡盡老鄉的心意，又怕他不接受，就問他：「老兄啊，你現在還有什麼可以賣錢的東西？」

老鄉說：「有蒲葵扇五萬。」估計這傢伙是用公款做蒲扇生意，收不回資金，這才丟了官帽而剩下扇子了。

謝安笑了一笑，就順手拿了其中的一把，每天拿在手中，到處搖著。那時他是大名士，只要是他的動作，就是當時最時尚的動作。大家看到他這個樣，都大呼：原來現在流行搖蒲葵扇啊！於是建康城裡馬上掀起一股搶購蒲葵扇的狂潮，弄得「京師士庶競市，價增數倍」。他老鄉那五萬把扇子全部賣出，馬上就有了一筆可觀收入，就是春節路費翻倍，他也不愁買不起車票了。這個故事就是有名的「新會蒲葵」故事。據說，一直到清末民初，「新會蒲葵」還都是個很響亮的品牌。

如果認真算起來，謝安應該是中國最早的商品代言人，而代言的品牌生命力也最久──一千多年啊，哪像現在明星們代言的品牌，好一點的，幾年之後就不見蹤影，差點的就像代言黑心食品那樣，害人害己。

349

晉朝權謀錄──北伐夢與淝水劫：

南北決戰 ✕ 內憂外患⋯⋯東晉與前秦的興亡抉擇，割據時代的悲劇性結局

作　　　者：譚自安		**國家圖書館出版品預行編目資料**
發　行　人：黃振庭		
出　版　者：崧燁文化事業有限公司		晉朝權謀錄──北伐夢與淝水劫：
發　行　者：崧燁文化事業有限公司		南北決戰 ✕ 內憂外患⋯⋯東晉與
E-mail：sonbookservice@gmail.com		前秦的興亡抉擇，割據時代的悲劇性結局 / 譚自安 著 . -- 第一版 . --
粉　絲　頁：https://www.facebook.com/sonbookss/		臺北市：崧燁文化事業有限公司，2025.01
網　　　址：https://sonbook.net/		面；　公分
地　　　址：台北市中正區重慶南路一段61 號 8 樓 8F., No.61, Sec. 1, Chongqing S. Rd., Zhongzheng Dist., Taipei City 100, Taiwan		POD 版 ISBN 978-626-416-209-8(平裝) 1.CST: 魏晉南北朝史　2.CST: 通俗史話 623　　　113019730
電　　　話：(02)2370-3310		
傳　　　真：(02)2388-1990		
印　　　刷：京峯數位服務有限公司		
律師顧問：廣華律師事務所 張珮琦律師		

-版權聲明-

本書版權為淞博數字科技所有授權崧燁文化事業有限公司獨家發行電子書及紙本書。若有其他相關權利及授權需求請與本公司聯繫。
未經書面許可，不得複製、發行。

定　　　價：480 元
發行日期：2025 年 01 月第一版
◎本書以 POD 印製
Design Assets from Freepik.com

電子書購買

爽讀 APP　　　臉書